España
아라비안 나이트

한국외국어대학교 | 박 철 편역

Samyoung Publishing House

독자들에게

　스페인어를 배우게 되는 여러분들에게 축하를 드립니다. 하나의 외국어를 배운다는 것은 또 다른 세계를 얻는 것과 같으며 여러분의 인생에 새로운 비전을 제시해 줄 것입니다.
　스페인어는 영어 다음으로 세계에서 가장 많은 나라의 국어로 사용되고 있는 언어로서, 스페인과 중·남미 20여 개국의 국어일 뿐만 아니라 미국의 전 지역에서도 통용되며, 아프리카의 일부 국가와 필리핀 등지에서까지 사용되는 중요 언어입니다. 특히 멕시코에서 아르헨티나까지 광활하고 자원이 풍부한 중·남미 대륙은 21세기에 우리가 진출해야 할 지구상의 마지막 보루로서 스페인어라는 무기 없이 이러한 나라들에 접근한다는 것은 불가능한 일입니다.
　필자는 고등학교 스페인어 교과서를 쓴 경험을 토대로 누구라도 쉽게 배울 수 있도록 이 책을 만들었습니다. 이번에는 좀더 상세하게 어휘 및 문장을 설명하여 독학으로 공부하는 분들에게 더욱 좋은 교재가 되리라 확신합니다. 이 책은 쉽게 독해력을 증진시킬 수 있을 뿐만 아니라, 남녀노소 누구나 재미있게 고전 "아라비안 나이트"를 읽을 수 있어 일석이조(一石二鳥 : Matan dos pàjaros de un tiro)의 성과를 거둘 수 있습니다.
　본서의 번역을 위해서는 Paloma Barba Bernabeu가 개작하여 마드리드의 SGEL 출판사에서 펴낸 "Las Mil y Una Noches"를 사용하였습니다. 본서에 나오는 인명들의 표기는 스페인어 식으로 Scherezade(세레사데), Diznarda(디스나르다), Chacehan(차세난), Chariar(차리아르) 등으로 썼음을 밝힙니다. 그리고 책의 말미에는 본문 중에 별표(*)로 표시된 어휘들을 알파벳 순으로 정리하였는데, 이것은 우리말로 번역하지 않고 원어로 두어서 독자들의 스페인어 실력을 심화시키도록 하였습니다.
　앞으로도 계속해서 좋은 작품을 골라서 서한(西韓) 대역 시리즈를 발간할 것을 약속드리며, 본서의 발간에 도움을 주신 삼영서관 사장님과 편집팀에게 감사를 드립니다.

이문동 연구실에서
역편자 박 철 교수

INTRODUCCIÓN

El libro de *Las Mil y Una Noches* es conocido en todo el mundo y está formado por una larga serie de cuentos y relatos.

Se ha discutido mucho su origen y algunos autores dicen que pertenece a todo el Oriente, otros creen que sólo a la India y a Persia. Los que defienden la idea de que son árabes, se fundan en que los nombres indios y persas que aparecen en los cuentos son producto de la imaginación de los autores. Existen varios datos que confirman esta teoría, como son que las costumbres que aparecen en los cuentos corresponden a los antiguos reyes de Bagdad y El Cairo.

Hay una gran cantidad de versiones. Algunos de los cuentos son muy antiguos y corresponden al siglo xiv. La calidad es también desigual. Es probable que esta diferencia se daba a las distintas épocas y a los diferentes autores que los escribieron.

La primera edición de *Las Mil y Una Noches* fue hecha en Egipto. Sus personajes viven alrededor de los ríos Tigris, Éufrates y Nilo. También los «genios» y los «dioses» tienen su origen en la mitología árabe.

서 문

 천일야화, 일명 "아라비안 나이트"라고 불리는 이 작품은 전 세계에 널리 알려져 있는 책으로서 여러 편의 이야기와 담화로 엮어져 있다.
 그 유래에 대한 논란이 분분하여 어떤 작가들은 동방에서 유래되었다고 주장하는가 하면 또 다른 작가들은 인도와 페르시아를 그 유래지로 보고 있다. 그런가 하면 아랍에서 유래되었다고 주장하는 이들은 이야기 속에 등장하는 인도와 페르시아 인명이나 지명들이 작가의 상상에서 비롯되었다고 본다. 이들의 주장을 뒷받침해 주는 요소들이 많으며 하나의 예로서 이야기 속에 등장하는 관습들은 바그다드와 카이로의 옛 왕들의 관습이다.
 여러 개의 번역판이 있으며 몇 편은 매우 오래 된 것으로 14세기에 쓰여진 것이다. 또한 작품의 질도 다르다. 그 이유는 쓰여진 시대와 작가가 다르기 때문인 것으로 추정된다.
 천일야화의 초판은 이집트에서 출판되었는데 등장 인물들은 티그리스 강과 유프라테스 강, 나일 강 주변에서 살고 있었다고 전해진다. 또한 요술쟁이와 신들은 아랍 신화에서 그 기원을 찾아볼 수 있다.

목 차
I·N·D·I·C·E

INTRODUCCIÓN 머리말   4

1. EL ASNO, EL BUEY Y EL LABRADOR   22
노새와 소와 농부

2. EL GALLO, EL PERRO Y LA MUJER DEL LABRADOR   26
닭과 개와 농부의 아내

3. HISTORIA DE SIMBAD EL MARINO   34
선원 심바드 이야기

4. PRIMER VIAJE DE SIMBAD EL MARINO   36
선원 심바드의 첫 번째 여행

5. SEGUNDO VIAJE DE SIMBAD EL MARINO   44
선원 심바드의 두 번째 여행

6. TERCER VIAJE DE SIMBAD EL MARINO   52
선원 심바드의 세 번째 여행

7. CUARTO VIAJE DE SIMBAD EL MARINO   56
선원 심바드의 네 번째 여행

8. QUINTO VIAJE DE SIMBADEL MARINO   66
선원 심바드의 다섯 번째 여행

9. SEXTO VIAJE DE SIMBAD EL MARINO   70
선원 심바드의 여섯 번째 여행

10. SÉPTIMO Y ÚLTIMO VIAJE DE SIMBAD EL MARINO   76
선원 심바드의 일곱 번째이자 마지막 여행

11. HISTORIA DE ZOBEIDA   84
소베이다의 이야기

12. HISTORIA DE AMINA   98
아미나의 이야기

13. LAS TRES MANZANAS 112
세 개의 사과

14. HISTORIA DE LA MUJER ASESINADA Y DEL JOVEN,
SU MARIDO 120
살해당한 여자와 그 젊은 남편의 이야기

15. HISTORIA DE ALÍ Y CHENSEDIN-MOHAMED 132
알리와 첸세딘-하메드의 이야기

16. HISTORIA DE UN JOROBADITO 168
어느 꼽추의 이야기

17. HISTORIA DEL COMERCIANTE CRISTIANO 174
기독교 상인의 이야기

18. HISTORIA DEL MANCO 178
외팔이 이야기

19. HISTORIA DEL CONVIDADO 186
초대된 사람의 이야기

20. HISTORIA CONTADA POR UN MÉDICO JUDÍO 194
유태인 의사가 들려 준 이야기

21. HISTORIA DEL JOVEN COJO 202
절름발이 청년의 이야기

22. HISTORIA DEL BARBERO 214
이발사의 이야기

23. HISTORIA DE ALÍ BABÁ Y LOS CUARENTA
LADRONES 220
알리바바와 40인의 도적 이야기

24. HISTORIA DEL JOVEN REY DE LAS ISLAS NEGRAS 244
흑섬의 젊은 왕의 이야기

25. HISTORIA DE SIDI NOMAM 258
시디 노맘의 이야기

GLOSARIO 어휘 사전 269

LAS MIL Y UNA NOCHES

Cuentan* que hace mucho tiempo había un rey muy querido de su pueblo* por su bondad e inteligencia. Tenía dos hijos: el mayour* llamado Chariar, heredero* de su padre, y el más pequeño Chacenan.

Después de un largo reinado el rey murió, dejando heredero de su reino a su hijo mayor Chariar. Su hermano, Chacenan, pensó irse del país, pero Chariar no le dejó que lo hiciera. Dividió su reino en dos partes y nombró rey a Chacenan de una de ellas.

Hacía ya diez años que estaban separados los dos hermanos, ocupados en gobernar* sus países, cuando Chariar deseó volver a ver a su hermano menor. Le invitó a pasar unos días con él. Aceptó Chacenan y preparó el viaje al país de su hermano con gran alegría.

Llegó el día de la marcha y, después de despedirse de la reina, su esposa, al llegar a las puertas de la ciudad decidió volver a palacio para abrazar de nuevo a la reina, al la que amaba mucho.

아라비안 나이트(千一夜話)

　오래 전에 심성이 곱고 지혜로워 백성들의 사랑을 흠뻑 받은 왕이 있었다고 말한다. 그에게는 아들이 둘 있었는데 후계자인 장남 차리아르와 작은 아들 차세난이었다.
　왕은 오랜 세월 왕국을 다스리다 왕위를 장남 차리아르에게 물려주고 죽었다. 동생 차세난이 나라를 떠나려 했으나 차리아르는 동생을 못 가게 하고 나라를 둘로 나누어 하나를 동생에게 맡겨 왕이 되도록 하였다.
　10년 동안 두 형제는 서로 헤어져 각자의 나라를 다스리는 데 몰두하였다. 어느 날 차리아르는 다시 동생이 보고 싶어졌다. 그래서 며칠 그와 함께 지내자고 동생을 초청했고 차세난은 기꺼이 응하여 형이 다스리는 왕국으로 기쁘게 여행할 준비를 하였다.
　드디어 출발일이 되어 왕비와 작별 인사를 하고 도성문에 도착하자마자 왕은 너무나도 사랑하는 왕비와 다시 작별의 포옹을 하기 위해 성으로 되돌아갈 결심을 했다.

―――――――――――――――

(1) **cuentan** : 원형은 contar. '이야기하다'라는 의미로 무인칭으로 사용되었다. (2) **hace** : 시간을 나타내는 명사를 직접보어로 하여 '(시간이) 경과하다'라는 의미로서 보통 '~전에'로 해석한다. hace mucho tiempo 「오래 전에」 (3) **había** : 무인칭 동사로 3인칭 단수형으로 쓰여 '~이 있다.' 직설법 현재형 hay의 과거형 (4) **mayor** : 손위의, 연장(年長)의 (5) **heredero** : 상속인 (6) **después de** : ~후에 (7) **pensó** : pensar의 직설법 3인칭 부정과거형. ~할 생각이다 (8) **dividir en**~ : ~로 나누다 (9) **nombrar a** ~ : ~를 임명하다 (10) **ocuparse en** : (~에) 종사하다, 관여하다 (11) **invitar a** : 초청하다 (12) **pasar** : (시간이) 흐르다. * pasar unos días : 며칠이 지나다, 며칠을 보내다 (13) **con gran alegría** : 전치사 con은 추상명사와 함께 부사구를 이룬다. 형용사 grande는 단수명사 앞에서 어미가 탈락한다. = muy alegremente (14) **despedirse de** : ~에게 작별을 고하다 (15) **al + 동사의 원형** : ~했을 때(cuando ~), 하자마자 (16) **decidir + 동사의 원형** : ~를 결심하다 (17) **de nuevo** : 다시, 또

Entró en palacio y fue directamente a las habitaciones de su esposa. Abrió silenciosamente la puerta con el deseo de sorprenderla agradablemente y a la luz de las lámparas vio que había un hombre dormido junto a ella. Se quedó sin poder hablar durante un rato* por la sorpresa y la desesperación, ya que la reina tenía fama de mujer virtuosa*.

Lleno de ira1), viendo que la reina le engañaba2) en cuanto se marchaba del palacio, sacó su cuchillo y de un solo golpe cortó la cabeza de los dos amantes. Luego, las tiró al río que pasaba por debajo de la ventana y después de hacer esto, con mucha tristeza volvió a las puertas de la ciudad, donde le esperaban para seguir el viaje al reino de su hermano.

El rey Chariar tenía preparado un hermoso palacio para su hermano, y la alegría de verse después de tantos años separados fue muy grande. Se abrazaron y juntos fueron a cenar. Hablaron durante muchas horas y casi al amanecer* Chariar pensó que su hermano debía estar cansado del viaje y se retiró a sus habitaciones.

El desdichado Chacenan se acostó, pero el recuerdo de la infidelidad* de su esposa y de su cruel muerte no le dejaban dormir. Al día siguiente estaba triste y parecía enfermo. Chariar, al verle, se preocupó y pensaba cuál podía ser el motivo de la tristeza de su hermano.

---

1) Lleno de ira = Con mucha ira, furioso.
2) le engañaba = tenía relaciones amorosas con otro hombre.

성에 들어가서 곧바로 왕비의 처소로 향했다. 왕은 그녀를 기분 좋게 놀라게 해 주려고 살며시 문을 열었는데 불빛에 다른 남자가 그녀 곁에 잠들어 있는 것을 보았다. 덕이 많은 왕비로 소문이 나 있었기에 왕은 놀라움과 좌절에 한동안 말문이 막혔다.

그가 성을 떠나자마자 그를 속인 왕비를 보고 화가 치민 왕은 칼을 뽑아 단번에 두 연인의 목을 쳤다. 그리고 잘린 머리를 창 밑으로 흐르는 강에 던졌다. 그런 후 슬픔에 차서 형의 왕국으로 여행을 계속하기 위하여 그를 기다리고 있는 도성문으로 돌아갔다.

차리아르 왕은 동생을 위하여 아름다운 성을 마련하였다. 오랜 해 동안 떨어진 후에 만나게 되는 기쁨은 매우 컸다. 서로 포옹을 하고 저녁 식사를 하러 갔다. 몇 시간 동안 이야기를 나누었고 거의 날이 밝을 때가 되어서 차리아르 왕은 동생이 여행으로 피곤하리라 생각하고 방으로 돌아갔다.

불행한 차세난은 자리에 누웠으나 부인의 부정과 잔인한 죽음에 대한 기억으로 잠을 이룰 수가 없었다. 다음 날 그는 슬프고 아파 보였다. 그를 본 차리아르는 걱정이 되어서 동생이 슬퍼하는 이유가 무엇일까 생각했다.

---

(1) **a la luz de las lámparas** : 램프 불빛 아래서 (2) **poder + 동사의 원형** : ~할 수 있다 (3) **durante un rato** : 잠시 동안 (4) **ya que** : ~하는 이상, ~하니 (5) **tener fama de** : ~한 평이 나 있다 (6) **virtuoso** : 덕망이 높은 (7) **lleno de ira** : 분노에 차서 (8) **le engañaba** : 그를 속인 것을 (9) **en cuanto** : ~하자마자 (10) **de un solo golpe** : 단칼에 (11) **por debajo de** : ~아래에서, 아래를 (12) **hacer esto** : (앞서 말한) 이것을 하다. 여기서 esto는 중성 지시대명사로 앞서 언급한 일을 가리킨다. (13) **con mucha tristeza** = muy tristemente (14) **tener + 과거분사** : ~을 해 놓고 있다. 벌써 ~해 두었다. 이 때 과거분사는 주어의 성·수에 일치하는 것이 아니라 목적격에 일치한다. (15) **tantos años** : 여러 해 동안 (16) **fueron a cenar** : 저녁 식사를 하러 갔다 (17) **al amanecer** : 동틀 무렵에, 새벽녘에 (18) **deber + inf.~** : ~하지 않으면 안 된다(tener que + inf.) (19) **dejar + inf.** : (방임·방치한 채로) ~시키다, ~하게 하다 (20) **al día siguiente** : 이튿날, 다음 날 (21) **parecía enfermo** : 아파 보였다. **parecer + 부사·형용사·명사·que로 시작하는 문장 등을 보어로 하여 ~로 보이다, 생각되다**

Chariar, para alegrar y divertir a su hermano, organizó una cacería* de dos días de duración, pero Chacenan, cada vez más triste, no deseaba ir. Así lo comunicó al rey Chariar que, muy preocupado, salió con sus ministros* y amigos hacia el lugar de la cacería.

Mientras, Chacenan, muy triste, paseaba por sus habitaciones y veía por las ventanas el jardín del palacio de su hermano. Allí estaban las habitaciones de la reina y de las mujeres de su servicio. Vio que se abría una pequeña puerta y que por ella salían al jardín veinte mujeres. Miraba al grupo* y con gran sorpresa vio que todas no eran mujeres, ya que había diez hombres disfrazados* de mujeres. Allí estaba también la reina, esposa de su hermano Chariar.

Lleno de curiosidad, el rey observó lo que hacían. Pocos minutos después salió un negro* muy feo que abrazó y besó a la reina. Los otros diez negros también besaban a las mujeres que acompañaban a la reina.

Chacenan pensó que su hermano era tan* desgraciado como él y que debía resignarse*, ya que todas las mujeres eran malas e infieles*.

Cuando Chariar volvió de la cacería, encontró a su hermano más alegre y hablador*. Se sintió feliz y juntos vieron todos los animales que habían cazado. Después, preguntó a su hermano la causa* de su anterior tristeza y por qué no había querido ir con él de cacería. Chacenan le contó la terrible* historia del engaño de su mujer y que había cortado la cabeza a ella y a su amante.

차리아르는 동생을 즐겁게 해 주고 기분 전환을 시켜 주기 위해 이틀에 걸친 사냥을 준비했지만 점점 더 슬픔에 찬 동생은 가지 않으려 했다. 그렇게 차리아르 왕에게 답을 전달하자 그는 장관들, 친구들과 함께 걱정을 하며 수렵장으로 떠났다.
  그 동안 차세난은 너무나 괴로워 방을 돌아다니며 형의 성의 정원을 창 너머로 보았다. 그 곳에는 왕비와 하녀들의 거처가 있었다. 작은 문이 열리더니 20명의 여자들이 정원으로 나왔다. 그들을 지켜보다 그들 모두가 여자가 아니라 10명이 여자로 분장한 남자들임을 알고 무척 놀랐다. 그들 중 형 차리아르의 부인인 왕비도 있었다.
  무척 궁금해하며 왕은 그들이 무엇을 하는지 지켜보았다. 몇 분 후에 흉하게 생긴 흑인이 나와 왕비를 안고 입을 맞추었다. 다른 10명의 흑인들도 왕비와 같이 있던 여자들에게 그렇게 했다.
  차세난은 형 또한 이토록 불행하고 모든 여자들이 악하고 부정하니 단념해야 한다고 생각했다.
  차리아르는 사냥에서 돌아왔을 때 동생이 기분이 더 좋아지고 말을 많이 하는 것을 보았다. 그는 행복해서 둘이 사냥해 온 짐승들을 보았다. 후에 동생에게 왜 슬퍼했으며 사냥에 같이 안 가려 했는지 물었다. 차세난은 부인의 부정한 행위로 그녀와 그 정부의 목을 쳤다는 엄청난 이야기를 했다.

---

(1) cada vez más : 점점 더 (2) por las ventanas : 창문으로, 창문을 통해 (3) con gran sorpresa : 매우 놀라서 (4) lleno de curiosidad : 호기심에 차서, 매우 궁금해서 = con mucha curiosidad, muy curiosamente (5) lo que ~ : ~것을(what) (6) pocos minutos después : 잠시 후에 (7) tan A ~ como B : B만큼 A도 ~하다 (8) sentirse + 형용사 : ~한 생각이 든다 (9) querer+inf. : ~하고 싶다

Chariar dijo a su hermano:

—¡Qué horrible historia! Ahora comprendo tu tristeza. Me alegro de que hayas sido tú mismo quien haya castigado a esa traidora* mujer. Yo hubiera matado a todas las mujeres de palacio. Pero, ¿qué ha sucedido para que ya estés más alegre?

Chacenan contó a su hermano todo lo que había visto en el jardín de su esposa, la reina, y que esto era la causa de estar menos triste, pues pensó que todas las mujeres eran iguales y que engañaban a sus maridos. Aconsejó a Chariar que se consolara como él y que olvidara a la reina.

Decidieron abandonar sus reinos y marcharse, libres de todas las preocupaciones, pero un día, cuando hablaban de la maldad de sus esposas, vieron acercarse a un hombrecillo* que, viéndoles tan tristes y no sabiendo que eran los dos reyes, les preguntó la causa de su pena. Dijeron que eran muy desgraciados, pues sus esposas les habían engañado.

—Os voy a contar una historia, para que sepáis que todas las mujeres son iguales —dijo el hombrecillo.

《Había en un país un genio*. Un día, mientras andaba por la ciudad, vio que se celebraba una boda*, y al ver a la novia que era muy bella, la raptó*, la metió en una caja y se la llevó a su palacio.

Un día, el genio estaba en un prado* y se tumbó* a descansar. Sacó de la caja a la mujer y era tan bella que asombraba*. El genio le dijo que se sentara a su lado, y al poco rato se quedó dormido.

14 Las Mil y Una Noches

차리아르는 동생에게 말했다.
―끔찍한 얘기군! 이제는 네 슬픔을 이해하겠다. 그 부정한 여자를 네 손으로 벌을 주었으니 나도 기쁘구나. 나 같으면 성(城)의 모든 여자들을 죽였을 거다. 그런데 지금은 어떻게 그 분이 풀렸느냐?

차세난은 왕비의 정원에서 보았던 일을 다 말하고 모든 여자들이 다 같아서 남편을 속인다고 생각하니 덜 슬프다고 했다. 형 차리아르에게 자신처럼 스스로 위로를 하고 왕비를 잊으라고 충고했다.

그들은 모든 걱정에서 벗어나 왕국을 떠나기로 했다. 그러던 어느 날 부인들의 부정에 대해 이야기를 나누고 있을 때 어느 자그마한 남자가 너무나 슬퍼하는 그들을 보고, 그들이 왕인 줄도 모른 채 괴로워하는 이유를 물었다. 그러자 그들은 자신들의 부인들이 부정을 저질렀기에 불행하다고 말했다.

―모든 여성들이 다 같다는 것을 알려 주기 위해 이야기 하나를 들려드리죠― 라고 그 작은 남자는 말했다.

어느 나라에 요술쟁이가 하나 살았어요. 어느 날 도시를 돌아다니다 결혼식을 보게 되었는데, 신부가 너무 아름다워서 상자에 넣어 그의 성으로 데려왔어요.

그러던 어느 날 요술쟁이는 쉬려고 풀밭에 누웠어요. 상자를 열자 그녀의 아름다움에 눈이 부셨지요. 요술쟁이는 그녀를 옆에 앉으라 하고 잠시 후에 잠이 들었어요.

---

(1) alegrarse de : ~을 기뻐하다 (2) para que : ~하도록, ~하기 위해(접속법이 뒤따른다) (3) hombrecillo : hombre의 축소어로, 작은 사람 또는 하찮은 사람 (4) celebrarse una boda : 결혼식이 거행되다 (5) tumbarse a+inf. : ~하기 위해 눕다 (6) tan + 형용사(혹은 부사) + que : 너무나 ~하여 …하다(영어의 *so ~ that* 용법) (7) a su lado : 그의 옆에 (8) al poco rato : 얼마 안 있어

Estaban allí dos jóvenes príncipes, que se habían subido a un árbol para no ser descubiertos al ver que alguien llegaba.

La bella mujer miró hacia el árbol, y viendo a los dos jóvenes, les dijo que bajaran. Ellos no querían, por miedo al genio, pero la mujer les prometió que nada les ocurriría.

Les llevó de la mano hacia el bosque y allí les pidió que le hicieran el amor. Ellos no pudieron negarse y después les pidió unos anillos de oro que llevaban en el dedo. Tampoco se negaron a este capricho y la joven sacó un montón* de anillos a los que unió los otros dos, mientras decía:

—¿Sabéis lo que representan estos anillos?; cada uno de ellos es un amante, y como tenía noventa y ocho, me faltaban dos para llegar a cien; por eso os he pedido los vuestros. Y a pesar de que el genio me tiene guardada siempre en una caja, ya he encontrado cien ocasiones para burlarme de él, y aunque me encerrase en el fondo del mar, también lo haría. Cuando una mujer piensa hacer algo, no hay marido ni amante capaz de impedirlo*. Mejor sería que los hombres les dejaran hacer lo que quisieran, pues ésta sería la única manera de que fueran buenas y fieles.

Dicho esto, guardó los anillos y volvió al árbol a sentarse junto al genio.

El hombrecillo les preguntó qué les había parecido la historia.

Chariar dijo a su hermano:
—A ti, ¿qué te ha parecido?

그 곳에는 두 젊은 왕자가 누가 오는 것을 보고 들키지 않기 위해 나무에 올라가 있었지요.

아름다운 여인은 나무의 두 젊은이를 보고 내려오라 했어요. 그들은 요술쟁이가 겁나서 안 내려가려 했으나 그녀는 아무 일도 없을 것이라고 약속했어요.

그녀는 그들의 손을 잡고 숲으로 데려가 사랑을 해 달라고 했고 그들은 거절할 수가 없었어요. 그런 후에 손에 끼고 있던 금반지도 달라고 했죠. 이런 그녀의 변덕스러움도 거절하지 못하자 그 젊은 여인은 금반지가 담긴 자루를 꺼내 그 두 개를 넣으며 이렇게 말했어요:

— 이 반지들이 뭘 의미하는지 알아요? 금반지 하나하나가 연인을 의미하지요. 98개가 있었고 100개를 채우려면 두 개가 부족해서 당신들 것을 달라고 했어요. 비록 저 요술쟁이가 나를 상자에 가두어 두지만 벌써 100번이나 그를 우롱할 기회를 찾았고 저 바다 깊숙이 가둔다 해도 그렇게 할 거예요. 여자가 뭔가 하려고 마음만 먹으면 그 어느 남편이나 연인도 막지 못해요. 오히려 남자들이 여자가 하고 싶은 대로 그냥 두는 것이 그녀가 선하고 충실할 수 있는 유일한 방법일 거예요.

이렇게 말하고 반지를 보관한 뒤 다시 요술쟁이 옆으로 가서 앉았어요.

그 작은 남자는 그의 얘기가 어땠냐고 물었다.

차리아르는 동생에게 말했다:

— 너는 어떻게 생각하느냐?

---

(1) **quedarse + 형용사** : ~되다, 남다 (2) **tener miedo a** : ~을 무서워하다(por miedo a : ~에 대한 두려움 때문에) (3) **nada** : 아무것도 ~ 않다(부정문에서 동사 앞에 다른 부정어(no) 없이 사용된다.) (4) **a pesar de** : ~에도 불구하고 (5) **cien ocasiones** : 100번의 기회. cien은 본래 ciento이나 명사 앞에서 어미가 탈락한다. (6) **ni** : = y no (부정사 no 다음에 다시 부정을 할 때 쓴다.) No tomo café ni té. 나는 커피도 차도 들지 않는다. (11) **capaz de** : ~할 수 있는

—Estoy de acuerdo en que nada iguala a la maldad de las mujeres —dijo Chacenan— y tú estarás de acuerdo conmigo que el genio es más digno de pena[3] y más desgraciado que tú y que yo, así es que volvamos entonces a nuestros reinos.

—Sí, volvamos —contestó su hermano—. Yo ya he encontrado la forma de que mi esposa no me sea infiel. El día que te diga mi secreto, tú harás lo mismo.

Caminaron durante tres días y tres noches, hasta llegar a sus reinos. Cuando llegaron al palacio, el rey fue a la habitación de su esposa y mandó que le cortaran la cabeza, así como a todas las mujeres a su servicio.

Convencido de que no había ninguna mujer de cuya fidelidad pudiera estar seguro, decidió casarse cada noche con una y matarla a la mañana siguiente.

El rey ordenó a su primer ministro que le llevara una joven y a la mañana siguiente mandó que la matara.

Así lo hizo con gran cantidad de jóvenes; tenía aterrorizada a la ciudad, sobre todo a aquellas familias que tenían hijas en edad de casarse,[4] ya que todas iban a correr la misma suerte.[5] El ministro tenía dos hijas: la mayor se llamaba Scherezade, y Diznarda la más pequeña. Scherezade era una joven que había leído mucho, era muy inteligente además de ser muy bella. Un día, que estaban los tres juntos, dijo a su padre:

---

3) digno de pena = que da pena, que merece ser compadecido.
4) en edad de casarse = con años suficientes para poder casarse.
5) correr la misma suerte = que les va a ocurrir lo mismo.

—그 무엇도 여자의 부정함과 비길 바가 없으며, 형도 제 생각과 같이 형이나 나보다 그 요술쟁이가 더 고통스럽고 불쌍하다고 생각할 거예요. 그러니 우리 왕국으로 돌아가지요— 라고 차세난은 말했다.

—그래, 돌아가자— 형이 대답했다— 이제야 나는 아내의 부정을 막을 방법을 찾아 냈다. 내 비밀을 네게 알려 주면 너도 그렇게 할 게다.

그들은 3일 밤낮을 걸어 왕국에 도착했다. 성에 도착하자 왕은 부인의 방으로 가서 그녀의 목을 치라 했고 하녀들의 목도 치라 했다.

그 어느 여자의 충실함도 믿을 수 없는 것이라 확신하고 매일 밤 한 여자와 결혼하고 다음 날 아침에 죽이기로 했다.

왕은 수상에게 명하여 젊은 여자 한 명을 그에게 데려와 다음 날 아침 죽이도록 했다. 이렇게 수많은 젊은 여자들이 죽었고 전체가 공포에 떨었다. 특히 혼기에 찬 딸을 가진 가족들은 더 했고 그들에게도 분명 같은 운명이 기다리고 있었다.

수상에게는 딸이 둘 있었다. 큰딸 세레사데와 작은딸 디스나르다였다.

세레사데는 아름답고 책을 많이 읽어 지혜로웠다. 어느 날 아버지와 동생과 같이 있을 때 아버지에게 말했다.

---

(1) estar de acuerdo : 동의하다 (2) conmigo : 나와 함께. 전치사 con과 대명사 mí의 합체형(con+ti→contigo) (3) digno de pena : 고통받을 만한 (4) así como… : ~과 마찬가지로, 무엇도 또한 (5) convencer de… : ~을 깨닫다 (6) a la mañana siguiente : 이튿날 아침에 (7) sobre todo : 특히 (8) en edad de casarse : 결혼할 나이에 있는 (9) además de~ : ~이외에 (10) correr la misma suerte : 같은 운명을 맞이하다

—Padre, quiero pedirte una cosa.

—Yo te la daré si es razonable* —contestó su padre.

—Tengo una idea para poner fin[6] a esa ley del rey de matar a todas sus esposas.

—Me parece que tu intención es buena, pero creo que nada podrás hacer -contestó su padre.

—Padre, como tú eres el encargado de llevarle cada noche una esposa, te pido que me lleves a mí.

El ministro dijo que no lo haría, pero tanto insistió su hija, que prometió llevarla al rey como esposa, pero antes le explicó todos los peligros que pasaría con esa boda, sin comprender que su hija deseara ir a una muerte segura.

—Ten cuidado, hija mía, no te suceda lo que al asno* —dijo con mucha tristeza—. Vivía muy bien y no estaba contento con su suerte.

—¿Qué le ocurrió a ese asno? —preguntó su hija pequeña, Diznarda.

—Escucha y lo sabrás.

---

6) poner fin = terminar, acabar.

― 아버지, 부탁드릴 것이 있어요.
― 들어 줄 만하면 들어 주마 ― 라고 아버지가 대답했다.
― 왕이 부인들을 다 죽이는 법을 끝낼 방법이 제게 있어요.
― 너의 의도는 좋으나 아무것도 할 수 없을 게다 ― 아버지는 말했다.
― 아버지, 왕에게 매일 밤 부인을 한 명씩 데리고 가야 하는 일을 맡으셨으니 저를 데리고 가세요.

아버지는 안 된다고 했으나 딸이 간곡히 부탁하는 나머지 응하고 말았다. 그러나 그는 딸이 왜 죽음의 길을 택하는지 이해하지 못한 채 결혼의 위험을 다 이야기해 주었다.

― 조심하거라. 노새처럼 되지 않았으면 한다 ― 슬픔에 찬 아버지가 말했다.
― 노새한테 무슨 일이 있었는데요? ― 작은딸 다스나르다가 말했다.
― 들어 보면 알게다.

---

(1) poner fin : 끝맺음하다, 끝내다 (2) pasar : (무인칭 동사로서 제 3인칭만 활용하여, 일이) 벌어지다, 일어나다 (3) Ten cuidado : 조심해라. ten은 tener의 2인칭에 대한 명령. tener cuidado con「~에 조심하다」

1. EL ASNO, EL BUEY Y EL LABRADOR

Un labrador muy rico tenía varias casas de campo con ganado* de todas clases. Vivía en una de las casas con su mujer* y sus hijos y conocía el lenguaje de los animales, aunque esto no podía contárselo a nadie, pues era un secreto.

Tenía en la misma cuadra* un buey y un asno. Un día, mientras veía jugar a sus hijos, oyó que el buey le decía al asno:

—Te miro con envidia* al ver lo poco que trabajas. Un criado te cuida, te lava y te da buena comida y sólo alguna vez llevas a nuestro amo a la ciudad. A mí, sin embargo, me tratan de otra manera. A los doce me atan* al carro* y el labrador no deja de pegarme; luego de comida sólo me dan unas hierbas secas. Ya ves que tengo razón al envidiarte. El asno escuchó al buey y cuando acabó de hablar le dijo:

—Con razón tienes fama* de tonto tú y los de tu especie*. Si cuando te atan, empezases a mugir* y a dar cornadas*, les asustarías y te dejarían hacer lo que quisieras.

El buey lo pensó y decidió* hacer lo que el asno le había dicho. A la mañana siguiente, cuando el labrador le quiso atar al carro, el buey empezó a darle cornadas. El labrador, que los había oído hablar, mandó que fueran por el asno, que lo ataran al carro, en vez de atar al buey y que lo hicieron trabajar durante todo el día.

1. 노새와 소와 농부

어느 부자 농부가 살고 있었는데 그는 농촌에 집도 여러 채 있고 모든 종류의 가축을 다 키우고 있었다. 그는 부인과 아이들과 한 집에서 살았으며 동물의 언어를 알고 있었다. 그러나 비밀이기에 아무에게도 그 사실을 말할 수 없었다. 그는 같은 헛간에 소와 노새 한 마리를 두었다. 그러던 어느 날 아이들이 노는 것을 보고 소가 노새에게 이렇게 말하는 것을 들었다.

― 너는 일을 조금밖에 안 하니 부럽구나. 하인 한 명이 너를 보살피고 씻어주며 좋은 음식도 주고 간혹 주인을 마을에 태우고 가면 되니까 말이야. 그러나 나는 다르게 취급되지. 12시면 나를 마차에 묶고 쉬지 않고 때려. 그리고 나서 먹을 거라고는 마른 풀잎만 주고. 왜 너를 부러워하는지 알겠지. 노새는 소의 말을 듣고 그에게 곧바로 다음과 같이 말했다.

― 너하고 너와 같은 종족은 바보로 유명하다니까. 너를 묶으려고 할 때 울부짖고 머리로 받으면, 놀라서 너 좋을 대로 놔 둘 거야.

소는 생각 끝에 노새가 말한 대로 하기로 했다. 다음 날 아침 농부가 마차에 소를 묶으려 하자 머리로 받기 시작했다. 그들의 말을 다 엿들은 농부는 소 대신 노새를 끌고 와 마차에 묶도록 하고 하루 종일 일을 시켰다.

---

(1) **de todas clases** : 온갖 종류의, 갖가지의 (2) **conocer** : 알다(체험적으로). * 사람을 안다거나 어느 장소를 안다고 할 때, 또는 지식적인 면에서 알 때는 conocer를 사용하고 saber(알다)는 사물을 알거나 또는 「~을 할 줄 안다」는 의미에서 사용한다. (3) **veía jugar a sus hijos** : = veía que sus hijos jugaban. 그의 아이들이 노는 것을 보고 있었다.(ver는 지각동사이다) (4) **sólo** : 다만, 단지 = solamente(solo : 혼자서, 홀로) (5) **de otra manera** : 다른 방식으로 (6) **dejar de + inf.** : ~하는 것을 그만두다. no dejar de + inf. 「반드시 ~하다, 그냥 내버려 둘 수 없다」 (7) **tengo razón** : 내 말이 맞다, 내가 옳다 (8) **acabar de + inf.** : 이제 막 ~을 끝냈다 (9) **con razón** : 충분한 이유로 (10) **a la mañana siguiente** : 이튿날 아침에 * mañana는 부사로서는 '내일', 명사로서는 '아침'의 의미를 갖는다. (11) **en vez de** : ~ 대신에 (12) **todo el día** : 하루 종일(todos los días = 매일 매일)

Cuando llegó la noche y le llevaron a la cuadra, el buey dijo al asno:

—Tenías razón, mira qué bien estoy ahora.

El asno no contestó, pero pensó:

—《Yo tengo la culpa de lo que me pasa por ser imprudente*. Vivía bien, y como no encuentre alguna solución*, voy a estar toda mi vida tirando* del carro, mientras que el buey se quedará aquí.》

*   *   *

El ministro dijo a su hija:

—Merecerías* ser tratada como el asno, puesto que quieres evitar* un mal que no tiene solución*, es decir, algo imposible, en lo que perderás la vida.[7]

Scherezade no se convenció con las razones de su padre y le dijo que ningún peligro le impediría* hacerlo.

—En ese caso —dijo su padre—, tendré que hacer contigo lo que hizo el labrador con su mujer.

—¿Y qué fue lo que hizo?

—Escucha, que no he terminado la historia.

---

7) perderás la vida = morirás.

밤이 되어 노새를 헛간으로 데려가자 소가 말했다.

―네 말이 맞았어. 내가 얼마나 편해졌는지 봐.

노새는 말은 안 했지만 다음과 같이 생각했다:

―《내 경솔함으로 이렇게 됐으니 내 잘못이야. 나는 잘 있었는데, 해결 방법이 없으니 나는 평생 마차나 끌고 소는 여기서 지내겠지.》

*   *   *

수상은 딸에게 말했다:

―노새처럼 취급받을 게 뻔하다. 왜냐 하면 악을 막으려고는 하나 해결책이 없으니까. 다시 말해서 불가능한 일이니 목숨을 잃게 될 것이다.

세레사데는 아버지 말에도 단념하지 않고 그 어떤 위험도 그녀를 막을 수 없다고 했다.

―그렇다면 ― 아버지는 말했다 ― 농부가 부인에게 했듯이 네게도 그렇게 해야겠구나.

―무엇을 했는데요?

―들어 보아라. 이야기가 안 끝났으니.

---

(1) me pasa : pasar 동사가 무인칭 동사로 3인칭으로 활용되어 「내게 일이 벌어지다」 (2) ir a + inf. : ~하려 하다 (3) puesto que : 왜냐하면, ~이기 때문이다 (4) es decir : 즉, 말하자면 (5) convencerse de : ~을 납득하다, ~임을 깨닫다 (6) contigo > con + ti : 너와 함께 (7) perderás la vida : 목숨을 잃게 될 것이다.

2. EL GALLO, EL PERRO Y LA MUJER DEL LABRADOR

El labrador, cuando vio al asno tan cansado, quiso saber lo que iba a pasar entre el buey y él. Acompañado por su mujer, fue a la cuadra y oyó que el asno preguntaba a su compañero qué iba a hacer al día siguiente.

—Haré lo que tú me has dicho —dijo el buey.

—Me parece muy bien —dijo el asno—; pero te diré lo que he oído esta mañana. Dice el amo que estás enfermo, muy flaco* y que te mandará matar.

El buey se asustó mucho. El labrador, al oírlos, empezó a reír tan fuerte que su mujer le miró asombrada y quiso saber de qué se reía. Pero su marido le dijo que era un secreto y que no se lo podía decir.

—¡Quiero saberlo! —dijo la mujer

—No te lo puedo decir, es una cosa que ha dicho el asno al buey, pero si te lo digo moriré.

—Eso no es verdad. Te estás burlando* de mí y si no me lo dices me separaré de ti para siempre.

La mujer entró en su casa y estuvo llorando toda la noche. Todo lo que decía su marido era inútil, pues la mujer seguía llorando y el labrador no sabía qué hacer. Tenía en la casa cincuenta gallinas, un gallo y un perro que guardaba la casa. Estaba el pobre* hombre sentado en la puerta, pensando sobre su mala suerte*, cuando oyó que el perro regañaba* al gallo porque cantaba.

2. 닭과 개와 농부의 아내

　무척 지쳐 있는 노새를 보고 농부는 노새와 소 사이에 무슨 일이 벌어질지 궁금했다. 부인과 함께 헛간으로 가서 노새가 다음 날 어떻게 할 것인지 소에게 묻는 것을 들었다.
　―네가 말한 대로 할 거야― 소가 말했다.
　―좋아― 노새가 말했다. 그런데 오늘 아침에 들은 얘기를 해 줄게. 주인이 그러는데 네가 아프고 약해서 죽이라고 할 거래.
　소는 매우 놀랐다. 그들의 말을 들은 농부는 너무 크게 웃어서 부인이 놀라 왜 그러느냐고 물었다. 그러나 남편은 비밀이라 말할 수 없다고 했다.
　―알고 싶어요!― 부인이 말했다.
　―말할 수 없어. 노새가 소한테 뭐라고 했는데 내가 말을 하면 난 죽을 거야.
　―사실이 아니에요. 나를 놀리고 있어요. 말해 주지 않으면 영원히 당신과 헤어지겠어요.
　부인은 집에 들어가 밤새도록 울었다. 남편이 무슨 말을 해도 다 소용이 없어 부인은 계속 울었고 농부는 어떻게 해야 할지 몰랐다. 집에는 암탉 50마리에 수탉 1마리와 개 1마리가 있었다. 그 불쌍한 남자는 자신의 불운을 생각하며 문에 앉아, 개가 수탉에게 노래 부른다고 탓하는 소리를 들었다.

---

(1) **querer+inf.** : ~하고 싶어하다, ~하기를 원하다 (2) **me parece** : 내 생각에는 ~로 보인다, 여겨진다. * parecer 동사가 부사형용사·명사·부정형 등을 보어로 하여 「~으로 보이다, 생각되다」 (3) **mandar+inf.** : (~에게) ~하기를 명령하다 (4) **empezar a+inf.** : ~하기 시작하다(= comenzar a+inf.) (5) **estar + 현재분사 → 현재진행형** : ~을 하고 있다. * Te estás burlando de mí 「너는 나를 비웃고 있다」 (*burlarse de : ~을 비웃다, 우롱하다) (6) **para siempre** : 영원히 (7) **toda la noche** : 밤새도록 (8) **seguir + 현재분사** : 계속 ~하다, ~하기를 계속하다 (9) **el pobre hombre** : 불쌍한 남자, 가련한 남자 * 스페인어는 품질 형용사가 수식하는 명사의 뒤에 위치하나, 예외적으로 수식하는 명사의 앞에 위치하여 의미가 달라진다.(el hombre pobre 가난한 남자)

—Debes saber —dijo el perro— que nuestro amo está hoy muy triste. Su mujer quiere saber un secreto que le costaría la vida. Es fácil que muera, porque acabará diciéndolo. Todos están tristes en la casa, menos tú, que te dedicas a cantar.

—Nuestro amo puede arreglar esto fácilmente —dijo el gallo—; que se meta en una habitación cerrada con su mujer y que le dé con una vara* de fresno* y ya no querrá saber el secreto. Si nuestro amo no lo hace tendrá la culpa de su muerte.

Cuando el labrador oyó estas palabras, fue a buscar la vara, y pegó a su mujer con ella hasta que ya no quiso saber nada sobre el secreto. Entonces, soltó a su mujer y toda la familia felicitó al labrador por haber encontrado un remedio para convencer a su esposa.

* * *

—Hija mía —dijo el ministro—, tú te mereces que te trate de la misma forma.

—Padre —dijo Scherezade—, ninguna historia me hará dejar de cumplir lo que ya tenga decidido. Yo también te podría contar muchas historias para convencerte.

Su padre, muy triste, fue a ver al rey para ofrecerle a su hija por esposa.

—Señor —dijo—, ella misma desea venir y dice que la muerte no le asusta.

Quedó muy asombrado el rey y dijo:

—Mañana tendrás que matarla como a todas y si no lo haces, lo haré yo.

―오늘 주인은 많이 슬퍼하고 있어. 부인이 비밀을 알려고 하는데 생명이 걸린 문제야. 아마 죽을 거야. 결국은 말하게 될 테니까. 노래에만 열중하는 너만 빼고 모두가 슬퍼하고 있어―개가 말했다.
　―주인님은 쉽게 해결할 수 있어―수탉이 말했다―방에 들어가 문을 잠그고 회초리로 부인을 때려 주면 비밀을 알려고 하지 않을텐데. 주인님이 그렇게 하지 않으면 자기 잘못으로 죽는 거지.
　농부가 그 말을 듣고 회초리를 찾아 부인이 더 이상 비밀을 알려고 하지 않을 때까지 때렸다. 그리고 나서 부인을 놓아 주었고 모두들 부인의 고집을 꺾을 방법을 찾은 그에게 축하를 보냈다.

*　　　*　　　*

　―내 딸인―수상이 말했다―, 너도 같은 방법으로 다루어야겠구나.
　―아버지―세레사데가 말했다―, 어떤 이야기도 내 결정을 바꿀 수는 없어요. 저도 아버지를 설득시킬 만한 많은 이야기를 할 수 있어요.
　아버지는 슬퍼하며 왕을 찾아가 그의 딸을 부인으로 주겠다고 했다.
　―전하, 그 아이 스스로가 오기를 원하고 죽음에 놀라지 않는다 합니다.
　왕은 깜짝 놀라 말했다:
　―내일 아침 그대는 다른 모든 여인네들을 죽인 것처럼 그녀를 죽여야 한다. 만약 그녀를 죽이지 않으면 내가 죽이겠노라.

---

(1) deber + inf. : ~해야만 한다 (2) dedicarse a + inf. : ~에 종사하다, ~에 전념하다
(3) por esposa : 부인으로서, 아내로서 (4) tener que + inf. : ~해야만 한다(deber)

El primer ministro fue a buscar a su hija, pues el rey estaba esperándola. Scherezade, antes de salir de su casa, dijo a su hermana, Diznarda:

—Querida hermana, quiero que me ayudes en algo muy importante. Voy a casarme con el rey y cuando llegue al palacio y sea de noche le pediré al rey que te deje dormir en la habitación que esté al lado. Así, tú podrás desper- tarme una hora antes de que sea de día y me dirás: 《Hermana mía, si no duermes, te pido que me cuentes uno de esos maravillosos cuentos que tú sabes hasta que sea de día.》 Yo te contaré uno y así, creo que podré salvar a todas las jóvenes de morir por orden del rey.

Diznarda dijo que lo haría. Entonces el ministro llevó a su hija al palacio y se fue de allí lleno de dolor.[8]

El rey Chariar mandó a Scherezade que se quitase el velo* de la cara; ella obedeció y el rey vio que tenía los ojos llenos de lágrimas.

—¿Por qué lloras? —le preguntó.

—Señor, tengo una hermana a quien quiero mucho y me gustaría, si no te parece mal, que pase la noche[9] en palacio, en la habitación que está aquí al lado. De esa manera, antes de morir, me podré despedir de ella.

Al rey no le pareció mal y ordenó que fueran por ella y preparasen la habitación como había pedido su esposa.

---

8) lleno de dolor = con mucho dolor.

9) que pase la noche = que duerma.

수상은 왕이 기다리고 있기 때문에 딸을 데리러 갔다. 세레사데는 집을 떠나기 전에 동생 디스나르다에게 말했다:

— 사랑하는 동생아, 매우 중요한 일을 도와 주었으면 한다. 나는 왕과 결혼하게 될 텐데 궁에 도착하면 밤에 네가 옆방에서 잘 수 있도록 그에게 요청할 거야. 그러면 너는 날이 밝기 1시간 전에 나를 깨워 이렇게 말해라:《언니, 잠들지 않았으면 날이 밝을 때까지 언니가 알고 있는 재미있는 이야기 하나를 들려 줘.》그러면 나는 네게 얘기를 해 주고 이렇게 해서 왕의 명으로 죽을 모든 젊은 여자들을 구할 수 있을 것 같구나.

디스나르다는 그렇게 하겠다고 했다. 그 때 수상은 딸을 궁으로 데려다 주고 고통스러워하며 그 곳을 떠났다.

차리아르 왕은 세레사데에게 얼굴의 베일을 벗으라 했다. 그녀가 그렇게 하자 눈에 눈물이 가득 고여 있는 것을 보았다.

— 왜 우느냐? — 왕이 물었다.

— 전하, 내게는 사랑하는 여동생이 있는데 오늘 밤 옆방에서 지냈으면 합니다. 그렇게 해야 죽기 전에 작별 인사를 할 수 있어서 입니다.

왕은 좋다고 생각해서 동생을 부르게 하고 부인이 부탁한 대로 방을 준비하도록 했다.

---

(1) antes de~ : ~하기 전에 (2) salir de : ~로 부터 나가다 (3) de noche : 밤에 (4) de día : 낮에 (5) lleno de dolor : 매우 괴로워하며 (6) lleno de : ~로 가득한 (7) me gustaría : ~하고 싶다. *gustar는 여격 보어와 함께 쓰여 이것이 사실상의 주어로 해석된다. (8) que pase la noche : 밤을 보내다, 잠을 자다 (9) de esta manera : 이 같은 방법으로(= de este modo)

아라비안 나이트 31

Una hora antes de hacerse de día, se levantó Diznarda, fue a la habitación de los esposos y dijo a su hermana lo que ella le había mandado decir.

Scherezade, en vez de contestar directamente a Diznarda, se dirigió al rey y le dijo:

—Señor, te pido que me des permiso antes de morir para contarle un cuento a mi hermana, pues todavía falta una hora.

El rey estaba muy asombrado, pero dijo que sí, con la condición de escuchar él también el cuento.

Scherezade comenzó la historia siguiente:

날이 밝기 1시간 전에 디스나르다는 일어나 그들 부부의 방으로 가서 언니가 시킨 대로 말했다. 세레사데는 디스나르다에게 직접 대답하기 전에 왕에게 말했다:

― 전하, 아직 1시간이 남았으니 죽기 전에 동생에게 이야기를 하나 들려 주었으면 합니다.

왕은 놀랐으나 그도 같이 듣겠다는 조건으로 승낙했다.

세레사데는 다음의 이야기를 시작했다:

---

(1) faltar una hora : 한 시간이 남아 있다

3. HISTORIA DE SIMBAD EL MARINO

Hace muchos años vivía en Bagdad* un muchacho que se llamaba Himbad. Un día, cansado del bulto tan pesado* que llevaba sobre la espalda, se paró* en una calle muy estrecha*. Se sentó al lado de una gran casa en la que estaban celebrando* una fiesta, pues Himbad oía la música y la alegría de las personas que estaban allí. El muchacho quiso enterarse de lo que pasaba y preguntó a un criado de quién era aquella casa.

—¿Es posible que no sepas que aquí vive Simbad el Marino, ese famoso viajero que ha recorrido todos los mares* del mundo?

El muchacho recordó haber oído hablar de él, así como de sus grandes riquezas, y no pudo evitar el compararse con él.[10] Mientras pensaba en esto con tristeza, salió un criado de Simbad el Marino que le dijo:

— Mi amo quiere hablarte.

Llevó al asombrado Himbad a un gran salón* donde había varias* personas alrededor* de una mesa llena de comida. En el sitio de honor[11] estaba sentado un hombre de aspecto noble* y respetable*, de larga barba blanca. Era Simbad el Marino, que, al ver el asombro del muchacho, se acercó a él y le sirvió de aquellas ricas* comidas y le dio de beber, tratándole como a un hermano, según era costumbre

---

10) comparase con él = se refiere a que él era muy pobre y Simbad muy rico.
11) sitio de honor = lugar donde se sienta el invitado de mayor categoría o edad.

3. 선원 심바드 이야기

　오래 전에 임바드라는 청년이 바그다드에 살고 있었다. 어느 날 등에 지고 가던 짐이 무거워 무척 좁은 길목에 멈춰 섰다. 큰 집 옆에 앉았는데 그 집에선 파티가 열렸고 음악 소리와 그 곳에 있던 사람들의 즐거워하는 소리가 들렸다. 무슨 일인지 알고 싶어 그 집의 하인에게 물었다.
　―아니, 그 유명한 선원 심바드가 여기 사는 것을 모릅니까? 전세계의 바다를 다 돌아다녔어요.
　청년은 언젠가 그에 대한 이야기를 들었던 것을 기억했고, 그의 재산에 대해서도 들었고, 자신과 비교가 되었다. 생각에 잠겨 있는데 선원 심바드의 하인이 나와 이렇게 말했다:
　―주인님이 말씀을 나누고자 하십니다.
　그는 놀란 임바드를 데리고 음식이 차려진 식탁 주위에 많은 사람들이 모여 있던 큰 홀로 갔다. 주빈석에는 길고 흰 수염을 가진 귀족적이고 존경스러워 보이는 남자가 앉아 있었다. 그가 선원 심바드였다. 그는 놀란 청년에게 다가가 맛있는 음식과 음료를 대접하고 아랍인들의 관습대로 친형제처럼 대했다.

---

(1) llevar sobre la espalda : 등에 지어 나르다 (2) enterarse de : ~에 대해 알다(= darse cuenta de ~) (3) los mares : mar의 복수형 (4) así como : …과 마찬가지로 (5) evitar el compararse con él : 그는 너무나 가난하고 심바드는 부자여서 비교도 되지 않는다 (6) salón : 그 집에서 가장 큰 방으로, 손님을 맞기 위한 장소를 지칭. (7) alrededor de : ~의 주위에, 주변에 (8) el sitio de honor : 사회적 신분이 높거나 연장자인 초대 손님이 앉는 자리 (9) un hombre de aspecto noble y respetable : 사람+de aspecto+형용사 → 그 사람의 외모가 어떠하다는 말. "기품 있고 존경스러운 모습을 한 남자" (10) acercarse a ~ : ~에게 다가가다 (11) servir de : ~을 제공하다 (12) dar de + 음식, 생활의 동사 : ~하는 것을 주다. dar de beber·comer → 마실 것, 먹을 것을 주다 (13) tratar como : 마치 ~처럼 다루다. como 뒤의 a는 tratas에 부속되는 것으로서 사람이 목적격일 때 앞에 a를 쓴다는 용법에 준함.

entre los árabes*. Cuando terminó de comer, Simbad el Marino dijo al muchacho que desde la ventana había oído cómo su criado le contaba que tenía grandes riquezas, pero quería contarle que para llegar a tener toda esa fortuna* había sufrido muchos trabajos y sacrificios*.

—Sí, señores —continuó Simbad—; he sufrido mucho durante años y los peligros que he pasado en los siete viajes que he hecho son increíbles*. Voy a contaros mi historia para que te sirva de ejemplo[12], Himbad, ya que te quejabas* de tu pobreza.

*   *   *

—Señor, ya veo amanecer —dijo Scherezade.

El rey Chariar se levantó y se fue con sus ministros, decidido a oír al día siguiente el primer viaje de Simbad el Marino.

4. PRIMER VIAJE DE SIMBAD EL MARINO

En mi juventud heredé una gran fortuna y la gasté en lujos* y placeres*, sin pensar en lo poco que duran las cosas de este mundo[13] ni en la necesidad de guardar algo para la vejez.

---

12) que te sirva de ejemplo = que sirva de modelo, digno de ser imitado.
13) lo poco que duran las cosas del mundo = que todas las personas tienen que morir, que todo tiene fin.

청년이 식사를 마치자 선원 심바드는 밖에서 하인이 그의 재산에 대한 얘기를 청년에게 하는 것을 들었으므로 그 많은 재산을 모으기 위해 얼마나 많은 노력과 희생이 필요했는지 말해 주고 싶다고 했다.
　―여러분, 나는 수년 동안 고생했고 일곱 번의 여행에서 겪은 위험은 믿어지지 않을 겁니다. ―심바드가 말했다―네게 본보기가 될까 해서 말해 주겠다. 임바드, 네가 가난을 탓하니까.

*　　　*　　　*

　―전하, 날이 밝습니다―세레사데가 말했다.
　차리아르 왕은 일어나 다음 날 선원 심바드의 첫 번째 여행을 듣기로 하고 장관들과 돌아갔다.

4. 선원 심바드의 첫 번째 여행

　내가 젊었을 때 큰 재산을 상속받았는데 이 세상의 모든 것들이 얼마나 빨리 없어지는지도 모르고 노후를 위해 남겨 둬야 하는 것도 모른 채 사치와 쾌락에 다 탕진했다.

---

(1) **desde la ventana** : 창문으로부터 (2) **llegar a + inf.**: ~하기에 이르다, ~하게 되다. * llegar a tener toda esa fortuna : 그 모든 재산을 갖게 되기까지는 (3) **durante años** : 수년 동안 (4) **los peligros que he pasado** : 내가 겪었던 위험들. pasar 동사가 sufrir의 의미로 쓰였다. (5) **para que + 접속법** : ~하기 위해서 (6) **ya pue** : ~하기 때문에, ~이므로(이유) (7) **quejarse de** : ~에 대하여 불평하다 (8) **para que te sirva de ejemplo** : 네게 모범이 되도록, 한 예가 되도록 하기 위하여 (10) **decidirse a + inf.** : ~하기로 결심하다 = estar decidido a + inf. (11) **al día siguiente** : 이튿날 (12) **en mi juventud** : 젊은 시절에 (13) **gastar + 목적어 + en** ~ : ~하는 데 (목적어)를 모두 탕진하다, 써버리다 * gastar la hacienda : 재산을 탕진하다

Pero llegó un día en que empecé a pensar y decidí reunir* todo el dinero que me quedaba. Salí de Basora* con algunos comerciantes* en un buen barco.

Estuvimos en muchos países, comprando y vendiendo mercancías. Una mañana visitamos una isla*, que parecía un prado de lo verde que era. Desembarcamos* cuatro pasajeros* para comer y beber y, de repente*, cuando estábamos comiendo, empezó a temblar* la isla. Nos dijeron desde el barco que no estábamos en una isla, sino encima del vientre* de una ballena*. Cada uno[14] se salvó como pudo, unos nadando y otros en la barca* en la que habíamos llegado hasta allí. Yo me quedé solo encima de aquel horrible* animal, que poco a poco[15] se iba hundiendo* en el mar. Me agarré* a un pedazo* de madera y vi con horror* que el barco se marchaba, dejándome solo, pues creían que yo estaba muerto.

Estuve durante dos días en el mar, aterrorizado, hasta que las olas me dejaron en la playa* de una isla muy bella, donde bebí agua de un río que encontré. Al lado había unos árboles con fruta, de la que comí; descansé unas horas y luego estuve andando hasta que encontré un prado, donde había una yegua* atada a un árbol. Me acerqué a ella para verla mejor y, mientras lo hacía, se abrió la tierra y salió un hombre que me preguntó quién era yo. Le conté lo que me había pasado y entonces me tomó de la mano.

---

14) Cada uno = Cada persona.
15) poco a poco = lentamente, despacio.

어느 날 생각하게 되었고 내게 남은 돈을 다 모았다. 나는 몇몇 상인들과 좋은 배를 타고 바스라를 떠났지.

많은 나라들을 돌아다니며 물건을 사고 팔았단다. 어느 날 아침 어떤 섬에 도착했는데 초록으로 덮여 마치 잔디밭 같았단다. 우리 네 명의 승객들은 먹고 마시러 배에서 내렸고, 음식을 먹고 있는데 섬이 흔들리기 시작했지. 배에서는 우리가 섬에 있는 것이 아니라 고래의 배 위에 있다고 소리쳤단다. 각자 수영을 해서건 배를 타건 살아날 수 있는 대로 도망쳤지. 나만 혼자 그 무서운 짐승 위에 있었는데 점점 바다로 빠져 들어갔단다. 나는 나무 토막 하나를 잡았는데 내가 죽은 줄 알고 배가 떠나고 있지 뭐냐.

나는 이틀 동안 바다 위에 떠 있다가 파도에 밀려 어느 아름다운 섬에 닿았고 그 곳에서 강을 찾아 물을 마셨단다. 그 옆엔 과일 나무가 있어 과일을 따 먹고 몇 시간 휴식을 취한 후에 얼마 걷다 보니 초원을 발견했는데 말 한 마리가 나무에 묶여 있었단다. 더 잘 보려고 가까이 가는데 땅이 열리더니 어떤 사람이 나와 내가 누구냐고 물었단다. 내가 겪은 일을 다 얘기해 주니까 내 손을 잡더구나.

---

(1) pensar en : (혹은 sobre 앞에서) ~에 대한 일을 생각하다 (2) lo poco que duran las cosas del mundo : 모든 사람들은 죽을 수밖에 없다, 모든 것은 종말을 갖는다 (3) para la vejez : 노년을 위해 (4) salir de : ~을 떠나다 (5) Basora : 이라크의 바그다드를 흐르는 강가의 항구 '바스라 항' (6) desembarcar : 상륙하다, 하역하다, 짐을 내리다 ↔ embarcar : 배에 타다, 선적하다 (7) de repente = repentinamente : 갑자기 (8) estar + 현재분사 : 현재진행형 (9) no, ~ sino ··· : ~가 아니라 ···이다(영어의 *not A but B*와 같은) (10) encima de : ~의 위에 (11) el vientre : abdomen 배, 복부 (12) cada uno : 각자. cada persona (13) salvarse : 구출되다, 살다, (위험을) 벗어나다. se salvó como pudo (14) poco a poco = lentamente, despacio : 천천히, 점진적으로 (15) irse + 현재분사 : 점차로 ~해져 가다 (16) agarrarse a ~ : ~을 움켜쥐다 (17) pues = 접속사 : 왜냐하면, 그렇다면, ~하는 바에야 (18) hasta que : ~할 때까지 (19) al lado : 옆에, 옆으로 (20) yegua : *f.* 암말(↔ caballo) (21) mientras : ~하고 있는 동안 (22) lo hacía : lo는 중성대명사 ello의 대격으로 쓰여 '그 일을, 저것을'이라는 의미. 즉, 가까이 가고 있는 동안에 (23) lo que me había pasado : 내게 일어난 일 (24) me tomó de la mano : 내 손을 잡다

Me llevó a una cueva*, donde había varios hombres más, y nos dijeron que estaban al servicio del rey de aquella isla y que iban a aquel prado todos los años a llevar a la yegua del rey para que comiera.

Al día siguiente fui con ellos a la ciudad y el rey me recibió muy bien.[16] Ordenó que me dieran de comer y que no me faltase de nada.

Un día entró un barco en el puerto y empezó a descargar mercancías. Vi con alegría que allí estaban las mías y entonces me di cuenta[17] de que el barco aquel era el mío. Pregunté al capitán de quién eran aquellas mercancías que llevaba y me respondió:

—Venía en el barco un comerciante de Bagdad* llamado Simbad, que desembarcó con cuatro hombres en una ballena dormida creyendo que era una isla. Los hombres encendieron* fuego encima de la ballena, que llena de dolor se hundió en el agua. Todos los hombres pudieron salvarse menos Simbad, cuyas mercancías traigo aquí para venderlas y después dar el dinero a su familia.

—Capitán —le dije—, yo soy Simbad, y las mercancías son mías. Le conté todo lo que me había pasado, pero no quiso creerme. Pensó que era un ladrón que quería quedarme con todo, hasta que desembarcaron varias personas que me conocían. El capitán me pidió perdón y dio gracias a Dios por haberme salvado.

---

16) me recibió muy bien = con cariño, con amabilidad.
17) me di cuenta = lo comprendí en seguida.

나를 어떤 동굴로 데리고 갔는데 거기엔 여러 사람들이 있었단다. 그들은 섬의 왕을 섬기고 있는데 매해마다 왕의 말을 데려다 풀을 뜯어먹게 한다고 했단다.

다음 날 나는 그들과 함께 도시로 갔고 왕은 나를 잘 맞아 주었단다. 그는 내게 음식과 다른 모든 것을 마련해 주라 명령했단다.

어느 날 배 한 척이 항구에 들어와 상품을 내려놓았단다. 기쁘게도 내 물건들도 있었고 그 배가 내 배라는 것을 알게 되었지. 선장에게 그 물건들이 누구 것이냐고 묻자 이렇게 대답했단다:

─바그다드에서 온 심바드라는 상인이 있었는데 다른 네 사람과 잠자고 있던 고래 등 위에 내렸지요, 섬인 줄 알고요. 사람들은 고래 위에서 불을 지폈고 고통을 받은 고래는 물 속으로 들어가고 말았어요. 심바드만 빼고 모두 살아났어요. 여기 이 물건들이 그의 것인데 여기서 팔아서 그의 가족들에게 돈을 갖다 주려고 해요.

─선장─그에게 말했지─내가 심바드요, 그것은 내 물건들입니다. 내게 있었던 일을 다 말했지만 그는 믿으려 하지 않더구나. 나를 알고 있던 몇몇 사람들이 배에서 내릴 때까지 내가 물건을 몽땅 가지려는 도둑이라고 생각했단다. 선장은 내게 사과를 하고 목숨을 건진 데 대해 하느님께 감사를 드렸단다.

---

(1) estar al servicio de uno : 누구를 모시고 있다. 섬기고 있다 (2) me recibió muy bien : 환대하다 (3) darse cuenta de ~ : ~에 대해 알게 되다 (4) un comerciante de Bagdad : 바그다드 출신의 한 상인 (5) llamado Simbad : 심바드라 불리는. 타동사가 과거분사로 쓰여 수동의 의미를 가지고 명사를 수식함. (6) una ballena dormida : 잠이 든 고래 (7) menos Simbad : menos가 excepto의 뜻으로 사용됨. 심바드만 제외하고 (8) capitán : *m.* (육군의) 대위, (해군의) 선장, 함장 (9) quedarme con todo : 몽땅 차지하다 (10) pedir perdón : 용서를 구하다 (11) dar gracias a Dios por ~ : ~에 대해 신께 감사를 드리다

Hice varios regalos al rey con lo mejor que llevaba y él me dio otros aún de más valor*. Después me embarqué llevando gran cantidad de frutas de la isla.

Llegué, por fin, a Basora, y con lo que llevaba compré tierras, esclavos* y una casa muy grande para quedarme allí y olvidar los peligros que había pasado.

Simbad se detuvo al llegar aquí, sirvió de beber a sus invitados* y dio una bolsa de cien monedas al muchacho.

—Toma y vuelve mañana a oír el resto* de mis aventuras.

Con mucha alegría, Himbad dio el dinero a su familia, y al día siguiente volvió a casa de Simbad el Marino. Comieron y, al terminar la comida, empezó su segundo viaje.

*   *   *

Scherezade, al ver que ya era de día, dijo al rey, su esposo:

—Señor, si me permites, seguiré luego contando el segundo viaje de Simbad el Marino, pero tienes que esperar para poderme cortar la cabeza.

El rey dijo que esperaría, pues tenía curiosidad por conocer la historia completa de Simbad.

Por la noche, otra vez, Diznarda despertó a su hermana y al rey. Scherezade entonces contó el segundo viaje de Simbad el Marino.

내가 갖고 있던 최고의 상품들로 왕에게 선물을 했더니 그는 한층 더 값진 것들을 주었단다. 그런 후 섬의 과일을 배에 가득 싣고 떠났단다.
드디어 바스라에 도착해, 갖고 있던 것으로 땅과 노예도 사고 내가 살 큰 집도 사고 과거의 위험을 잊고자 했단다.
심바드는 여기서 말을 멈추고 손님들에게 마실 것을 대접한 뒤 청년에게 동전 100개가 든 주머니를 주었다.
— 이걸 갖고 내일 내 모험의 나머지 얘기를 들으러 오너라.
임바드는 기뻐서 동전 주머니를 가족에게 주고 다음 날 선원 심바드의 집에 다시 갔다. 식사를 한 뒤 심바드는 그의 두 번째 여행을 시작했다.

*　　　*　　　*

날이 새자 세레사데는 남편인 왕에게 말했다:
— 전하, 허락하신다면 선원 심바드의 두 번째 여행을 계속 들려 드리겠으나 제 목을 자르시는 일은 좀 기다려야 합니다.
왕은 심바드에 관한 모든 이야기 전부를 무척 알고 싶었으므로, 기다리겠다고 말했다.
밤에 디스나르다는 언니와 왕을 다시 깨웠다. 세레사데는 선원 심바드의 두 번째 여행을 이야기하기 시작했다.

---

(1) aún de más valor : 한층 더 가치가 있는 (2) por fin : 마침내, 결국 (3) con lo que llevaba : 내가 가지고 가던 것들로 (4) detenerse : 멈춰서다 = pararse (5) al + inf. : ~할 때에 * al llegar aquí : 여기 도착했을 때 (6) invitados : invitar(초대하다)의 과거분사형으로서 '초대 받은 사람들' (7) volver+a+장소 : ~로 돌아가다. * volver a+inf. : 다시 ~을 시작하다 (8) con mucha alegría = muy alegremente : 매우 기쁘게 (9) era de día : 낮이 되다 (10) seguir+현재분사 : 계속해서 ~하다 * sigue contando : 계속해서 이야기하다 (11) tener que+inf. : ~해야만 한다 (12) cortar la cabeza : 목을 자르다 (13) tener curiosidad por+inf. = tener curiosidad de+명사 : ~에 대해 호기심을 갖다 (14) por la noche : 밤에

5. SEGUNDO VIAJE DE SIMBAD EL MARINO

Deseaba pasar con tranquilidad lo que me quedaba de vida[18], en Bagdad, pero pronto me cansé de aquella vida sin hacer nada y sentí grandes deseos de navegar otra vez. Entonces, empecé mi segundo viaje en compañía de otros comerciantes.

Un día desembarqué con otros compañeros en una isla y, mientras ellos se entretenían en coger frutas, yo me llevé los alimentos que tenía y me senté debajo de un árbol.

Comí y después me quedé dormido. Cuando desperté, busqué a mis compañeros, pero vi que se habían ido dejándome allí solo. Estaba triste y desesperado, pero pensé que era la voluntad de Dios[19] el que se hubieran olvidado de mí.

Sin saber qué hacer, me subí a un árbol y miré por todos los lados. Sólo veía agua y cielo, pero al mirar hacia la isla vi algo blanco. Bajé del árbol, cogí todas mis cosas y fui a ver qué era aquello. Cuando estuve cerca creí que era un globo* de gran tamaño*. Me acerqué más para ver si estaba abierto, pero estaba cerrado.

Era ya al atardecer* y estaba oscureciendo*. De repente, el cielo parecía que estaba nublado*; levanté la cabeza y vi un pájaro enorme* que venía hacia mí.

---

18) lo que me quedaba de vida = hasta que muriera.
19) voluntad de Dios = aceptar las cosas pensando que es Dios quien las envía.

5. 선원 심바드의 두 번째 여행

바그다드에서 죽을 때까지 편히 지내고 싶었지만 금새 나는 아무 것도 안 하는 그러한 생활에 싫증이 났고 다시 배를 타고 싶어졌단다. 그래서 다른 상인들과 두 번째 여행을 떠났단다.

어느 날 동료들과 섬에 내려 그들이 과일을 따는 동안 나는 지니고 간 음식을 갖고 나무 밑에 앉았단다.

음식을 먹은 뒤에 잠이 들었단다. 눈을 떴을 때 동료들을 찾았지만 나만 두고 다들 떠났다는 것을 알았지. 슬프고 어쩔 줄을 몰랐지만 나를 잊은 것도 신의 뜻이구나 했지.

어찌 해야 좋을지 몰라 나무에 올라가 사방을 둘러보았단다. 주변엔 물과 하늘뿐이었으나 섬 쪽을 보니 뭔가 흰 것이 보였단다. 나무에서 내려와 물건을 다 챙겨서 그것이 뭔지 보러 갔단다. 가까이 다가가서야 나는 그것이 커다란 기구(氣球)라는 것을 깨달았단다. 혹시 열려 있나 보러 더 가까이 가니 잠겨 있더구나.

저녁이 되어 어두워지고 있었단다. 갑자기 하늘에 구름이 덮이는 것 같이 고개를 들어 보니 거대한 새가 내게로 날아오고 있었단다.

---

(1) **lo que me quedaba de vida** : 죽는 날까지 (2) **en compañía de** : ~를 동반하여 (3) **entretenerse en + inf.** : ~하면서 즐기다 (4) **debajo de** : ~의 밑에 (5) **quedarse + 과거분사** : ~한 상태로 지속되다, 남아 있다 (6) **la voluntad de Dios** : 신의 의지 (7) **era la voluntad de Dios el que se hubieran olvidado de mí** : el que ~ 이하가 문장의 주어로 쓰이고 la voluntad ~이 보어로서 도치된 문장 (8) **olvidarse de** : ~을 잊어버리다 (9) **sin + inf.** : ~하지 않은 채로 (10) **qué + inf.** : 무어라고 ~해야 할 것인지. qué hacer : 무엇을 해야 할지를 (11) **subirse a** : ~에 오르다. me subía un árbol : 나무에 올랐다. 'me'는 강조를 표시 (12) **por todos lados** : 사방으로 (13) **ir a + inf.** : ~하려고 하다 (14) **de+대·소를 나타내는 형용사+tamaño** : 크기가 큰작은 (15) **al atardecer ↔ al amanecer** : 저녁이 될 무렵 ↔ 동이 틀 무렵 (16) **parecer** : 부사·형용사·명사·inf.나 que로 시작되는 명사구를 보어로 하여 '~으로 보이다, 생각되다' (17) **levantar** : 타동사로 ~을 들어올리다. levantarse : 재귀동사로 행위가 자신에게로 돌아감으로 '일어나다'

Recordé entonces que había un ave muy grande, llamada Roc*, de la que había oído hablar a los marineros. Me di cuenta de que aquel globo blanco era un huevo* de aquel pájaro. Al ver que venía, me quedé pegado* al huevo; el pájaro extendió sus alas sobre el huevo y vi que sus garras* eran enormes. Rápido* me quite el turbante* y con él me até a sus garras para que cuando el pájaro empezase a volar me llevara lejos de aquella isla solitaria.

Así fue y pasé toda la noche atado al pájaro volando. Cuando salió el sol, subió hasta las nubes, tan alto que no se veía la tierra. Después, bajó con tal rapidez que yo casi no me daba cuenta.

Nada más tocar con el pie en la tierra, me desaté de las garras del pájaro, que había tomado con su pico* una gran serpiente* que se llevó volando. Yo me quedé allí, en aquel lugar desconocido.

 그 때 선원들이 말하던 로크라는 거대한 새가 있다는 것을 기억했지. 그 흰 기구는 그 새의 알이라는 것을 알아챘단다. 새가 오는 것을 알고서, 나는 앞에 바짝 붙었단다. 새는 알 위에 날개를 폈는데 새의 발톱은 거대하더구나. 나는 빨리 터번을 풀어 그것으로 새의 발에 묶었단다. 새가 날아 그 외로운 섬에서 나를 데려가도록 말이야.

 그렇게 되어서 밤새껏 나는 날아가는 새에 묶여 있었단다. 해가 뜨자 구름 위로 올라갔고 너무 높아서 땅이 보이지 않더구나. 그리고 얼마나 빨리 내려갔는지 채 알아차리지도 못했단다.

 땅에 발이 닿자마자 새에게서 나는 풀려났고 새는 부리로 큰 뱀을 물고 날아갔단다. 나는 그 낯선 곳에 남겨졌단다.

---

(1) Roc : 전설적인 상상의 새(鳥) (2) de la que había oído hablar a los marineros =la : la ave를 받는 대격 대명사. '선원들이 그 새에 관해 말하는 것을 들은 일이 있다.' (3) al ver que ~ : que 이하를 알고서 (4) un huevo de aquel pájaro : 저 새의 알 (5) las garras : (새나 짐승의) 날카로운 발톱 (6) así fue : 바로 그랬었다, 그런 일이었다 (7) tan+형용사부사+que ~ : 너무나 …이기 때문에 ~하다. * tan alto que no se veía la tierra : 너무나 높아서 땅이 보이지 않았다 (8) tal ~ que ~ : 그런 식으로 ~하니까 ~하다 * con tal rapidez que yo casi no me daba cuenta : 그토록 빨라서 나는 거의 알아채지도 못했다 (9) casi : 거의 (10) desatarse de : ~을 놓다 (11) con su pico : 부리로, 주둥이로 (12) en aquel lugar desconocido : 알지 못하는 곳에서. * desconocido : 미지의, 알지 못하는

Miré a mi alrededor y vi que estaba en un valle* muy profundo*, rodeado de montañas muy altas que parecían como una muralla*. El suelo estaba lleno de diamantes* y los árboles llenos de serpientes tan monstruosas* que la más pequeña podía comerse a un elefante*.

Llegó la noche y tuve mucho miedo. Me metí en una cueva y tapé la entrada* con piedras para defenderme de las serpientes, que lanzaban horribles silbidos* por no poder entrar en la cueva. Al amanecer se marcharon y pude dormir durante algunas horas.

Desperté al oír el ruido que hacían grandes pedazos de carne que tiraban desde lo alto de las montañas. Yo sabía que los comerciantes de diamantes iban a aquel valle cuando las águilas* tienen sus crías* y que entonces echaban trozos de carne, que al caer encima de los diamantes, se pegaban. Luego, las águilas bajaban al valle a coger la carne, se la llevaban a sus hijos arriba, a la cima de la montaña, y entonces los comerciantes cogían los diamantes, pues era imposible bajar al valle.

Me di cuenta de que estaba como encerrado en una tumba* y que nunca podría salir de aquel profundo valle. Me guardé muchos diamantes en los bolsillos y me até al pedazo más grande que había de carne. Llegaron las águilas en busca de carne y la más grande cogió el pedazo donde yo estaba atado. Así me llevó a lo alto de la montaña.

Los comerciantes se asombraron mucho de verme allí y se enfadaron creyendo que yo quería quitarles los diamantes.

주변을 둘러보았는데 나는 아주 깊은 골짜기에 있었단다. 성벽처럼 높은 산들로 둘러 쌓여 있었단다. 바닥은 다이아몬드가 가득하고 나무에는 뱀이 득실댔는데 얼마나 무서운지 제일 작은 뱀이 코끼리를 삼켜버릴 수 있을 정도였단다.

밤이 되자 겁이 났지. 나는 동굴에 들어가 뱀들이 못 들어오도록 돌로 입구를 막았다. 뱀은 동굴에 들어오지 못해 이상한 휘파람 소리를 냈지. 아침이 되어 뱀들은 가고 나는 몇 시간 잠을 청할 수 있었단다.

나는 산 위에서 큰 고기 조각들을 던지는 소리에 잠을 깼단다. 나는 다이아몬드 상인들이 독수리들이 새끼를 낳으면 그 골짜기를 찾아가 고기 덩어리를 던져주어 다이아몬드 위에 떨어지게 한다는 것을 알고 있었단다. 독수리들이 떨어진 고기 덩어리를 주워 저 산꼭대기에 있는 새끼들한테 갖고 가면 상인들은 다이아몬드를 주워 갔단다. 아니면 골짜기에 내려오는 건 불가능했지.

나는 정말 무덤에 갇혀 있는 것처럼 생각되었고 그 골짜기에서 빠져 나갈 수 없다는 것을 알아챘단다. 주머니에 다이아몬드를 가득 넣고 제일 큰 고기 덩이에 몸을 묶었단다. 독수리들이 와서 제일 큰놈이 내가 묶여 있던 고기 덩이를 물었단다. 그리고 산꼭대기로 나를 데려 갔단다.

상인들은 나를 보고 놀라며 그들의 다이아몬드를 뺏으려 하는 줄 알고 화를 냈단다.

---

(1) parecer como : 마치 ~처럼 보이다. como가 없어도 '~로 보이다' 라는 의미를 갖는다. * Parecía una muralla : 장벽처럼 보였다 (2) estar lleno de : ~으로 가득 차다. lleno de(~으로 가득 찬)는 언제나 estar 동사와 함께 쓰인다(상태를 나타내므로). (3) comerse a un elefante : 코끼리 하나를 먹어 치우다('se'는 강조로 쓰였다). (4) tener miedo : 두려워하다. tuve는 tener의 부정과거 1인칭형이다. (5) por no poder entrar : 들어갈 수 없게 되자. * por+부정형 : ~때문에, ~하고자 (6) durante algunas horas : 몇 시간 가량 (7) el ruido que hacían ~ : ~가 내는 소리. * hacer ruido : 소리를 내다 (8) desde lo alto de las montañas : 산 높은 곳으로부터. * lo alto : 높은, 높은 곳 (9) tener crías : (젖먹이) 아이를 가지고 있다. * a coger la carne : 고기를 주우러 (10) pedazo más grande que había : 있는 중 가장 큰 덩어리. había는 hay의 과거형으로 '~에 있다' 라는 뜻 (11) en busca de : ~를 찾아서 (12) la más grande → (la) águila más grande : 가장 큰 독수리(주의 : el águila) (13) así me llevó : 그렇게 해서 나를 데려갔다 (14) asombrarse de : ~때문에 놀라다

Les dije todo lo que me había ocurrido y, además, les di algunos de los diamantes que yo llevaba, que eran muy grandes y de gran valor.

Después de andar durante mucho tiempo, llegamos a una isla donde está el árbol de alcanfor*, que es tan grande que puede dar sombra* a más de cien hombres.

Por fin llegué a Bagdad, más rico* que antes, con los diamantes que llevaba, y mandé dar a los pobres de la ciudad una limosna.

Simbad terminó así la segunda historia. Dio de nuevo a Himbad una bolsa con cien monedas y el muchacho volvió con los demás invitados al día siguiente para escuchar al anciano Simbad su tercer viaje.

*   *   *

Scherezade vio que todavía no era de día y preguntó a su esposo:

—Señor, ¿deseas que cuente el tercer viaje de Simbad, donde le atacó un monstruo*?

—Sí, te lo ruego—dijo el rey, que estaba muy interesado escuchando a su esposa.

Entonces Scherezade comenzó así su nueva historia:

나는 그들에게 있었던 일을 다 얘기해 주고, 게다가 갖고 있던 크고 값진 다이아몬드를 몇 개 주었단다.
그런 후에 우리는 여러 시간을 걸어서 100명도 더 그 그늘에 들어갈 수 있는 아주 큰 장뇌(樟腦) 나무가 있는 섬에 도착했단다.
드디어 나는 바그다드에 도착했고, 내가 갖고 있던 다이아몬드로 인해 전보다 더 부자가 되어 도시의 가난한 자들에게 적선하도록 했단다.
이렇게 심바드는 두 번째 얘기를 끝냈어요. 그는 다시 동전 100개가 든 주머니를 임바드에게 주었고 청년은 다른 손님들과 노인 심바드의 세 번째 여행 이야기를 듣기 위해 다음 날 다시 왔어요.

*   *   *

세레사데는 아직 날이 밝지 않자 남편에게 물었다:
― 전하, 괴물에게 공격을 받은 심바드의 세 번째 얘기를 들려 드릴까요?
― 그래라, 어서 ― 부인의 말에 매우 열중하던 왕이 말했다.
이렇게 하여 세레사데는 심바드의 새로운 이야기를 시작했다.

---

(1) además : 게다가, 그 밖에, 더욱이 (2) de gran valor : 가치가 큰, 귀중한. grande는 단수명사 앞에서 gran이 된다. (3) después de + inf. : ~한 이후에 (4) el árbol de alcanfor : 장뇌나무 (5) dar sombra a : ~에게 그늘을 제공하다 (6) más de cien hombres : 비교 대상이 숫자일 경우 que 대신 de를 쓴다. '백 명 이상의 남자들' (7) más rico que antes : 이전보다 더 부자로 (8) los pobres : 가난한 사람들 (9) una limosna : f. 동냥, 연보, 시주 (10) de nuevo : 다시 = otra vez (11) el anciano Simbad : 심바드 노인 (12) desean que + 접속법 : que 이하 할 것을 바라다. 그러므로 cuente는 contar(이야기하다) 동사의 접속법 현재 3인칭 단수형 (13) monstruo : m. 괴물 (14) te lo ruego : 직역하면 '너에게 그것을 간청한다'의 의미. lo는 앞 문장 전체를 받은 중성대명사이다.

6. TERCER VIAJE DE SIMBAD EL MARINO

La vida, sin hacer nada, me aburría —dijo Simbad— y, como tenía pocos años[20], me fui de Bagdad otra vez hacia países desconocidos.

Estábamos en alta* mar[21] cuando una fuerte tormenta* nos arrojó a las playas de una isla que, según nos dijo el capitán, estaba habitada por salvajes que nos atacarían* y, aunque todos eran enanos*, no los venceríamos porque eran muchos más que nosotros. Y así fue; un gran número de hombrecillos empezaron a acercarse al barco, se subieron por todas partes con mucha rapidez y hablando en un idioma que ninguno de nosotros entendía, nos obligaron a desembarcar, llevándose el barco a otra isla.

Tristes y desesperados*, empezamos a andar hasta que llegamos a un gran palacio. Al entrar, nos quedamos muy asustados, pues estaba todo el suelo lleno de huesos* y trozos de cuerpos humanos*. La puerta de la habitación donde estábamos se abrió de repente y apareció un hombre horrible y muy alto. Tenía sólo un ojo en medio de la frente, los dientes afilados* como si fuera un animal salvaje, las orejas le caían* sobre los hombros y las uñas parecían garras.

---

20) tenía pocos años = debido a mi juventud, que era muy joven.
21) alta mar = lejos de la costa, donde el mar es más profundo

6. 선원 심바드의 세 번째 여행

아무 것도 안 하는 생활에 다시 지쳤단다 — 심바드가 말했어요 — 나는 아직 젊었고 다시 바그다드를 떠나 다시 낯선 나라들로 향했다.

깊은 바다 위에 있을 때 큰 폭풍에 밀려 어느 섬 해변에 도착했는데 선장의 말로는 그 섬에는 야만인들이 살고 있는데 우리를 공격할 것이고 비록 그들이 난쟁이들이긴 하나 우리보다 훨씬 많기 때문에 이길 수 없다고 했단다. 정말 그랬단다. 많은 난쟁이들이 다가와 사방으로 빨리 배에 올라타서 우리가 알아들을 수 없는 말을 하며 배에서 내리게 하고 배를 다른 섬으로 몰고 갔단다.

슬프고 초조해진 우리는 큰 궁이 나타날 때까지 걸었단다. 그 곳에 들어서자 바닥에 사람의 뼈와 인육들이 가득해서 무척 놀랐단다. 방문이 열리더니 체격이 크고 흉한 사람이 들어왔단다. 이마에 눈이 하나만 있고 이는 야생 동물처럼 뾰족하고 귀는 어깨까지 내려오고 손톱은 짐승의 발톱 같았단다.

---

(1) **sin hacer nada** : 아무것도 하지 않고서 (2) **aburrir** : 지루하게 하다. * **aburrirse con·de·por ~** : ~에 싫증을 내다 (3) **tener pocos años** : 나이가 젊다. * **por tener pocos años** : 젊었으므로 (4) **irse de ~** : ~에서 떠나 버리다 (5) **el alta mar** : 어느 나라에도 속하지 않는 공해(公海)를 의미한다. (6) **estar habitado por ~** : ~이 서식하다 (7) **un gran número de** : 많은 수의 (8) **hombrecillos** : hombre의 축소형 (diminutivo). 외형적으로 작거나 비하하려는 의도가 있을 때 쓰인다. (9) **acercarse a ~** : ~에 다가가다 (10) **por todas partes** : 사방으로 (11) **con mucha rapidez** : muy rápidamente (12) **hablar en + 언어명** : ~ 언어로 말하다 * El habla en español. : 그는 스페인어로 말한다. (13) **ninguno de nosotros** : 우리 중의 누구도 ~ 않다 (14) **obligar + alguien(o algo) + a + inf.** : alguien(o algo)가 ~을 하도록 강요하다 (15) **tristes y desesperados** : 슬픔과 절망에 싸여서 (16) **quedamos muy asustados** : 우리는 매우 놀랐다 (17) **estaba todo el suelo lleno de huesos** : todo el suelo estaba lleno de huesos의 도치(모든 땅이 뼈로 가득하다) (17) **en medio de ~** : ~의 중간에, 중앙에 (18) **frente** : *f.* 이마, *m.* 전선 (20) **afilar** : 날을 갈다 * los dientes afilados 날카로운 이빨 (21) **como si fuera + (언제나) 접속법 과거** : 마치 ~인 양(현재 사실의 반대) (22) **las uñas** : (인간의) 손톱 * las garras : (새나 짐승의) 발톱

Me cogió por la cintura* con la misma facilidad que a una pluma.[22] pero al verme tan delgado me soltó. Miró a todos mis compañeros para ver quién era el más gordo* y se llevó al capitán. Encendió un fuego, puso al pobre capitán allí y después se lo comió, quedándose dormido en seguida.

Nos pareció tan horrible nuestra suerte* que muchos de mis compañeros querían tirarse al mar antes que morir comidos por aquel monstruo.

—La religión nos prohíbe quitarnos la vida con nuestras manos[23] —dijo uno de los marineros—. ¿No es mejor que matemos nosotros al monstruo?

A todos nos pareció muy bien la idea* y yo les propuse que fuéramos a la playa por madera, que hiciéramos un barco con ella y poder huir* después de matar al monstruo.

Cuando estuvo acabado* el barco, volvimos al palacio una noche y otra vez el monstruo se llevó a uno de nuestros compañeros, al que se comió. Pero aquella misma noche nos vengamos* de él, pues entre todos llevábamos un palo* muy largo, con la punta afilada, y mientras dormía se lo clavamos* en el único* ojo que tenía. El monstruo daba grandes gritos y nosotros salimos corriendo hacia la playa para meternos en el barco y salir huyendo, pero a los gritos del monstruo salieron los enanos que nos habían hecho desembarcar en aquella isla. Esta vez no pudieron vencernos, pues ya estábamos dentro del barco y navegando.

---

22) que a una pluma = con tan poco peso como una pluma, que pesa poco.
23) con nuestras manos = quitarse la vida uno mismo, suicidarse.matarse.

새털을 잡듯 나의 허리를 쉽게 잡아 올리더니 내가 몸이 약하다는 것을 알았는지 놓아 주었단다. 동료들 중에 누가 제일 살이 쪘는지 둘러보더니 선장을 데려갔단다. 불을 피워 그 불쌍한 선장을 그 위에 올려놓고 먹어 버리더니 잠이 들었단다.

얼마나 우리의 운명이 끔찍했는지 많은 동료들은 그 괴물에게 먹히기 전에 바다에 떨어져 죽으려 했단다.

―우리의 신앙은 자살을 금지하고 있어요―선원 중 한 사람이 말했단다―괴물을 죽이는 편이 좋지 않을까요?

모두가 응했고 나는 나무를 타고 해변으로 가서 괴물을 죽인 뒤에 그곳을 빠져나갈 때 타고 갈 배를 만들자고 제안했단다.

배가 완성되어 그 날 밤 우리는 다시 궁으로 돌아갔는데, 괴물은 동료 한 명을 또 잡아먹었단다. 그러나 그 날 밤 우리는 복수를 했지. 모두가 끝이 뾰족한 긴 막대를 갖고 가서 그가 잠자고 있는 동안 하나밖에 없는 눈을 찔렀단다. 괴물은 큰 소리를 질렀고, 우리는 배를 타고 도망치려고 해변으로 도망을 가는데 괴물이 지르는 고함 소리에 우리를 배에서 내리게 했던 난쟁이들이 밖으로 나왔단다. 그러나 이번엔 우리를 이기지 못했지. 우리는 이미 배에 타서 항해하고 있었으니까.

---

(1) me cogió por la cintura : 내 허리를 잡았다 (2) con la misma facildad que a una pluma : 새의 깃털을 잡는 것처럼 쉽게 (내 허리를 잡았다) * con facilidad = fácilmente. mismo ~ que … : …와 같이 (3) en seguida : 즉시 * Vuelvo en seguida : 곧 돌아오겠습니다 (4) Nos pareció tan horrible nuestra suerte : Nuestra suerte nos paceció tan horrible의 도치 (5) tirarse a ~ : (자신의 몸을) ~에 내던지다, 투신하다 (6) morir comidos por ~ : ~에 먹혀 죽다 (7) La religión nos prohibe : 종교는 우리가 ~하는 것을 금지한다. 즉, 우리 종교에는 금지되어 있다 (8) No es mejor que ~ : que 이하 하는 것이 더 낫지 않은가? (9) propuse : proponer(제안하다)의 부정과거 1인칭 단수형 (10) fuéramos a la playa : fuéramos는 ir의 접속법 과거 1인칭 복수형. proponer라는 동사 때문에 접속법을 사용했다. (11) por madera : 나무를 타고 (12) hiciéramos : hacer의 접속법 과거 1인칭 복수형 (13) hacer un barco : 배를 만들다 (14) acabar : ~을 마무리짓다, 끝내다 (15) aquella misma noche : 같은 날 밤 (16) vengarse de alguien : 누군가에게 복수하다 (17) la punta afilada : 날카로운 가장자리 (18) dar gritos : 소리치다 (19) salir corriendo : 달려나오다 (20) a los gritos del monstruo : 괴물의 고함 소리에, 그 때문에

Cuando llegué a Bagdad no llevaba muchas riquezas, como otras veces, pero llevaba algo de mucho valor: la vida. Así terminó Simbad la historia de su tercer viaje. Otra vez dio cien monedas a Himbad y le pidió a él y a sus invitados que volvieran al día siguiente para escuchar su cuarto viaje.

* * *

—Señor —dijo Scherezade—, ya es de día, pero si esperas un poco más para matarme, podría seguir contando los viajes de Simbad. En el próximo viaje unos negros* les dieron a él y a sus compañeros unas hierbas* para que se quedaran dormidos.

El rey, su esposo, dijo que sí, que esperaría, porque deseaba saber qué había ocurrido a Simbad con aquellas hierbas. Se vistió y se fue con sus ministros.

Diznarda prometió a su hermana, Scherezade, que volvería a despertarles a la noche siguiente. Así lo hizo y Scherezade comenzó el cuarto viaje de Simbad.

7. CUATRO VIAJE DE SIMBAD EL MARINO

El cuarto viaje —dijo Simbad— fue a Persia, con tan mala suerte, al principio*, que una gran tormenta rompió nuestro barco, destrozó las mercancías que llevábamos y sólo seis hombres pudimos salvarnos.

바그다드에 도착했을 때 전처럼 많은 보물을 갖고 있지는 않았지만 아주 값진 것을 갖고 갔지. 목숨 말이야. 이렇게 심바드는 세 번째 여행의 이야기를 마쳤습니다. 그는 다시 임바드에게 100개의 동전 주머니를 주며, 손님과 함께 네 번째 여행을 들으러 또 오라고 했습니다.

*　　　*　　　*

— 전하 — 세레사데가 말했다 —, 벌써 날이 밝았지만 저의 처형을 좀 더 미루어 주신다면 심바드의 여행을 더 이야기해 드리겠습니다. 다음 여행에서는 흑인 몇 명이 심바드와 그의 동료들에게 잠이 들게 하는 약초를 주었습니다.

왕은 심바드가 약초를 먹고 어떻게 되었는지 궁금하니 기다리겠다고 했다. 그는 옷을 입고 장관들과 갔다.

디스나르다는 언니 세레사데를 다음 날 밤에도 깨우겠다고 했다. 그리고 그렇게 했고 세레사데는 심바드의 네 번째 여행을 시작했다.

7. 선원 심바드의 네 번째 여행

네 번째 여행은 — 심바드가 말했습니다 — 페르시아였는데, 어찌나 운이 없었던지 처음에는 큰 폭풍이 밀려와 배도 파손되었고 우리가 가지고 있던 물건도 조각이 났고, 여섯 명만이 목숨을 건졌단다.

---

(1) como otras veces : 다른 때처럼 (2) el próximo viaje : 다음 번 여행. *cf.* el próximo mes : 다음 달 (3) unos negros : 몇 명의 흑인들 (4) para que se quedaran dormidos : 그들이 잠들어 있도록. quedaran은 quedar의 접속법 과거 3인칭 복수 (5) vestirse : 옷을 입다. * Me visto = Me pongo el traje(옷을 입다) (6) al principio : 초기에, 처음에는 (7) con tan mala suerte que ~ : 운이 너무도 나빠서 ~하다 (7) destrozar : *tr.* 토막내다, 괴멸시키다

Llegamos a una isla llena de negros que se acercaron y nos dieron unas hierbas para comer. Teníamos tanta hambre que todos comieron de las hierbas, pero yo, pensando que eran venenosas, no quise comerlas.

Mis compañeros se quedaron dormidos, y todos aquellos negros, que eran antropófagos*, empezaron a comérselos uno a uno.[24] Yo salí corriendo sin saber dónde ir.

Al séptimo día de estar andando por la isla llegué a la orilla del mar, donde vi algunos hombres blancos, como yo, que estaban cogiendo frutas de los árboles. Les conté mi aventure y me embarqué con ellos hasta la isla donde vivían. Allí me presentaron a su rey, que era un hombre muy bueno.

Estaba allí tan bien[25] y el rey me quería tanto, que en vez de considerarme un extranjero* era su favorito* y me hablaba de todos sus asuntos.

Todos los hombres de aquel reino montaban a caballo sin silla*, ni estribos*, porque no conocían su existencia. Yo los mandé hacer y creyeron que era un invento* mío. Entonces me hicieron grandes regalos por mi inteligencia y sabiduría.

—Simbad —me dijo un día el rey—, yo te quiero mucho y deseo que todas las personas de mi reino te conozcan y te quieran como yo. Te pido que te cases aquí y que no vuelvas a tu país.

---

24) uno a uno = uno detrás de otro.
25) tan bien = tan a gusto, tan feliz.

우리는 흑인들이 사는 섬에 도착했는데, 그들은 다가와 우리에게 먹으라고 약초를 주었단다. 우리는 너무나 배가 고팠고 다 먹었지만, 나는 독이 들어 있을지 우려되어 먹지 않았단다.

동료들은 다 잠이 들고, 식인종이었던 흑인들은 그들을 하나하나 잡아먹기 시작했지. 어디로 가는지도 모른 채 나는 뛰쳐나갔단다.

7일 동안 이리저리 헤매다 바닷가에 닿았는데, 그 곳에는 나와 같은 몇몇 백인들이 나무의 과일을 따고 있었지. 나의 모험을 그들에게 말해 주고 그들이 사는 섬으로 같이 배를 타고 갔단다. 그들은 그 곳의 왕에게 나를 소개시켜 주었는데 무척 어진 왕이었지.

나는 그 곳에서 잘 지냈다. 왕이 얼마나 잘해 주던지 나를 외국인으로 취급하지 않을뿐더러 너무도 좋아해서 나와 모든 문제를 상의했지.

그 왕국의 모든 사람들은 안장이나 등자도 없이 말을 탔다. 왜냐 하면 그러한 물건이 있는지 몰랐기 때문이다. 그러한 것들을 만들라고 했더니 그들은 나의 발명품인 줄 알았단다. 그래서 그들은 나의 영특함과 지혜에 대한 보답으로 커다란 선물을 했단다.

— 심바드 — 어느 날 왕이 얘기했단다 — 내가 자네를 좋아하는 것처럼 모두가 자네를 알고 아껴 주었으면 하네. 자네에게 청을 하건대 여기서 결혼하고 자네 나라로 돌아가지 말게.

---

(1) tener hambre : 배가 고프다 (2) venenoso : 독이 있는 (3) antropófago : 식인의, 사람 고기를 먹는 (4) uno a uno : 하나씩 하나씩 (5) sin saber dónde ir : 어디로 가야 할지 모른 채 (6) al séptimo día : 일곱 번째 날에 (7) andar por : ~를 쏘다니다 (8) la orilla : 가장자리, 주변 (9) como yo : 나와 같이, 나처럼 (10) coger frutas : 과일을 따다 (11) mi aventura : 나의 모험담, 겪은 일 (12) tan bien : 아주 잘 (13) en vez de = en lugar de : ~ 대신에 (14) un favorito : 총애하는 자 (15) hablar de ~ : ~에 대해 말하다(= hablar sobre) (16) montar a caballo : 말을 타다 (17) sin silla, ni estribos : 안장도 등자도 없이 (18) no conocían su existencia : 있다는 것도 몰랐다. 직역하면 '그 존재를 몰랐다' (19) casarse con alguien : alguien과 결혼하다. cf. casar : 결혼시키다

Yo no pude negarme a su deseo y me casé con una joven de su reino, muy bella, inteligente y rica.

Vivía en casa de mi esposa*, con la que estuve durante bastante tiempo muy feliz, hasta que una vez la mujer* de un vecino* se puso enferma. Como era muy amigo mío, no me separé de su lado hasta que aquella mujer murió.

Mi amigo y vecino lloraba y parecía que se iba a morir de pena. Yo, para consolarle*, le dije:

—Amigo mío, da gracias a Dios de estar con vida y pídele que te dure muchos años y así poder pensar y llorar a tu esposa.

—¿Cómo puedo consolarme si sólo me queda una hora de vida? —contestó mi amigo.

—¿Por qué piensas eso? —dije yo asombrado—. Eres joven y fuerte y tienes buena salud*.

—De todas formas, moriré, pues dentro de una hora, cuando vengan por mi esposa para enterrarla, me enterrarán* con ella. Aquí es costumbre* que el marido* vaya a la tumba* con su mujer, enterrándole vivo —me explicó mi amigo.

Esto me horrorizó y me dio mucha pena de mi amigo. Poco después, la casa se llenó de gente que lloraba. Pusieron a la muerta ricos* vestidos y todas sus joyas* y fueron todos a lo alto de una montaña. Mi amigo iba delante de todos también llorando. Entraron en una cueva muy oscura y dejaron el cadáver* allí con un poco de agua y algunos panes*. Cuando hicieron esto, el marido, mi amigo, empezó a despedirse de todos y se metió en la cueva,

나는 그의 청을 거절할 수 없어 그 곳의 매우 아름답고 영리하고 부자인 젊은 여자와 결혼했단다.

아내의 집에서 오랫동안 행복하게 살았는데, 어느 날 옆집 부인이 병이 났단다. 나는 그 집 주인과 친했기 때문에 그 부인이 죽을 때까지 그의 옆을 떠나지 않았다.

내 이웃 친구는 너무 울어서 고통으로 죽을 것 같았단다. 나는 그를 위로하기 위해 이렇게 말했지.

― 친구여, 생명을 주신 신에게 감사를 드리게. 그리고 장수하여 부인을 위해 더 울고 생각할 수 있게 해 달라고 기도하게.

― 내가 어찌 위로받겠는가? 내게는 한 시간의 생이 남았을 뿐인데. ― 친구가 대답했단다.

― 왜 그런 생각을 하나? ― 나는 놀라서 말했단다 ― 자네는 젊고 강하고 건강하지 않나.

― 어쨌든 나는 죽을 걸세. 한 시간 후에 아내를 데리고 가 묻을 때, 나를 같이 묻을 걸세. 여기의 관습이야. 남편은 부인이 묻히면 산 채로 같이 묻히네 ― 친구는 설명해 주었단다.

그 말을 듣고 나는 무척 놀랐고 친구가 너무나 불쌍해졌단다. 잠시 후에 집에는 사람들로 꽉차고 모두들 울었단다. 죽은 여인에게 비싼 옷을 입히고 그녀의 모든 보석을 다 걸어 주고 모두들 산꼭대기로 갔단다. 내 친구는 울면서 앞장 서서 갔단다. 그들은 어둠침침한 동굴에 들어가 약간의 물과 빵과 함께 그 곳에 시체를 두고 나왔단다. 그러자 내 친구인 남편은 모두에게 작별 인사를 하고 동굴 안으로 들어갔으며,

---

(1) **negarse a ~** : ~하는 것을 막다, 거절하다, 거부하다 (2) **ponerse enfermo** : 병이 들다 (3) **separarse de ~** : ~와 떨어지다, 분리되다 (4) **ir a+inf.** : ~하게 되다 (5) **estar con vida** : 살아 있다 (6) **tener buena salud** : 건강이 좋다 (7) **de todas formas** : 어쨌든, 어쨌거나, 아무튼 (8) **dentro de una hora** : 한 시간 내에 (9) **cuando vengan** : 그들이 올 때. cuando 이하의 절이 아직 일어나지 않은 일을 서술하므로 venir의 접속법 현재 3인칭 복수인 vengan을 썼음. (10) **enterrar a alguien vivo** : 누구를 산 채로 생매장하다 (11) **pusieron a la muerta ricos vestidos** : 죽은 여자에게 값비싼 옷을 입히다 (12) **cadáver** : *m*. 시체 (13) **un poco de** : 약간의 (14) **despedirse de ~** : ~와 작별하다

que cerraron con una gran piedra.

Al día siguiente fui a ver al rey y le dije:

—Señor, estoy muy asombrado de la costumbre que existe en tu país de enterrar a los vivos con los muertos y espero que esa ley no sea también para los extranjeros como yo.

—Sí que lo es —contestó el rey.

Volví a mi casa lleno de miedo. Siempre estaba pensando en que mi mujer podría morir antes que yo y temblaba* cada vez que ella estaba un poco enferma.

Un día mi esposa enfermó y a los pocos días murió. El rey, acompañado de muchas personas, me llevó a otra cueva con el cadáver de mi esposa, igual que habían hecho con mi amigo. Me despedí llorando y cuando cerraron la cueva, con la poca luz que había, me vi rodeado de muertos. Pasaron algunas horas y comí algo de los pocos alimentos* que allí había. Así pasé algunos días y, cuando se terminaron, pensé que iba a morir.

Estaba desesperado cuando vi que levantaban la piedra que tapaba la entrada de la cueva y metían el cadáver de un hombre y a su mujer viva. Me acerqué silenciosamente* y con un hueso le di un golpe en la cabeza.

Con los nuevos alimentos que había traído aquella mujer pude vivir aún varios días más. Tuve la suerte de que muriera mucha gente, pues cada vez que abrían la cueva y entraba un nuevo cadáver yo hacía lo mismo: golpeaba a su acompañante y comía sus alimentos. Así pude vivir bastante tiempo dentro de aquella cueva.

그들은 큰 바위로 입구를 막아 버렸다.
 다음 날 나는 왕을 찾아가 이렇게 말했단다:
 ─ 전하, 저는 산 사람을 죽은 사람과 같이 매장하는 당신 나라의 풍습에 놀랐습니다. 그 법이 저 같은 외국인에게는 해당되지 않길 바랍니다.
 ─ 물론 해당되고 말고 ─ 왕이 대답했단다.
 나는 겁에 질려 집에 돌아왔단다. 항상 아내가 나보다 먼저 죽을 수 있다고 생각했고 그녀가 조금 아프기라도 하면 벌벌 떨었단다.
 어느 날 아내가 병들어 누웠고 며칠 후 죽고 말았지. 왕은 여러 사람을 동반하고 아내의 시신과 함께 나를 다른 동굴로 데리고 갔단다. 내 친구처럼 말이다.
 나는 울면서 작별했고 그들은 동굴 입구를 막았단다. 조금 새어 들어오는 불빛에 시체가 주변에 가득하다는 것을 알았단다. 몇 시간이 흘러 나는 거기에 남아 있던 음식을 조금 먹었단다. 이렇게 며칠을 지냈고 양식이 다 떨어지자 죽을 것이라는 생각이 들었다.
 절망에 빠져있는데, 동굴 문을 막고 있던 돌이 들어올려지더니 남자의 시신과 산 부인이 들어왔다. 나는 조용히 다가가 뼈로 그녀의 머리를 내리쳤단다.
 그녀가 갖고 온 양식으로 며칠 더 살 수 있었단다. 나는 운이 좋게도 사람이 많이 죽었고 동굴 문이 열려 사람이 들어오면 매번 똑같이 했단다. 동반자를 때려눕히고 양식을 먹었단다. 이렇게 동굴 안에서 많은 날을 지냈단다.

---

(1) Sí que lo es : lo는 앞 문장 전체를 받는 중성 대명사. 그래 바로 그것이다. (2) cada vez que ~ : ~할 때마다 (3) a los pocos días : 며칠 안 가서 (4) acompañado de ~ : ~을 수행하고, ~와 동행하여 (5) igual que ~ : ~한 바와 마찬가지로 (6) dar un golpe : 일격을 가하다 (7) aún varios días más : 며칠 더 (8) tener la suerte : 운이 좋다 (9) hacía lo mismo : 같은 일을(위에 언급한 일을) 했다

Un día vi un pájaro que había entrado en la cueva a comerse los restos de la comida. Me asusté, pero pensé que si encontraba el sitio por donde había entrado, yo también podría salir. Vi una pequeña claridad que parecía una estrella. Fui hasta donde veía la luz y vi un pequeño agujero, por donde salí.

Lleno de alegría, llegué a la orilla del mar y después de descansar volví a la cueva. Cogí todas las joyas y los ricos vestidos que llevaban puestos los muertos, pues a ellos ya no les iban a servir para nada.[26] y salí otra vez hacia el mar.

Me quedé en la orilla y al tercer día vi pasar un barco. Hice señales* con mi turbante y gritaba con todas mis fuerzas para que me oyeran. Tuve suerte y el capitán me oyó, enviando una barca para recogerme. Contesté a todas sus preguntas y le quise regalar algunas de las joyas que llevaba, pero al saber que yo había perdido todas mis mercancías en la tormenta, no quiso aceptarlas.

Pasamos por muchas islas y llegué felizmente a Bagdad, con una gran fortuna y dispuesto a no hacer más viajes.

* * *

—Señor —dijo Scherezade—. es pronto todavía, ¿quiéres que cuente el quinto viaje de Simbad?

—Sí —contestó el rey—, continúa.

Scherezade comenzó de nuevo otro viaje de Simbad.

---

[26] no les iba a servir ya para nada = no lo iban a poder usar, debido a que estaban muertos.

어느 날 음식 찌꺼기를 먹으려고 동굴에 들어온 새를 보았단다. 놀랐지만 새가 들어온 곳이 있다면 나도 나갈 수 있다고 생각했단다. 별같이 보이는 작은 불빛이 보여, 나는 그 곳으로 가서 작은 구멍을 발견해 그 곳으로 나왔단다.
　기뻐하며 바닷가에 도착하여 잠시 쉬다가 다시 동굴 안으로 들어갔단다. 나는 죽은 이들이 입고 있던 비싼 옷과 보석들을 집어들었다. 어차피 그들에겐 아무 소용이 없으니까. 그리고 그것을 갖고 해변으로 돌아왔단다.
　해변에 있다가 3일째 되는 날 지나가는 배를 한 척 보았단다. 나의 터번으로 신호를 보내고 내 말을 들을 수 있도록 있는 힘을 다해 소리쳤단다. 운이 좋아 선장이 듣고 나를 데리러 배를 보냈단다. 그의 모든 질문에 대답하고 보석을 몇 개 선물하려 하자, 폭풍 속에서 내가 지니고 있던 모든 물건을 잃어버린 것을 알고는 거절했단다.
　많은 섬들을 거쳐 큰 재산을 갖고 다행스럽게도 드디어 바그다드에 도착하였고, 나는 더 이상 여행하지 않으리라 결심했단다.

*　　　*　　　*

　— 전하 — 세레사데가 말했다 — 아직 이른데, 심바드의 다섯 번째 여행을 이야기해 드릴까요?
　— 그래 — 왕이 대답했다 — 계속하라.
　세레사데는 심바드의 다섯 번째 여행을 시작했다.

---

(1) encontrar : 찾아 내다(이미 무언가를 찾아 낸 사실에 중점을 둔다. 참고로 buscar는 찾으러 다니는 동작에 중점을 두어 아직 찾아 내지는 못한 상태를 가리킨다.)　(2) agujero : *m.* 구멍 (3) lleno de alegría : 기쁨에 겨워 (4) no les iba a servir para nada : 죽었기 때문에 그들에게는 아무 소용이 없다 (5) hacer señales : 신호를 보내다 (6) con todas mis fuerzas : 나의 전력을 다해 (7) pasar por ~ : ~를 지나가다 (8) estar dispuesto a ~ : ~할 채비가 되다 (9) es pronto todavía : 아직 이릅니다 (10) continúa : 2인칭 단수 tú에 대한 명령형(직설법 3인칭 단수형과 동사의 형태가 같다.)

8. QUINTO VIAJE DE SIMBAD EL MARINO

Los placeres* no me hicieron olvidar todos los sufrimientos que había pasado en mi último viaje, pero tampoco había perdido el deseo de tener aventuras, así es que, cuando pasó algún tiempo y descansé, compré bastantes mercancías, las puse en un carro y me fui al puerto más cercano. Compré un barco y cuando el viento fue favorable salimos al mar.

Después de estar mucho tiempo navegando, vimos una isla desierta, en la que encontramos un huevo de un pájaro tan grande como aquel otro que se llamaba Roc. Un pollo* estaba a punto de salir del huevo y los comerciantes que habían desembarcado conmigo lo terminaron de romper a golpes. Sacaron al pollo y se lo comieron alegremente después de asarlo.

Poco después de haber comido, vimos que el cielo empezaba a oscurecerse y el capitán del barco nos dijo que aquella oscuridad la hacían los padres del pollo muerto que venían a por su hijo. Nos ordenó volver inmediata- mente al barco si queríamos salvar la vida.

Los dos enormes pájaros volaban sobre nuestras cabezas, pero, de repente, se alejaron cuando ya nos creíamos muertos.[27] Poco duró nuestra alegría, pues volvieron en seguida llevando en sus picos dos enormes rocas.

---

27) creerse muerto = pensar que te van a matar en ese momento, en el momento de mayor peligro.

8. 선원 심바드의 다섯 번째 여행

마지막 여행에서 겪은 고난을 잊지는 않았지만 모험에 대한 욕망도 잊지 않았단다. 그래서 얼마간 푹 쉬고 난 후에 많은 상품을 사서 마차에 싣고 가장 가까운 항구로 갔단다. 배를 한 척 사서 바람이 좋은 날 우리는 바다를 향해 떠났단다.

오랜 시간 동안 항해를 한 후에, 어느 무인도에 도착했고 거기에서 지난번에 로크라 불리는 새 알만큼 큰 새 알을 발견했단다. 어린 새가 알을 깨고 나오려던 참이었고 나와 함께 배에서 내린 상인들은 알을 두들겨 부수어 새끼를 꺼내서 즐겁게 구워 먹었단다.

새끼 새를 다 먹고 난 잠시 후, 우리는 갑자기 하늘이 어두워지는 것을 보았는데 선장은 자기 새끼를 구하러 온 어미 새들 때문에 하늘이 어두워졌다고 말했다. 선장은 살려면 빨리 배로 돌아오라고 명령했단다.

커다란 두 마리의 새가 우리의 머리 위를 날고 있었는데, 이젠 죽었구나 하고 생각한 순간 갑자기 날아가 버렸단다. 우리의 즐거움은 잠시뿐이었고 그 새들은 큰 바위 덩어리를 입에 물고 다시 곧장 돌아왔단다.

---

(1) **tener aventuras** : 모험을 하다 (2) **al puerto más cercano** : 제일 가까운 항구로 (3) **navegar** : 항해하다 (4) **una isla desierta** : 무인도 (5) **pollo** : *m.* 본래는 병아리라는 뜻. 본문에서는 알에서 갓 깨어난 새끼 새를 가리킴. (6) **estar a punto de + inf.** : 막 ~하려 하다 (7) **romper a golpes** : 두들겨서 부수다 (8) **oscurecerse** : 어두워지다 (9) **el capitán del barco** : 선장 (10) **aquella oscuridad la hacían los padres ~** : los padres hacían aquella oscuridad의 도치. la는 aquella oscuridad를 받았다.

Tiraron una sobre el barco, pero la habilidad del capitán evitó que cayera encima. Por desgracia*, el otro pájaro tiró la roca que llevaba y dio en medio del barco que se hundió con todos los que habíamos logrado embarcar.

Yo pude salir del agua agarrándome a una madera, y así llegué hasta otra isla. Me senté sobre la tierra mientras pensaba qué podía hacer para salir de allí. De pronto, vi, sentado a la orilla de un río que estaba cerca, a un anciano que parecía estar enfermo. Creí que le habría sucedido lo que a mí y me acerqué a él.

—¿Qué hace aquí? —le pregunté.

Pero en vez de contestarme, me hizo señas[28] para que le subiese sobre mis hombros* y así pasar el río. Le subí sobre mi espalda y cuando estuve en la otra orilla del río y quise bajarle, puso sus manos en mi cuello* con tanta fuerza que casi* me ahoga*. Después me soltó, pero me golpeó en el pecho y me obligó a seguir mi camino con él sobre los hombros, haciendo que me parase de vez en cuando[29] para que él comiera fruta de los árboles.

Llegó la noche y pensé que se bajaría, pero siguió montado sobre mis espaldas. Así estuve durante algunos días hasta que encontré una calabaza* seca* y unos racimos* de uvas. Pensé que tenía que librarme de aquel maldito anciano y eché el zumo* de las uvas en la calabaza.

---

28) me hizo señas = decir sin palabras por medio de gestos.
29) de vez en cuando = pasado un rato, de tiempo en tiempo.

그들은 하나를 배 위에 던졌는데 선장의 유능함으로 위에 떨어지는 것을 피했단다. 그러나 불행하게도 다른 새가 가지고 있던 나머지 바위 덩어리 하나를 배 중앙에 정확하게 던져 우리가 배에 실은 모든 물건과 함께 배는 가라앉고 말았단다.

나는 나무를 하나 움켜잡아 물에서 벗어날 수 있었고 다른 섬에 도착할 수 있었단다. 땅에 앉아 어떻게 그 곳에서 빠져 나갈 수 있을지 생각했단다. 갑자기 근처의 강가에 앉아 있는 노인이 보였는데 아파 보였단다. 나와 같은 처지인 줄 알고 가까이 갔지.

― 여기서 뭘 하고 계세요? ― 그에게 물었단다.

그러나 그는 대답을 하는 대신 자기를 업고 강을 건너라는 몸짓을 했단다. 그를 등에 업고 강을 건넌 뒤 내려놓으려 하니 내 목을 어찌나 세게 잡는지 숨막혀 죽는 줄 알았단다. 그러더니 내 목을 놓고 내 가슴을 치면서 그대로 업고 가라고 하면서 가끔 나무의 과일을 따먹을 수 있도록 나를 멈춰 세웠던다.

밤이 되어 등에서 내릴 줄 알았는데 계속 등에 업혀 있더구나. 며칠 그렇게 있다가 마른 호박 하나와 포도 몇 송이를 찾았단다. 그 늙은이한테서 벗어나야 한다고 생각해 포도즙을 호박에 넣었단다.

---

(1) **tiraron una sobre el barco** : una는 una piedra. 배 위에 하나(바위 덩어리)를 던지고 (2) **creerse muerto** : 죽었다고 생각하다 (3) **hundirse** : 가라앉다 = sumergirse (4) **agarrarse a ~** : ~을 움켜쥐다 (5) **así llegué hasta ~** : 그렇게 ~에 도착했다 (6) **de pronto** : 별안간, 부랴부랴 (7) **a la orilla de un río** : 강가에서 (8) **hacer señas** : 신호를 하다, 몸짓을 하다 (9) **subiese** : subir의 접속법 과거 1인칭 단수형 (10) **le subiese sobre mis hombros** : 그를 나의 어깨 위에 올려놓으라고 (11) **en la otra orilla del río** : 강의 건너편 가장자리 (12) **casi me ahoga** : 거의 나를 질식시키다 (13) **de vez en cuando** = de tiempo en tiempo : 때때로 (14) **calabaza** : 호박 (15) **racimo** : m. 포도송이 (16) **librarse de ~** : ~로부터 자유로워지다 (17) **maldito** : 아주 못돼 먹은 (18) **zumo** : m, 주스, 액

Pasaron algunos días y cuando el zumo de las uvas se convirtió en vino, se lo di a beber al viejo. Se emborrachó y cayó al suelo sin poder levantarse. Entonces cogí una piedra y se la tiré a la cabeza.

Salí corriendo y muy contento fui hacia la playa, donde encontré un barco que había ido allí a buscar agua. Sus marineros, al saber mis desgracias, me llevaron con ellos, pero antes me llevé gran cantidad de frutas para poderlas vender. Llegamos a otra isla y allí cambié las frutas que llevaba por perlas y maderas de mucho valor. Así volví de nuevo a mi casa, con mucho dinero pero muy cansado.

Pasó el tiempo y ya había olvidado todos los sufrimientos pasados, así es que preparé otro viaje.

* * *

— Señor, Simbad, hizo siete viajes, ¿deseas que siga contando el sexto? — dijo Scherezade.

— Sí — contestó el rey.

— Seguiré luego, señor, cuando vuelvas.

Diznarda, como las noches anteriores, despertó a su hermana para que pudiera contar al rey el sexto viaje de Simbad.

9. SEXTO VIAJE DE SIMBAD EL MARINO

A pesar de los sufrimientos pasados en mis viajes y los ruegos de mis amigos, no pude evitar el deseo de

며칠 후에 호박 안의 포도즙이 포도주로 변했을 때 노인에게 마시도록 그것을 주었단다. 노인은 취해서 바닥에 떨어져 일어날 수가 없었단다. 그때 나는 돌을 하나 주워 노인의 머리에 던졌단다.

나는 뛰어 달아나 매우 만족스러워하며 해변으로 갔지. 거기서 물을 구하러 온 배를 한 척 발견했단다. 선원들은 나의 불운을 다 듣고 나를 데려갔고 떠나기 전에 팔기 위해 많은 과일을 싣고 갔단다.

다른 섬에 도착해서 과일을 값진 진주와 나무로 교환했단다. 이렇게 해서 많은 돈을 가지고 다시 집으로 돌아왔지만 무척 피곤했다.

시간이 흘러 지난 모든 고난을 다 잊자 나는 또 다른 여행을 준비했단다.

    *   *   *

─전하, 심바드는 일곱 번의 여행을 했는데, 여섯 번째를 얘기해 드릴까요? ─세레사데가 말했다.

그렇게 헤라─왕은 대답했다

─다시 돌아오시는 대로 시작하겠습니다, 전하.

디스나르다는 다른 날 밤처럼 왕에게 심바드의 여섯 번째 여행을 얘기해 주기 위해 언니를 깨웠다.

9. 선원 심바드의 여섯 번째 여행

내가 여행하면서 겪은 고난과 친구들의 간청에도 불구하고, 나는 다시 여행을 하고 싶다는 갈망을 억제할 수가 없었단다. 이번엔 긴 여행 준

---

(1) **convertirse en** ~ : ~으로 변하다 (2) **emborracharse** : 술에 취하다. * estar borracho : 취해 있다 (3) **se lo di a beber** : se는 anciano를 받는 여격 대명사. lo는 vino를 받는 대격이다. '노인에게 포도주를 마시라고 주었다.' (4) **cambiar ~ por** ⋯ : ~를 ⋯로 바꾸다 (5) **siga** : segun의 접속법 현재 1인칭 단수형 (6) **las noches anteriores** : 이전 밤들 (7) **pudiera** : 'poder'(할 수 있다)의 접속법 과거 1, 3인칭 단수형. para que 절 때문에 접속법이 사용됐다. (8) **a pesar de** : ~임에도 불구하고 (9) **volver a + inf.** : 다시 ~하다(yo vuelvo a fumar : 나는 담배를 다시 피웁니다.)

volver a viajar. Esta vez fui hacia la India, preparado para un largo viaje.

Al poco tiempo de salir nos perdimos en el mar; el capitán del barco nos dijo que íbamos arrastrados por una gran corriente* y que chocaríamos contra las rocas. Nos pusimos a rezar* y a los pocos minutos chocamos, aunque logramos desembarcar con todas nuestras mercancías. El capitán nos dijo:

—Ahora estamos peor que antes, pues nadie* hasta ahora ha podido salir de aquí con vida.

Así debía ser, pues estaba todo aquel sitio lleno[30] de huesos humanos.

Las rocas de aquella montaña eran de cristal y rubíes* y de otras piedras de gran valor. Estábamos muy cansados y con miedo, así es que nos quedamos en la playa comiendo los pocos alimentos que aún nos quedaban.

Pasaron unos días y se nos terminó toda la comida. Llegó el hambre[31] y más tarde la muerte, que se llevó uno por uno a todos mis compañeros, quedándome yo solo. Dios tuvo pena de mí y llegué a la entrada de una cueva por donde corría un río con mucha agua. Pensé que si seguía por donde iba el río, podría llegar a tierras habitadas*.

---

30) estaba todo lleno = habia mucho, una gran cantidad
31) Llegó el hambre = Que no tenían ya nada que comer.

비를 하고 인도로 갔단다.

  떠난 지 얼마 되지 않아 바다에서 길을 잃었고 선장은 우리가 강한 물줄기에 끌려가고 있고 바위와 충돌할 것이라고 말했단다. 우리는 기도를 했지만 얼마 지나지 않아 부딪치고 말았다. 하지만 모든 물건들을 다 배에서 내려놓을 수 있었단다. 선장이 우리에게 이렇게 말했다:

  ― 이젠 더 앞이 캄캄하군요. 왜냐 하면 지금까지 여기에서 살아 나간 사람은 아무도 없으니까요.

  아마 그랬었을 것이다. 왜냐 하면 그 곳은 사람 뼈로 가득 찼으니까.

  산에 있는 바위들은 크리스털, 루비, 그리고 기타 다른 값진 보석들로 이루어져 있었단다. 우리는 너무나 지치고 무서웠으며 우리에게 남아 있는 얼마 되지 않는 양식을 해변에서 먹고 있었단다.

  며칠이 지나고 양식이 다 떨어졌지. 배고픔이 엄습해 오고 나중에는 동료들이 하나씩 죽어 갔고 결국은 나 혼자만 남았단다. 하느님이 도우셔서 나는 많은 물이 흐르는 강이 있는 동굴 입구에 도착했단다. 강을 따라가면 사람이 사는 곳에 도달할 수 있을 것이라 생각했단다.

---

(1) esta vez : 이번에는 (2) preparado para un largo viaje : 긴 여행을 할 준비를 하고 (3) al poco tiempo de salir : 떠난 지 얼마 되지 않아 (4) perderse : (길을) 잃다 (5) chocar contra ~ : ~에 부딪히다 (6) ponerse a + inf. : ~하기 시작하다 (7) rezar : 기도하다 (8) estamos peor que antes : 전보다 더 나쁜 상황에 처하다 (9) salir de aquí con vida : 이 곳을 살아서 나가다 (10) así debía ser : 그게 분명했다, 틀림없었다 (11) y más tarde : 그리고 좀더 이후에 (12) tener pena de ~ : ~을 가여워하다, 동정하다 (13) correr un río : 강이 흐르다 (14) seguir por donde iba el río : 강이 흐르는 대로 쫓아가다 (15) tierras habitadas : 직역하면 '정착되어진 땅'. 즉, 사람이 살고 있는 땅

Empecé a construir una barca* y cuando la terminé metí en ella muchas telas y piedras preciosas que tenía. Subí a la barca y no sé cuánto tiempo estuve navegando por el río, pues me dormí, con un sueño tan pesado* que parecía iba a estar durmiendo toda la vida.

Al despertar, me encontré rodeado de muchos negros, que hablaban una lengua* que yo no entendía. Uno de ellos era árabe y me dijo:

—Hermano mío.[32] no te asombres de vernos, pues vivimos aquí. Hemos venido por agua y te hemos visto dormido en la barca. Hemos esperado hasta que te has despertado para saber qué te ha pasado.

Les conté todo lo que me había ocurrido y les pareció tan asombroso que quisieron que lo escuchara su rey.

Subido en un caballo que me dieron, llegué a la ciudad de Serendib* donde estaba su rey, que me recibió muy bien y escuchó con interés mis aventuras. Las hizo escribir en letras de oro para guardarlas en la biblioteca* del reino. También le enseñé las piedras preciosas que llevaba. Quise regalarle algunas, pero no las aceptó y me dijo que él me regalaría más para aumentar* mis riquezas.

En esta isla, los días y las noches tienen la misma duración*; tiene frutas muy buenas, perlas y también está allí la altísima montaña adonde fue Adán* cuando Dios le echó del Paraíso Terrenal*.

---

32) Hermano mío = Amigo mío (costumbre árabe).

나는 배를 만들기 시작했고, 완성했을 때 배에 내가 갖고 있던 많은 옷감과 값진 보석을 실었단다. 배에 오르고 나니 얼마나 잠이 오던지, 평생을 잘 것 같은 몹시 괴로운 꿈을 꾸면서 잠을 자느라고 내가 얼마나 오랫동안 강을 항해했는지 알지 못했단다.

깨어났을 때는 내가 이해하지 못하는 이상한 언어를 사용하는 흑인들로 둘러싸여 있었단다. 그들 중 한 명은 아랍인이었고 나에게 이렇게 말했단다:

— 형제여, 우리가 여기서 사는 데 놀라지 말게. 우리는 물을 따라왔는데 당신이 배에 잠들어 있는 것을 봤소. 무슨 일인지 당신이 깨어날 때까지 기다렸소.

내가 있었던 일을 다 말해 주었더니 너무 놀라 왕이 내 얘기를 들었으면 했다.

내게 준 말을 타고 세렌디브라는 도시에 도착했는데, 그 곳에 왕이 살았고 그는 나를 잘 맞이해 주고 내 모험을 흥미 있게 들어 주었단다. 황금물로 내 얘기를 적게 하여 황금의 도서관에 보관하도록 했단다. 또한 나는 가져간 보석도 왕에게 보여 주었단다. 그에게 몇 개를 선물하고 싶었지만 그는 거절하고 오히려 나의 부를 늘려 주기 위해 선물을 하겠다고 했단다.

그 섬은 낮과 밤의 길이가 같아 좋은 과일과 진주가 있었으며 하느님이 아담을 지상 낙원으로 내쫓았을 때 아담이 갔던 아주 높은 산도 그 곳에 있었단다.

---

(1) **construir una barca** : 배를 건조하다. * la barca : (일반적으로 소형의) 배. el barco: 선박 (2) **las piedras preciosas** : 보석들 (3) **con un sueño tan pesado** : 몹시 괴로운 꿈을 꾸면서 (4) **toda la vida** : 일생 동안 (5) **encontrarse en ~** : (자기 자신이) ~에 있다, ~한 상태에 놓이다 (6) **hermano mío** : 아랍 관습에 스페인어의 amigo mío를 hermano mío로 사용한다. 즉 '여보게 친구!'의 의미. (7) **asombrarse de ~** : ~에 놀라다 (8) **venir por ~** : ~를 위해, ~때문에 오다 (8) **lo escuchara su rey** : lo는 앞의 todo lo que의 lo를 가리킴. (9) **letras de oro** : 황금 물로 쓴(옛날 궁중에서는 귀중한 책은 황금 물로 썼다.) (10) **enseñar** : 본문에서는 '보여 주다'의 의미 (11) **aumentar** : 증가하다, 늘리다 (12) **tener la misma duración** : 지속되는 시간이 같다 (13) **Adán** : 아담(Eva : 이브) (14) **el Paraíso Terrenal** : 지상 낙원 (15) **permitiera** : permitir의 접속법 과거 1, 3인칭 단수 형태. 앞의 pedir 동사 때문에 접속법 사용. (16) **me dijo que sí** : 내게 그러라고 말했다

Pedí al rey que me permitiera volver a mi país; me dijo que sí, y cuando fui a despedirme de él me regaló muchas riquezas como me había prometido. Me dio una copa hecha con un gran rubí, llena de perlas; una piel* de serpiente que evitaba las enfermedades a la persona que se acostaba sobre ella; maderas y alcanfor. También me dio a una bellísima esclava, cuyos vestidos estaban llenos de piedras preciosas.

Con todo esto me embarqué, llegué a mi país y me retiré a mi casa a vivir con tranquilidad.

*   *   *

Scherezade con estas palabras puso fin por aquella noche a su historia, aunque prometió a su esposo contarle el séptimo y último viaje de Simbad.

Cuando llegó la noche y antes de amanecer, Diznarda despertó a Scherezade que con mucho cariño llamó a su esposo, el rey, y empezó su historia.

10. SÉTIMO Y ULTIMO DE SIMBAD EL MARINO

Cuando regresé de mi sexto viaje —dijo Simbad a sus invitados y a Himbad, que le escuchaba con mucha atención—, pensé no volver nunca más a embarcarme, pero un día que daba una fiesta a varios amigos míos, me dijeron que un criado del rey deseaba verme.

내가 왕에게 고향으로 돌아갈 수 있도록 허락해 달라고 부탁하자 그는 응해 주었고 그에게 작별을 고하러 갔을 때 약속한 대로 많은 부를 주었단다. 루비로 만든 컵에 진주를 가득 채워 주었고, 여인과 함께 잠을 잔 사람에게 병을 막아 주는 뱀 가죽도 주었고, 나무와 장뇌도 주었단다. 그리고 보석으로 장식된 옷을 입은 아주 아름다운 여자 노예도 주었단다.

나는 그것들을 다 갖고 배를 탔으며 고향의 내 집으로 와서 조용히 살았단다.

   *   *   *

세레사데는 이렇게 그 날 밤의 이야기를 끝내고 다음 날 심바드의 일곱 번째이자 마지막 여행을 남편에게 이야기해 줄 것을 약속했다.

디스나르다는 밤이 되어 날이 밝기 전에 세레사데를 깨웠고, 그녀는 사랑스럽게 남편인 왕을 불러 이야기를 시작했다.

10. 선원 심바드의 일곱 번째이자 마지막 여행

여섯 번째 여행에서 돌아왔을 때 — 심바드는 주의 깊게 듣던 임바드와 손님들에게 말했다 — 다시는 배를 타지 않으려고 했는데, 어느 날 친구들과 파티를 열고 있는데 왕의 시종이 나를 만나러 왔다고 하더구나.

---

(1) acostarse sobre : ~와 잠자리를 같이 하다 (2) bellísima : 형용사 bello에 ísimo라는 접미사가 붙은 절대 최상급 (3) cuyos vestidos : 그 노예의 옷은. cuyo는 관계소유 대명사 혹은 관계형용사로 쓰이며 수식하는 명사의 성수에 따라 어미 변화한다. (4) retirarse : 물러나다, 은퇴하다, 은둔하다 (5) poner fin a ~ : ~에 종지부를 찍다, ~를 마치다 (6) con mucho cariño : 아주 큰 애정으로 (7) regresar de ~ : ~로부터 돌아오다 (8) con mucha atención : muy atentamente (9) dar una fiesta : 파티를 열다

Llegué al palacio y me puse a los pies del rey.[33]

—Simbad —me dijo—, necesito que me ayudes a llevar unos regalos al rey de Serendib. Yo sé que tú has estado en esa isla y que podrás llegar.

Me entristeció mucho su petición, pues allí había sufrido tanto que no podía olvidarlo y, además, estaba cansado de viajar. Sin embargo, no podía decirle que no al rey, y a los pocos días ya estaba preparado para embarcarme de nuevo.

Llevaba grandes regalos para el rey de Serendib y, como el viaje fue muy bueno, llegué pronto. Allí pedí al ministro del rey que me dijera verle, y cuando el rey me recibió se alegró mucho de verme y en seguida me reconoció.

—Bendigo* este día porque te he vuelto a ver —me dijo.

Yo agradecí mucho sus palabras y le entregué la carta que me había dado mi rey para él. También le entregué los regalos que traía. Se alegró mucho de aquellas pruebas de amistad y cuando me fui de allí iba cargado de regalos.

Me embarqué de nuevo con el deseo de volver cuanto antes[34] a mi país, pero no pudo ser y tardé mucho más de lo que yo esperaba y deseaba.

A los cuatro días de estar en el mar fuimos atacados por unos piratas*, que mataron a los pocos hombres que lucharon contra ellos. Vendieron a todos los hombres como esclavos en una isla que yo no conocía.

---

33) me puse a sus pies = me arrodillé.
34) cuanto antes = lo más pronto posible, con gran rapidez.

나는 궁에 도착해서 왕의 안전에 엎드렸단다.
―심바드―그는 내게 말했지―, 세렌디브의 왕에게 선물을 가져가야 하는데 자네 도움이 필요하네. 자네가 그 섬에 가 보았으니 다시 갈 수 있지 않은가.
그의 청은 나를 슬프게 했단다. 거기서 잊을 수 없을 만큼 너무 고생을 많이 했고 이젠 여행에 지쳐 있었거든. 그러나 왕에게 거절한다는 말을 할 수 없어서 며칠 후에 나는 다시 배를 탈 준비를 다 해 놓았단다.
세렌디브의 왕에게 줄 큰 선물을 가져갔고, 여행이 순조로워 빨리 도착했단다. 수상에게 왕을 뵙고자 청하자 왕은 곧 나를 알아보고 기뻐하더구나.
―내가 자네를 만나게 된 오늘 신의 축복이 있으라―내게 말했단다.
나는 그에게 감사드리고 왕이 보내는 편지를 주었단다. 그리고 가져온 선물도 주었지. 그는 우정에 무척 감사하며, 그 곳을 떠날 때 나는 많은 선물을 받았단다.
배에 올라 하루빨리 고향으로 다시 돌아가려 했지만 내가 기대하고 원했던 것보다 훨씬 더 오래 걸렸단다.
바다에서의 나흘째 되던 날에 해적들의 공격을 받았으며, 그들은 자신들에 대항해서 싸웠던 몇 명의 사람들을 죽였단다. 그리고 내가 알지 못하는 섬에 나머지 모두를 팔아 버렸지.

---

(1) me puse a los pies del rey : 왕 앞에 무릎을 꿇다(arrodillarse) (2) **petición** : pedir의 명사형. 요청, 요구, 애원 (3) estar cansado de ~ : ~하는 데 지치다 (4) **sin embargo** : 그럼에도 불구하고 (5) decir que no : No라고 말하다 (6) estar preparado : 준비가 갖추어지다 (7) dejar a alguien+inf. : 누구를 ~하도록 내버려두다 (8) alegrarse de ~ : ~으로 기뻐하다 (9) me reconoció : 나를 알아보았다 (10) pruebas de amistad : 우정의 징표 (11) embarcarse : 출항하다, 배를 타다 (12) cargar de ~ : ~를 싣다, 지우다 (13) cuanto antes = lo más pronto posible : 가능한 한 빨리(lo antes posible) (14) tardar : 시간이 걸리다 (15) pirata : m. 해적 (16) luchar contra ~ : ~에 대항하여 싸우다, 투쟁하다

A mí me vendieron a un militar que me preguntó si sabía trabajar en algo. Le dije que sí, que mi profesión* era el comercio y que los piratas se habían llevado todo lo que tenía.

—¿Sabes usar el arco* y las flechas?

—Sí —respondí.

Entonces me dio un arco y flechas y me llevó a un bosque* para que desde un árbol cazara elefantes.

Allí me dejó solo, hasta que al amanecer del día siguiente aparecieron muchos elefantes y tuve la suerte de matar a uno de los más hermosos. En seguida llamé a mi amo*, y juntos enterramos al elefante, para más tarde sacarle los colmillos* y venderlos.

Estuve dedicado a la caza durante dos meses y todos los días mataba a uno o dos elefantes, con gran alegría de mi amo. Una tarde, los elefantes, en vez de pasar por debajo del árbol en el que yo estaba subido, se detuvieron y, con un ruido horrible, uno de ellos, el mayor* de todos, tiró el árbol con su trompa*. En seguida me subió sobre su espalda y me paseó entre los otros animales. Luego me hizo bajarme; se fueron todos dejándome muy asombrado, pues pensé que me iban a matar.

Estaba en una montaña llena de colmillos de elefantes y me di cuenta de que me habían llevado hasta allí para que dejara de perseguirlos*.

Terminó Simbad diciendo al joven Himbad que no volviera a lamentarse* de su pobreza, porque los hombres más felices no tienen grandes fortunas.

나는 어느 군인에게 팔렸는데, 그는 내게 무슨 일을 할 줄 아느냐고 묻더구나. 나는 직업이 상업이며 해적들이 내 물건을 다 가져갔다고 말했단다.
― 활과 화살을 쏠 줄 아느냐?
― 예 ― 나는 대답했단다.

그리고는 내게 활과 화살을 주고 숲으로 데려가 나무 위에서 코끼리를 잡게 했단다.

그 곳에 나를 혼자 두고 갔는데, 다음 날 날이 밝자 많은 코끼리들이 나타났고 나는 가장 좋은 놈들 중 하나를 죽였단다. 나는 곧 주인을 불렀고, 나중에 상아를 뽑아 팔려고 코끼리를 함께 땅에 묻었단다.

나는 두 달을 사냥만 했고, 매일 코끼리를 하나 내지 두 마리를 잡아 주인은 대단히 기뻐했단다. 어느 날 오후, 코끼리들이 내가 올라가 있는 나무 밑으로 지나가지 않고 그들 중 가장 큰 놈이 이상한 소리를 내고 서서 코로 나무를 쳤단다. 그리고 나를 등에 업고 다른 동물들 사이로 돌아다녔단다. 그런 후에 나를 내려놓았는데, 나를 죽일 것이라고 생각하며 매우 놀라워하고 있는 나를 그대로 버려 둔 채 그들은 모두 가 버렸단다.

나는 상아가 깔린 산에 와 있었고, 그들을 그만 쫓으라고 나를 그 곳에 데려다 놓았다는 것을 깨달았지.

심바드는 청년 임바드에게, 가장 행복한 사람들은 큰 재산이 없으니 다시는 가난을 슬퍼하지 말라며 이야기를 끝냈습니다.

---

(1) **preguntar si+절** : ~인지 아닌지를 묻다(*whether or not*) (2) **profesión** : *f.* 직업 (3) **uno de los más hermosos elefantes** : 가장 훌륭한(예쁜) 코끼리들 중에 하나를 (4) **amo** : *m.* 주인님, 주인 나으리 (5) **pasar por debajo de** ~ : ~밑으로 지나가다 (6) **el mayor** : 최연장자 (7) **trompa** : *f.* (코끼리의) 코 (8) **comillo** : *m.* 상아, 어금니, 송곳니 (9) **dejar de + inf.** : ~하는 것을 멈추다, 그만두다 (10) **lamentarse de** ~ : ~을 한탄하다, 유감스러워하다

Simbad le dio al muchacho mil monedas de oro y fue un gran amigo suyo, para que recordase siempre las aventuras llenas de peligros de Simbad el Marino.

* * *

Terminada la historia de Simbad, la reina Scherezade, al ver que ya era de día, dijo al rey:

—Señor, te contaré la historia de Zobeida, que te parecerá mucho más entretenida*.

El rey prometió escuchar la historia a la noche siguiente.

Scherezade empezó un nuevo cuento cuando su hermana les despertó.

심바드는 청년에게 금화 천 개를 주고 둘은 좋은 친구가 되었으며 선원 심바드의 위험한 모험을 영원히 잊지 않도록 했습니다.

*　　　*　　　*

　심바드의 이야기가 끝나자, 세레사데 여왕은 날이 밝았음을 알았고 왕에게 말했다:
　─전하, 더 재미있는 소베이다 이야기를 해 드리지요
　왕은 밤에 듣겠노라 약속했다.
　세레사데는 동생이 그들을 깨우자 새로운 이야기를 시작했다.

---

(1) un gran amigo suyo : 그의 절친한 친구 (2) entretenido : 유쾌한, 신나는, 재미있는

11. HISTORIA DE ZOBEIDA

Una noche, iba un rey, llamado Harun el Justo*, acompañado por su primer ministro, disfrazados de comerciantes para poder saber qué ocurría en la ciudad al llegar la noche. Cuando estaban cerca de la puerta de un palacio, oyeron una música muy bella. El rey quiso saber el motivo de aquella fiesta y envió a su ministro a llamar a aquella puerta. Salió a abrir una bella joven, llamada Amina. El rey al ver su belleza se inclinó* para saludarla.

—Señora, somos dos comerciantes de la ciudad de Mosul*, que hemos llegado a la ciudad hace poco tiempo, y entretenidos paseando por las calles, no nos hemos dado cuenta de que era ya tan tarde. No podemos volver a nuestras casas y por este motivo nos gustaría pediros que nos dejaras pasar aquí la noche, en cualquier rincón del patio*.

Cuando estaban hablando salió Zobeida, otra bella joven, que aceptó que los comerciantes se quedaran allí.

—Sólo les pido que estén sin hablar, no hagan ninguna pregunta y, aunque vean cosas que les parezcan extrañas, no digan nada —les dijo.

—Así será y lo prometemos —dijeron el rey y su ministro.

Entraron en el palacio y se sentaron todos juntos en una mesa. Comieron con Zobeida, Amina y otra joven, llamada Sofía. Eran tres hermanas y las tres muy hermosas.

11. 소베이다의 이야기

어느 날 밤 공평한 왕 하룬은 수상과 함께 상인으로 위장하고 밤에 시내에서는 무슨 일이 있는지 알기 위해 나갔습니다. 어느 궁문 근처에 도착하자 아름다운 음악이 흘러 나왔습니다. 그 파티가 무슨 파티인지 알고 싶어 수상에게 문을 두드리도록 했습니다. 아미나라는 젊은 처녀가 문을 열고 나왔습니다. 그 아름다운 처녀를 보자 왕은 머리 숙여 인사를 했습니다.
— 낭자, 우리는 모술에서 온 상인들인데 조금 전에 도착해 이곳 저곳을 둘러보다 그만 어두워지는 것을 몰랐습니다. 이제 집으로 돌아갈 수 없으니 오늘 밤 마당 한 구석에서 지낼 수 있도록 들어가게 해 주십시오.
이야기를 나누고 있는데, 소베이다라는 다른 아름다운 처녀가 나와 상인들을 들여보내 주었습니다.
— 다만 말을 하지 않고 질문도 하지 말고 이상한 일이 있어도 말하지 마십시오—그들에게 말했습니다.
— 그렇게 하겠습니다. 약속드리지요— 왕과 수상이 말했습니다.
그들은 궁에 들어가 모두 한 상에 앉았습니다. 소베이다, 아미나와 다른 처녀 소피아와 함께 식사를 했습니다. 셋은 자매였고 셋 다 너무나 아름다웠습니다.

---

(1) **disfrazar** : 변장시키다, 감추다, 숨기다 * **disfrazado de** : ~으로 변장하고서 (2) **estar cerca de ~** : ~ 가까이에 있다 (3) **llamar a la puerta** : 문을 두드리다, 노크를 하다 (4) **inclinarse** : 몸을 굽히다 * **inclinarse a ~** : ~하기 쉽다, ~하는 경향이 있다 (5) **hace poco tiempo** : 얼마 전에. hacer 동사가 때의 명사 따위를 직접 보어로 가져와서 '~전의'의 의미를 가진다. (6) **pasear por ~** : ~으로 산책하다, 거닐다 (7) **tan +형용사·부사** : tan의 원형은 tanto이나 형용사나 부사 앞에서는 tan을 쓴다. '그렇게, 그 정도로'의 의미 (8) **por este motivo** : 이런 이유(동기)로 인해 (9) **gustar** : 우리말의 주어가 여격 보어 형태로 오며 우리말의 목적어가 주어로 오는 형태의 동사. * Aquel reloj me gusta. 혹은 Me gusta aquel reloj.「나는 저 시계가 마음에 든다.」 (10) **en cualquier rincón** : 아무 구석에라도 (11) **hacer pregunta** : 질문을 하다 (12) **aunque+접속법** : ~한다 할지라도 (13) **sentarse en una mesa** : 테이블에 앉다(sentarse a la mesa로 '식탁에 앉다'라는 표현을 많이 쓴다.)

Después de comer, bebieron y cada uno cantó una canción y bailaron. Al poco rato, Zobeida se levantó de la mesa y dijo a sus hermanas:

—Vamos, hermanas; a estos señores no les parecerá mal que nosotras hagamos las cosas que tenemos por costumbre, aunque estén ellos presentes.

Dio una palmada* y envió a un esclavo para que trajese dos perras.

　식사를 마친 후, 술을 마시고 각자 노래를 부르고 춤을 추었습니다. 잠시 후, 소베이다가 상에서 일어나 동생들에게 말했습니다:
　― 얘들아, 이제 가자. 이분들이 여기 계셔도, 관습대로 우리가 하던 것을 한다고 나쁘게 생각지 않으실 거야.
　손뼉을 쳐서 노예에게 개 두 마리를 끌고 오라고 했습니다.

---

(1) al poco rato : 잠시 후에　(2) tener algo por costumbre : ~를 관습으로 하다
(3) estar presente : 출석하다, 참석하다　(4) dar una palmada : 박수를 치다

Amina y Sofía, mientras tanto, habían quitado la mesa y barrido* la sala donde estaban. Cuando llegó el esclavo con las dos perras, Zobeida con un gran látigo* comenzó a azotarlas durante mucho tiempo, hasta quedar agotada. Después, Zobeida se echó a llorar y las dos perras gimieron tristemente.

El rey y su ministro se quedaron muy asombrados ante la crueldad de la joven Zobeida. Amina, su hermana, para distraerles empezó a cantar una canción, pero era tan triste y estaba tan emocionada que cayó al suelo sin sentido.[35] El rey corrió a ayudar a la joven y vio con horror que Amina tenía el cuerpo lleno de cicatrices*.

Al ver esto, el rey y su ministro no pudieron resistir la curiosidad y preguntaron a Zobeida, qué era todo aquello. La joven, llena de ira al ver que los que ella creía comerciantes no habían cumplido su promesa de no preguntar nada, ordenó a su esclavo que les cortara la cabeza. Entonces, el ministro explicó a Zobeida que su acompañante era el rey, y él su primer ministro, que iban disfrazados para poder saber cómo vivían sus súbditos y lo que ocurría en su país. Al oír aquello, Zobeida se arrodilló ante el rey y le contó toda la historia de su familia.

—Señor, la historia que voy a contar es la más asombrosa que se pueda oír. Esas dos perras negras y yo somos tres hermanas y te diré cómo quedaron convertidas* en perras.

---

35) caer al suelo sin sentido = desmayarse, perder el conocimiento.

그 동안 아미나와 소피아는 상을 치우고 그들이 있던 방바닥을 쓸었습니다. 노예가 개 두 마리를 끌고 오자, 소베이다는 커다란 채찍으로 지칠 때까지 오랫동안 개들을 때렸습니다. 그런 후, 소베이다는 울기 시작했고 개들은 슬프게 신음했습니다.

왕과 수상은 소베이다의 잔인함에 무척 놀랐습니다. 동생 아미나는 그들의 주의를 돌리기 위해 노래를 불렀는데, 그 노래는 무척 슬펐고 처녀는 너무도 심취한 나머지 의식을 잃고 쓰러졌습니다. 왕이 도와 주려 달려갔는데 무섭게도 아미나는 몸에 상처투성이였습니다.

이것을 보자, 왕과 수상은 호기심을 참지 못하고 무슨 일이냐고 소베이다에게 물었습니다. 처녀는 상인이라 믿고 있는 그들이 질문하지 않겠다는 약속을 어긴 것이 화가 나, 노예를 불러 그들의 목을 치라 했습니다. 그러자 수상은, 그의 동반자는 왕이며 자신은 수상인데 백성들이 어떻게 살고 나라에 무슨 일이 있는지 알기 위해 상인으로 위장했다고 소베이다에게 설명했습니다. 그러자 소베이다는 왕 앞에 무릎을 꿇고 가족의 이야기를 들려 주었습니다.

— 전하, 제가 들려 드릴 이야기는 당신께서 듣게 될 가장 놀라운 이야기입니다. 저 검은 두 마리 개와 나는 자매입니다. 어떻게 그들이 개가 되었는지 말해 드리지요.

---

(1) mientras tanto : 그럭저럭 하는 사이에, ~하는 동안에 (2) barrer : 쓸다, 바닥을 치우다 (3) látigo : *m.* 채찍, 가죽끈 (4) azotar : 채찍질을 하다 (5) echar(se) a + inf. : ~하기 시작하다 (6) distraer : ~의 마음을 딴 데로 돌리다, 기분을 풀어 주다, 얼버무리다 (7) sin sentido : 의식 없이, 의식을 잃고 (8) cicatrices : 흉터 자국, 상처. cicatriz의 복수 (9) al ver esto : 이것을 보고 (10) lleno de ira : 화가 나서 (12) cumplir la promesa : 약속을 지키다 (13) acompañante : *m. f.* 동행인 (14) súbdito : *m.* 신하, 수하(vasallo) (15) arrodillarse : 무릎을 꿇다 (16) la más asombrosa que ~ : ~하는 중 가장 놀라운

Estas dos jóvenes, Amina y Sofía, son hermanas mías también, pero de madre distinta. Cuando murió nuestro padre, dividimos la herencia en partes iguales; mis dos hermanas se fueron a vivir con su madre y nosotras nos quedamos con la nuestra, que al morir nos dejó mil monedas a cada una.

Mis dos hermanas mayores, yo soy la más pequeña, se casaron y yo me quedé sola. El marido de la mayor se llevó a su esposa a vivir a África, donde no tardó en morir en la mayor pobreza. Entonces, mi hermana volvió a Bagdad a vivir otra vez conmigo y así estuvimos hasta que llegó nuestra otra hermana, también muy pobre.

Poco tiempo después me dijeron que pensaban volver a casarse. Yo les recordé el fracaso de su primer matrimonio, para que lo pensaran y no volvieran a equivocarse. Entonces, para divertir a mis hermanas, fuimos a la ciudad de Basora, aprovechando que teníamos que hacer unos negocios.

Llevábamos veinte días en un barco, cuando desembarqué en una ciudad y mis hermanas se quedaron esperando mi regreso. Aquella ciudad estaba con todos sus habitantes inmóviles, como estatuas*, unos sentados y otros de pie. Me acerqué y les hablé, pero nadie me respondió.

En el centro de la plaza había un enorme y lujoso palacio, que era donde vivía el rey. Los patios y las habitaciones, así como los salones, estaban llenos de personas convertidas en estatuas de piedra.

이 두 처녀 아미나와 소피아는 배 다른 자매입니다. 아버지가 돌아가시자, 유산을 동등하게 나누어 내 두 동생은 어머니와 같이 살기 위해 떠났고 우리는 우리 어머니와 살았는데, 어머니는 돌아가시며 우리 셋에게 각각 금화 천 개씩을 남겨 주었습니다.
　제가 제일 어리고, 두 언니는 결혼을 하여 저는 혼자 남았지요.
　큰 형부는 언니를 데리고 아프리카로 갔는데, 가난에 찌들어 죽었습니다. 그래서 큰언니는 저와 함께 다시 살기 위해 바그다드에 돌아왔고, 얼마 후 작은언니도 가난해져서 돌아왔습니다.
　얼마 후에 그녀들은 다시 결혼하겠다고 했습니다. 저는 첫 결혼의 실패를 일깨워 주며 다시 실패하지 말라고 했습니다. 그리고 언니들을 즐겁게 해 주려고 사업차 바소라에 갔습니다.
　우리는 배를 타고 20일을 갔으며, 제가 배에서 내렸을 때 언니들은 제가 돌아올 때까지 배에서 기다렸습니다. 그런데 도시의 사람들은 석상처럼 움직이지 않고 앉거나 서 있었습니다. 저는 다가가 말을 걸었지만 아무도 대답하지 않았습니다.
　광장 중심에 크고 화려한 궁이 있었는데 그 곳에는 왕이 살았습니다. 살롱과 마찬가지로 정원과 방들은 석상으로 변한 사람들로 가득했습니다.

---

(1) de madre distinta : 이복의(배가 다른 어머니) (2) en partes iguales : 똑같은 지분으로 (3) la mayor = la hermana mayor : 큰언니 (4) tardar en + inf. : ~하는 데 시간이 걸리다 (5) poco tiempo después = 얼마 후에 (6) volver a + inf. : 다시 ~하다 (7) el fracaso de su primer matrimonio = 첫 결혼의 실패 * matrimonio는 '부부'라는 뜻으로 많이 쓴다. (8) equivocarse : 착각하다, 실수하다 (9) aprovechar : ~을 이용하다 (10) llevábamos veinte días : 이 경우 llevar가 '시간이 흐르다'의 의미로 쓰임 (11) estatua : f. 조각, 조상, 소상 (12) inmóvil : 움직이지 않는 (13) unos ~ otros ~ : 얼마간은 ~이고 나머지는 ~이다 (14) estar de pie : 서 있다 (15) la plaza : 광장 (16) así como : ~과 마찬가지로, 또한, 및 (17) estatua de piedra : 석상

Llena de curiosidad, recorrí* todas las habitaciones y vi a una mujer con muchas joyas y una corona* de oro en la cabeza, que estaba echada en una cama. Pero lo que más me sorprendió fue la sala del trono.[36)] de un gran lujo. Pero donde debía estar el trono, vi una gran cama redonda con una luz muy fuerte, producida por unos candelabros* de oro.

Perdida dentro de aquel palacio y sin saber cómo salir, pensé quedarme allí a pasar la noche, aunque tenía mucho miedo.

A las doce, oí que un hombre leía el Corán*, igual que en las mezquitas*. Muy contenta, por haber encontrado a alguien con quien hablar, fui hasta el sitio donde se oía la voz. Vi a un joven muy bello que leía sentado sobre el suelo. Como la puerta no estaba cerrada del todo, la abrí. El joven, al verme entrar, me dijo con cariño:

—¿Quién eres y por qué has venido a esta ciudad donde reina la tristeza[37)]? Si me lo dices, yo te diré por qué están todos convertidos en estatuas de piedra.

Me hizo sentar a su lado y le dije:

—Habla, por favor, ¿por qué eres el único que no estás convertido en estatua?

---

36) sala del trono = habitación grande donde se encuentra un sillón muy lujoso para que se siente el rey.
37) donde reina la tristeza = donde todos están tristes.

호기심에 방을 다 돌아다녔는데 한 여인이 많은 보석을 걸치고 금으로 된 왕관을 머리에 쓰고 침대에 누워 있었습니다. 그러나 가장 놀라웠던 것은 매우 화려한 옥좌가 있던 방이었습니다. 그러나 옥좌가 있어야 할 자리에서, 나는 금촛대로 인해 강한 빛을 발하는 둥근 침대를 보았습니다.

그 궁에서 길을 잃고 어떻게 나가야 할지 몰라, 두렵지만 밤을 거기서 보내기로 했습니다.

12시가 되자, 회교 사원에서처럼, 어떤 남자가 코란을 읽는 소리를 들었습니다. 저는 말을 할 수 있는 사람을 찾았다는 데 기뻐서 그 사람의 목소리가 들려 오는 곳으로 갔습니다. 무척 잘생긴 청년이 바닥에 앉아 글을 읽고 있는 것을 보았습니다. 문이 채 닫혀 있지 않았으므로 저는 문을 열었습니다. 청년은 제가 들어가자 친절하게 말했습니다:

— 당신은 누군데 슬픔만 가득한 이 도시에 왔소? 대답을 해 주면, 나 또한 왜 모두가 석상으로 변했는지 말해 주겠소.

나는 그의 옆에 앉아 말했습니다:

— 왜 당신만 석상이 되지 않았는지 말해 주세요.

---

(1) corona : *f.* 왕관 (2) estar echado en ~ : ~에 내던져져 있다 (3) lo que más me sorprendió : 나를 가장 놀라게 한 것은 (4) sala del trono : 왕의 보좌가 놓이고 왕이 대신들과 함께 집무를 보는 방 (5) de un gran lujo : 매우 사치스러운(= muy lujoso) (6) donde debía estar ~ : ~가 있어야 할 자리에 (7) candelabro : *m.* 가지 장식이 달린 촛대 (8) tener miedo : 겁이 나다 (9) el Corán : 코란경(이슬람의 경전) (10) mezquita : *f.* 회교 사원 (11) alguien con quien hablar : 함께 말할 사람 (11) del todo : 완전히 (12) con cariño = cariñosamente : 사랑스럽게 (13) donde reina la tristeza : 슬픔이 지배하는 곳, 즉 모든 것이 다 슬픈 곳 (14) estar convertido en ~ : ~으로 변해 있다(상태). * convertirse en : ~으로 변하다(동작)

—Esta ciudad era la capital* de un poderoso reino, que llevaba el nombre del rey, mi padre. Él y la gente del reino eran todos magos*, adoradores del dios Nardum, antiguo rey de los gigantes* que habían desobedecido al Dios verdadero.

Aunque mis padres no creían en Dios, tuve la suerte de tener una nodriza* que se sabía de memoria el Corán, y me lo contó muy bien. Me enseñó a leer el árabe, para que yo pudiese leer el Corán. Cuando murió mi nodriza, yo ya sabía mucho sobre la religión. No podía creer en los dioses* de mis padres y odiaba a Nardum, dios del fuego.

Pasaron tres años y se oyó una voz que decía estas palabras: 《Habitantes* de este país, abandonad a Nardum y adorad al dios único y bondadoso.》 La misma voz se oyó durante varios días y en distintas partes de la ciudad, pero nadie obedeció y a las cuatro de la mañana todos los habitantes quedaron convertidos en estatuas de piedra y mi padre también. Lo mismo le sucedió a mi madre, quedando convertida en estatua de mármol negro. Yo soy el único que quedó con vida y se salvó del tremendo castigo.

Desde entonces, continúo sirviendo a mi Dios y estoy seguro que Él te ha enviado para mi consuelo*. Después de oír la historia del príncipe, le dije que viniera conmigo a Bagdad. Le pareció muy bien esto y fuimos al barco.

El capitán y mis hermanas tenían mucho miedo por mi tardanza*. Cuando llegué, les conté todo lo que me había pasado y les enseñé las joyas que me había regalado el príncipe que me acompañaba. Después fuimos a Basora.

― 이 도시는 제 아버지 왕의 이름을 딴 부강한 왕국의 수도였소. 왕과 백성들은 모두가 마술사였고, 그들은 진짜 신을 거역한 거인들의 옛 왕인 나르둠을 숭배했소.

비록 우리 부모는 신을 믿지 않았지만 다행히도 제 유모는 코란을 외우고 있었고 나에게 그것을 잘 얘기해 주었소. 코란을 읽을 수 있도록 아랍어를 가르쳐 주었소.

유모가 죽었을 때, 나는 신앙에 대해 이미 많이 알고 있었소. 나는 부모의 신을 믿을 수 없었고 불의 신 나르둠을 저주했소.

3년이 지나 이렇게 말하는 목소리가 들렸소:《이 나라의 백성들이여, 나르둠을 버리고 인자하고 유일한 신을 숭배하라.》같은 목소리가 며칠을 도시의 여러 곳에서 들렸지만, 아무도 말을 듣지 않아 새벽 4시에 우리 아버지는 물론 모두가 석상이 되어 버렸소. 어머니도 검은 대리석 상이 되어 버렸소. 나 혼자만이 무서운 벌을 피해 유일하게 살아 남았소.

그 때부터, 나는 신을 섬기어 왔고 내게 위안이 되도록 신이 당신을 보내셨다고 믿소.

왕자의 말을 듣고 그에게 나와 함께 바그다드에 가자고 했습니다. 그도 좋다고 하여 우리는 배로 갔습니다.

선장과 언니들은 제가 늦어서 무척 두려워했습니다. 도착하여, 모든 일을 얘기해 주고 함께 온 왕자가 제게 준 보석을 보여 주었습니다. 그리고 나서 바소라로 갔습니다.

---

(1) la capital : 수도. * el capital : 자본 (2) mago : *m.* 마술사 (3) adorador : *m. f.* 숭배자, 예찬가 (4) desobedecer : 불복종하다(↔ obedecer) (5) creer en ~ : ~을 신용하다, 믿다 (6) de memoria : 암기로. * aprender de memoria : 암기하다 (7) nodriza : *f.*유모 (8) religión : *f.* 종교 (9) odiar : ~를 증오하다 (10) abandonad : abandonar(버리다)의 2인칭 복수 명령형. adorad도 마찬가지로 adorar(숭배하다)의 2인칭 복수 명령형 (11) lo mismo : 똑같은 일 (12) estatua de mármol : 대리석 상 (13) quedar con vida : 목숨을 부지하다 (14) castigo : *m.* 벌, 형벌 (15) desde entonces : 그 때부터 (16) servir a + 사람 : ~를 섬기다, ~에게 봉사하다 (17) estar seguro (de) que ~ : ~를 확신하다 (18) consuelo : *m.* 위로, 위안 (19) por mi tardanza : 내가 늦어서

El príncipe, durante el viaje, me pidió que me casara con él y yo acepté* con gusto. Mis hermanas tuvieron mucha envidia de mí, y decidieron vengarse de los dos.

Un día, mientras mirábamos el mar hablando de nuestro amor, nos tiraron al agua. El desgraciado príncipe se ahogó, pero yo pude nadar hasta llegar a la orilla de una isla, cerca de Basora.

Descansaba con tristeza de todo lo ocurrido, bajo la sombra de un árbol, cuando vi una enorme serpiente con alas*, que venía hacia mí con su larga lengua, que parecía un afilado cuchillo. La serpiente iba seguida de otra más grande que intentaba comérsela.

En vez de huir, cogí una piedra muy grande y se la tiré a la serpiente mayor, aplastándole* la cabeza, impidiendo que se comiera a la otra. La serpiente más pequeña al verse libre, echó* a volar.

Yo me dormí, pues estaba muy cansada. Cuando desperté, me encontré con gran sorpresa con una mujer negra que estaba con dos perras negras también.

—Yo soy —me dijo— la serpiente a quien has salvado de su peor enemigo, y en premio* a esto he convertido a tus envidiosas hermanas en estas dos perras negras que aquí ves, y tienes que darles todas las noches cien azotes* a cada una. Si no lo haces, tú también te convertirás en perra.

Dije que lo haría, y en seguida nos llevó a nuestra casa de Bagdad. Desde entonces, azoto a mis hermanas, aunque me dé mucha pena.

왕자는 여행 중에 청혼을 했고, 저는 기꺼이 승낙했습니다. 언니들은 샘이 나서 우리 둘에게 보복을 하기로 했답니다.
　어느 날, 우리가 바다를 바라보며 우리 사랑에 대한 얘기를 나눌 때, 바다로 우리를 밀었습니다. 불행한 왕자는 익사했지만 저는 수영을 해서 바소라 근처 섬의 해변에 닿을 수 있었습니다.
　그 모든 일로 슬퍼하며 나무 그늘에서 쉬고 있는데, 날개가 달린 거대한 뱀 한 마리가 날카로운 칼 같은 긴 혀를 갖고 제게로 다가왔습니다. 뱀 뒤에는 또 다른 큰 뱀이 잡아먹으려고 쫓아갔습니다.
　저는 도망가지 않고, 큰 돌을 주워 작은 뱀을 잡아먹지 못하게 돌을 던져 큰 놈의 머리를 내려쳤습니다. 살아난 작은 뱀은 날아가 버렸습니다.
　너무 지쳐서 저는 잠이 들었습니다.
　내가 깼을 때, 놀랍게도 흑인 여인이 검은 개 두 마리를 잡고 있었습니다.
　ㅡ나는ㅡ그녀는 이렇게 말했습니다ㅡ네가 천적으로부터 구해 준 뱀이다. 이에 대한 보상으로 나는 너의 시기심 많은 언니들을, 네가 여기 보고 있는 이 두 마리의 개로 만들어 버렸다. 매일 밤 각자 그들에게 100대씩 때려야 한다. 그렇지 않으면, 너도 개로 변할 것이다.
　그렇게 하겠다고 하자, 곧바로 바그다드의 집으로 우리를 데려다 주었습니다. 그 때부터 마음이 아프지만 언니들을 때린답니다.

---

(1) **aceptar** : 수락하다, 받아들이다 (2) **con gusto** : 기꺼이 (3) **tener envidia de** ~ : ~를 질투하다 (4) **al agua** : 물 속으로, 물로 (5) **ahogarse** : 질식하다, 익사하다 (6) **todo lo ocurrido** : 일어난 모든 일 (7) **lengua** : f. 혀 (8) **seguido de** ~ : ~가 뒤따르다 (9) **intentar + inf.** : ~하려고 시도하다 (10) **huir** : 도망치다, 벗어나다, 피하다 (11) **aplastar** : 납작하게 하다, 쩔쩔매게 만들다 (12) **verse libre** : 여기의 verse는 (어떤 장소나 상태에) 있다는 의미로 estar와 같음. (13) **peor** : mal의 비교급 (14) **en premio a esto** : 이에 대한 상으로 (15) **dan azotes = azotar** : 매질하다 (16) **convertir A en B** : A를 B로 변하게 하다

* * *

Después de haber oído la historia de Zobeida, el rey pidió a Scherezade que contase por qué Amina tenía el pecho lleno de cicatrices.

12. HISTORIA DE AMINA

Mi madre me casó con uno de los hombres más ricos de toda la ciudad, y también me entregó todos los bienes* que había dejado mi padre.

No había pasado aún el primer año de nuestro matrimonio cuando me quedé viuda* y con toda la fortuna* de mi marido.

Un día, estando sola en casa, me dijeron que una mujer quería hablarme, y mandé que entrase en seguida.

Era una mujer muy vieja que me saludó arrodillándose, y me dijo:

—Señora, te ruego que me perdones por molestarte, pero como sé lo bondadosa que eres, me he atrevido. Tengo una hija, que va a casarse hoy. Ella y yo somos extranjeras, y no tenemos ningún familiar* en esta ciudad. Si quisieras venir a la boda, nuestra gratitud* sería eterna*.

—Buena anciana —le respondí—, no estés triste que haré lo que pides.

La vieja, llena de alegría, me besó los pies.

* * *

소베이다의 얘기를 들은 후, 왕은 왜 아미나의 가슴이 상처투성이였는지 세레사데에게 대답해 달라고 말했다.

12. 아미나의 이야기

나의 어머니는 도시의 가장 부유한 사람 중 한 남자와 저를 결혼시켰고 아버지가 남겨 준 재산을 나에게도 다 주셨습니다.

결혼한 지 일년이 채 못 되어 저는 과부가 되었고 남편의 모든 재산을 물려받았습니다.

어느 날, 혼자 집에 있는데 어느 여자가 저를 만나고자 한다고 해서 들여보내라고 했습니다.

그 여자는 늙었는데, 무릎을 꿇어 인사하더니 말했습니다:

— 부인, 귀찮게 해 드려 죄송합니다만, 당신이 인자하시다는 것을 알고 있기에 엄두를 내어 간청드립니다. 제게는 오늘 결혼하는 딸이 하나 있답니다. 우리는 이방인이어서 이 도시엔 친척이 아무도 없습니다. 결혼식에 참석해 주신다면 영원히 잊지 못할 겁니다.

— 할머니 — 저는 대답했습니다 —, 슬퍼하지 마세요 부탁을 들어 드리죠. 노파는 기뻐서 제 발에 입을 맞추었습니다.

---

(1) casar A con B : A를 B와 결혼시키다. * casarse con ~ : ~와 결혼하다 (2) los bienes : 복수일 때 재산 (3) quedarse viuda : 과부가 되다 (4) la fortuna : 위의 los bienes와 같은 의미로 쓰임. 재산 (5) estando sola en casa : 집에 혼자 있을 때 (6) en seguida : 즉시(= de inmediato) (7) molestar : 방해하다, 귀찮게 굴다 (8) lo bondadosa que eres : 당신의 친절함 (9) atreverse a + inf. : 감히 ~하다(= dare to) (10) Si quisieras ~ : querer의 접속법 과거 2인칭 단수형 (11) la boda = la ceremonia de boda : 결혼식(보통 las bodas 복수형으로 쓰인다.) (12) gratitud : f. 고마움, 사의(= agradecimiento) (13) eterno : 영원한. f. eternidad

—Señora —dijo—, Dios te premiará y llenará de alegría tu corazón, como lo está el mío. Al anochecer vendré por ti.

Al caer la noche[38)] vino la vieja y, besándome la mano, me dijo:

—Señora, los parientes* de mi yerno*, que son de las principales* familias de la ciudad, están ya reunidos; si quieres podemos irnos ya.

Salimos, y al poco rato nos paramos delante de una puerta iluminada* por un farol*. Allí, escritas en letras de oro, se leía: 《Ésta es la eterna casa de los placeres y la alegría.》

La vieja llamó y en seguida se abrió la puerta. Al atravesar* un patio, me encontré con una joven de gran belleza. Después de besarme, me hizo sentar a su lado, en un sofá de maderas preciosas y de diamantes.

—Señora —me dijo—, has sido invitada a una boda y espero que sea diferente* a otras bodas a que hayas ido. Tengo un hermano, el más bello de todos los hombres. Al hablarle de tu belleza se ha enamorado tanto de ti que, si no tienes compasión* de él, será el hombre más desgraciado del mundo.

Desde que me quedé viuda, nunca había pensado en volver a casarme; pero, en aquel momento, no pude resistirme a la petición de aquella bella joven y dije que sí.

---

38) Al caer la noche = Al hacerse de noche.

―부인― 그녀는 말했습니다―, 신께서 당신에게 보답해 주실 겁니다. 제 마음이 그렇듯이 부인의 마음 또한 기쁨으로 채워 주실 겁니다. 밤에 모시러 오겠습니다.

밤이 되어 노파가 와서 내 손에 입을 맞추며 말했습니다:

―부인, 제 사위의 친척들은 도시에서 손꼽히는 집안인데, 모두 모였으니 이제 가시지요.

우리는 떠났고, 얼마 후에 등으로 불 밝혀진 대문 앞에 섰습니다. 거기에 금(金)물로 이렇게 쓰여 있었습니다:《이 곳은 영원한 쾌락과 즐거움의 집이다.》

노파가 문을 두드리자 곧 문이 열렸습니다. 정원을 가로지르자 젊고 매우 아름다운 처녀를 만났습니다. 내게 입을 맞추고, 그의 옆의 값진 나무와 다이아몬드로 만든 소파에 앉도록 했습니다.

―부인―내게 말했습니다―, 당신은 결혼식에 초대되셨고 다른 결혼식과 다르기를 바랍니다. 제게는 오빠가 있는데, 모든 남자 중에서 제일 잘생긴 남자입니다. 제가 당신의 아름다움에 대해 말했더니 당신을 사랑하게 되었습니다. 그에게 관심을 보이지 않으신다면 아마 이 세상에서 가장 불행한 사람이 될 겁니다.

과부가 되고부터 다시 결혼하리라곤 생각해 본 적이 없었는데, 그 순간 아름다운 처녀의 부탁을 거절하지 못하고 응하고 말았습니다.

---

(1) como lo está el mío = como mi corazón está lleno de alegría (2) venir por ~ : ~를 데리러 오다 (3) al anochecer = al caer la noche = al hacerse de noche : 밤이 되자 (4) pariente : *m. f.* 친척 (5) yerno : *m.* 사위(↔nuera) (6) pararse : 멈추다, 서다('se'는 강조로 쓰임) (7) iluminado : 비추어진, 조명된 (8) atravesar : 횡단하다, 가로지르다 (9) encontrarse con ~ : ~와 우연히 만나다. encontrar a ~(~를 만나다)와 구별해야 함. (10) de gran belleza = muy bello (11) a su lado : 자기 옆에 (12) diferente a (de) : ~와 다른 (13) el más bello de todos = **정관사**+**más**+**형용사**+de : 형용사의 최상급 (14) enamorarse de ~ : ~와 사랑에 빠지다 (15) tener compasión de ~ : ~을 동정하다 (15) resistirse a ~ : ~을 물리치다, 거절하다, 거부하다

Ella dio una palmada y se abrió la puerta, entrando un joven tan bello, que me alegré de ser su esposa. Se sentó a mi lado y me di cuenta por su forma de hablar de que era aún mejor a todo lo que su hermana me había contado de él. Cuando ella vio que estábamos contentos el uno con el otro, dio otra palmada y apareció un criado con nuestros contratos* de matrimonio. La única cosa que mi marido pedía de mí era que no hablara con ningún hombre que no fuera él. Un mes más tarde de mi boda y necesitando unas telas, le pedí permiso a mi marido para salir a comprarlas. Me dijo que sí.

—Señora —dijo la vieja que me acompañaba cuando estuvimos en la calle—, si deseas telas bonitas podemos ir a casa de un comerciante que yo conozco.

Me dejé llevar por ella y, cuando estuvimos en la tienda, pedí al comerciante que me enseñase las mejores telas que tuviera. Me enseñó una, que me gustó y mandé a la vieja que preguntara el precio.

—No la vendo, pero se la regalaré, si me deja darle un beso.

* * *

—Señor —dijo Scherezade al rey—, ya llega el día y terminaré mi cuento la proxima noche, si así lo deseas.

Llegó la noche y, poco antes de amanecer, Diznarda despertó a la reina, su hermana, diciéndole:

—Mi querida Scherezade te ruego termines el cuento de Zobeida.

Scherezade continuó así:

그녀가 손뼉을 치자 문이 열리더니 너무나도 잘생긴 청년이 들어와, 저는 그의 부인이 되는 것이 기뻤습니다. 제 옆에 앉았고 저는 동생이 말한 것보다 더 훌륭한 남자라는 것을 그의 말투에서 알게 되었습니다. 우리가 둘이 서로 좋아하는 것을 보자, 여동생은 다시 손뼉을 쳤고 하인 하나가 우리의 혼인 서약서를 갖고 나타났습니다. 남편이 제게 바라는 것은 단지 그 외의 다른 남자와는 말하지 말하는 것이었습니다.

결혼한 지 한 달이 지나 옷감이 필요해, 저는 그것들을 사러 남편에게 허락을 청했습니다. 그는 그렇게 하라고 했습니다.

─부인─거리에 나서자, 나와 같이 가던 노파가 말했습니다─, 좋은 옷감을 원하시면 제가 아는 상인 집에 가시죠.

저는 그 노파를 따라갔고, 가게에 도착해 상인에게 제일 좋은 옷감으로 보여 달라고 말했습니다. 하나를 보여 주었고, 제 맘에 들어 노파에게 가격을 물어 보라고 했습니다.

─파는 것은 아니지만, 당신께 입을 맞추도록 허락해 주시면 선물로 드리겠습니다.

*   *   *

─전하─세례사데가 왕에게 말했다─, 날이 밝으니 원하신다면 오늘 밤에 이야기를 마저 해 드리지요.

밤이 되어 날이 밝기 얼마 전에, 디스나르다는 그녀의 언니인 여왕을 깨웠으며, 그녀에게 말했다 :

─사랑하는 세레사데, 소베이다의 이야기를 마저 들려 줘요.

세레사데는 그렇게 계속하였다 :

---

(1) alegrarse de + inf. : ~을 기뻐하다 (2) su forma de hablar : 말투 (3) el uno con el otro = uno a otro : 서로서로 (4) contrato de matrimonio : 혼인 서약 (5) pedir permiso : 허락을 구하다 (6) dar un beso : besar(키스하다) (7) poco antes de ~ : ~하기 조금 전에

* * *

Como ya dije la noche pasada, el comerciante ofreció regalar la tela si Amina se dejaba besar, pero ella se negó, y contaba así lo ocurrido:

Ordené a la vieja que dijera al comerciante que era un atrevido*, pero ella, en vez de decírselo, quiso conven- cerme. Dijo que no tenía tanta importancia lo que me pedía el joven, sólo tenía que poner la mejilla* y él me besaría.

Yo deseaba tanto tener esa tela, que obedecí a la vieja. Pero el comerciante no me besó: me dio un mordisco tan fuerte, que me salió mucha sangre*.

El dolor y la sorpresa* me hicieron caer al suelo sin sentido. Cuando se me pasó el desmayo, vi que tenía toda la cara llena de sangre. La vieja estaba muy triste por mi desgracia, y dijo.

—Señora, perdóname, pues yo tengo la culpa[39] de lo que

te pasa. Te he traído a esta casa porque es de mi país y no pensé que te pudieran hacer daño. Pero yo te daré algo que te curará dentro de tres días y sin que quede ninguna señal del mordisco.

Cuando llegué a casa volví a desmayarme. La vieja me curó y me metió en la cama.

---

[39] tengo la culpa = soy culpable, soy responsable de algo.

*   *   *

　지난 밤에 말씀드렸듯이, 상인이 아미나에게 입을 맞추도록 허락해 주면 옷감을 선물하겠다고 했지만 그녀는 거절했으며, 다음과 같은 사건이 벌어졌다고 말했습니다:
　나는 노파에게 상인이 무모한 사람이라 전하라 했으나, 노파는 상인에게 전해 주는 대신 오히려 저를 설득시키려 했습니다. 청년의 요구는 그리 중요한 것도 아니고 그저 뺨을 대 주어 그가 입을 맞추면 된다고 했습니다.
　저는 그 옷감을 너무나 갖고 싶었기 때문에 노파의 말을 들어 주었습니다. 그런데 상인은 내게 입을 맞추지 않고, 너무나 세게 물었기 때문에 피가 많이 났습니다.
　고통과 놀라움에 정신을 잃고 바닥에 쓰러졌습니다. 정신을 차렸을 때 얼굴이 온통 피투성이라는 것을 알았습니다. 노파는 나의 불운을 매우 슬퍼하며 말했습니다:
　―마님, 용서하세요. 모두 다 제 잘못이에요. 같은 고향 사람이라 이 가게에 부인을 모셔 왔는데 부인에게 해를 입힐 줄 몰랐어요. 그러나 부인께 3일 내에 흉터 하나 없이 상처를 낫게 해 줄 약을 드리지요.
　저는 집에 도착하자 다시 기절했습니다. 노파가 나를 치료해 주고 침대에 눕혀 주었습니다.

---

(1) dejarse + inf. : ~하도록 내버려 두다, 즉 ~할 것을 허락하다 (2) un atrevido : 대담한, 무모한 자 (3) en vez de = en lugar de : ~ 대신 (4) convencer : 설득하다 (5) no tenía tanta importancia : 그다지 중요한 일이 못 된다 (6) poner la mejilla : 뺨을 내밀다 (7) dar un mordisco = mordiscar : 깨물다 (8) salir sangre : 피가 나다 (9) caer al suelo sin sentido = desmayarse : 기절하다 (10) tener la culpa : 잘못하다, 잘못을 저지르다, ~의 탓이다 (11) hacer daño : 해·손상을 입히다 (12) señal de mordisco : 깨문 자국

Por la noche, cuando volvió mi marido y vio que tenía la cabeza tapada*, me preguntó el motivo*. Le contesté que me dolía la cabeza, pero no pareció creerme. Encendió una luz para verme y al ver la herida*, me dijo :

—¿Quién te ha hecho eso?

No me atreví a decirle la verdad, y dije que había ido detrás de mí un hombre con un asno* cargado de escobas* y que al volverme me hice yo misma la herida.

—Antes de que salga el sol —dijo— el primer ministro del país lo sabrá, y estoy seguro que mandará matar a todos los vendedores* de escobas de la ciudad.

—Te pido que no hagas eso; ellos no son culpables —le dije después.

—¡Basta de mentiras! —dijo mi marido.

Dio una palmada y aparecieron tres esclavos.

—Sacad a la señora de la cama —les dijo— y ponedla en el suelo, en medio de la habitación.

Mandó que me sujetaran*, un esclavo por las manos, otro por los pies, y al tercero le ordenó que fuera por una espada. Cuando volvió, le dijo:

—Córtale la cabeza y tírala al Tigris* para que se la coman los peces. Éste es el castigo por haberme sido infiel.

En ese momento, entró la vieja, que había sido nodriza de mi esposo, y, arrodillándose a sus pies, le dijo:

—En recompensa* por haberte criado*, te pido que perdones a esta mujer. Piensa que sólo se debe matar al que mata.

밤에 남편이 돌아와 머리를 가리고 있는 것을 보고 이유를 물었습니다. 저는 남편에게 머리가 아프다고 대답했지만 제 말을 믿는 것 같지 않았습니다. 남편은 저를 보기 위해 불을 켰고, 상처를 보자 말했습니다:

─누가 당신을 이렇게 만들었소?

저는 차마 사실을 말하지 못하고 빗자루를 짊어진 당나귀를 데리고 가는 어떤 사람이 제 뒤에서 오다가 제가 돌아서자 상처를 입혔다고 말했습니다.

─해가 뜨기 전에─그는 말했습니다─이 나라의 수상이 그 사실을 알게 될 것이며, 확신하건대 도시의 모든 빗자루 장수들을 죽이라고 할 거요.

─제발 그러지 마세요. 그들 잘못이 아니에요─제가 말했습니다.

─거짓말은 그것으로 충분해!─남편이 말했어요.

손뼉을 치자 세 명의 노예가 나타났습니다.

─마님을 침대에서 끌어 내서─그가 말했어요─방바닥 한가운데 놔 둬라─

한 명은 팔을, 다른 한 명은 다리를 잡도록 하고, 또 다른 한 명에게는 칼을 갖고 오라고 했어요. 노예가 돌아오자, 그에게 말했습니다:

─목을 쳐서 티그리스 강에 던져 물고기 밥이 되도록 하라. 나를 속인 데 대한 벌이다.

바로 그 때, 남편의 유모였던 노파가 들어와 그의 발 밑에 꿇어앉아 말했습니다.

─제가 당신을 키운 대가로 이 여인을 용서해 주세요. 단지 살인을 한 자만을 죽여야 한다는 것을 생각하세요.

---

(1) **tapado** : 덮개를 씌운, 얼굴을 가린 (2) **doler** : 여격 보어와 함께 쓰여서 '…이 아프다'. * Me duele la cabeza : 나는 머리가 아프다. (3) **asno** : *m.* 당나귀 (4) **escoba** : *f.* 빗자루 (5) **los vendedores** : 판매원, 상인 (6) **ser culpable** = **tener calpa** (7) **Basta de ~** : ~하는 것은 이제 충분해! (8) **sacad ~ y poned ~** : 둘 다 각기 2인칭 복수 명령형이다. (10) **en medio de ~** : ~의 중앙에, ~의 가운데에 (11) **sujetar** : 억압하다, 누르다, 단단히 붙잡다 (12) **fuera por una espada** : 칼을 가지러 가다 (13) **los peces** : 물고기들 * pescado : 생선 (14) **en recompensa por** : ~에 대한 보상으로

—Por el cariño que te tengo la dejaré con vida[40]; pero
quiero señalarla* para que siempre recuerde su pecado*.

Mandó a un esclavo que me azotase con una vara muy flexible* en el pecho. Yo caí al suelo sin sentido. Cuando me desperté, estaba en casa de la vieja, que me había curado las heridas, pero me quedaron las cicatrices.

Cuando pude andar, volví a casa de mi marido, pero la encontré destruida*. Entonces fui a casa de mi hermana Zobeida, que me recibió con cariño.

*   *   *

Estaban muy tristes el rey y su ministro al oír aquello y le dijeron:

—Aquella mujer que se apareció* en forma de serpiente, ¿no te prometió devolver* a tus hermanas su verdadera forma?

—He olvidado decir que aquella mujer me dio un rizo* de sus cabellos* para quemarlos si algún día la necesitaba —respondió Amina.

—Pues bien —dijo el rey—, deseo que llames a esa mujer.

Zobeida quemó los cabellos y al momento apareció una bella mujer muy bien vestida.

---

40) la dejaré con vida = que no la matará.

— 당신에 대한 정으로 이 여자의 목숨을 살려 주겠소. 그러나 항상 자신의 죄를 기억하도록 증표를 남기겠소.

노예에게 잘 휘어지는 회초리로 내 가슴을 때리라고 명령했습니다. 저는 정신을 잃고 바닥에 쓰러졌어요. 깨어났을 때 나는 노파의 집에 있었고, 그녀가 상처를 치료해 주었지만 흉터가 남았습니다.

걸을 수 있게 되자 저는 남편의 집으로 돌아갔지만 집은 파괴되었더군요. 그래서 언니 소베이다의 집으로 갔고 언니는 저를 다정하게 맞아 주었습니다.

　　　　　*　　　　*　　　　*

그 얘기를 들은 왕과 수상은 너무 슬퍼서 이렇게 말했습니다:
— 뱀의 모습으로 나타난 그 여인이 언니들을 본래의 모습으로 돌려 주겠다고 하지 않았나요?
— 그 여자가 훗날 자기가 필요할 때는 제게 준 그녀의 고수머리를 태우라고 말한 것을 나는 잊고 있었어요 — 아미나가 말했습니다.
— 그럼 — 왕이 말했어요 —, 그녀를 부르시오 —
소베이다가 머리카락을 태우자, 즉시 옷을 잘 차려 입은 아름다운 여인이 나타났습니다.

---

(1) la dejaré con vida : 그녀를 죽이지 않겠다 (2) señalar : 자국을 남기다, 흔적을 남기다 (3) pecado : *m.* (종교적인) 죄. * crimen : (일반적인) 죄 (4) flexible : 탄력 있는 (5) herida : *f.* 상처 (6) destruir : 파괴하다, 부수다. la encontré destruida = 집이 부서진 것을 발견했다 (7) devolver : 되돌려 주다 (8) algún día : 어느 날(미래) (9) al momento : 즉각

—Señor—dijo al rey—, estoy aquí dispuesta a obede- ceros. La joven que me llama me hizo un gran servicio, y en premio castigué a sus hermanas, pero si Vuestra Majestad lo desea, les devolveré la forma humana.

—Eso es lo que iba a pedirte —contestó el rey.

Trajeron las perras y la bella mujer echó sobre ellas y sobre Amina una taza* de agua, que borró* las cicatrices y las perras volvieron a ser unas jóvenes de gran belleza.

—Señor —dijo la mujer al rey—, el hombre que ha maltratado* a Amina es tu hijo mayor, Amín, casado en secreto* con ella. Al decir esto desapareció*.

El rey llevó a Amina con su hijo y le castigó por su mala conducta*. Luego él se casó con Zobeida, y a sus hermanas las casó con tres príncipes.

* * *

Habían pasado muchas noches sin que el rey se acordase de matar a Scherezade y cada vez oía con más placer sus cuentos. Otra noche Scherezade comenzó la historia siguiente:

― 전하― 왕에게 말했어요 ―, 당신의 명에 복종할 준비가 되었습니다. 저를 부른 처녀는 제게 큰 도움을 주었으므로 그 보상으로 언니들을 벌했으나, 폐하께서 원하신다면 본 모습을 돌려 드리지요.
　― 바로 그것을 부탁하려 했소 ― 왕이 말했어요.
　그들이 개들을 데려오자 그 아름다운 여인은 개들과 아미나에게 물 한 컵을 부었고, 그러자 아미나의 흉터가 없어지고 개들은 아름다운 여인의 모습으로 돌아갔습니다.
　― 전하― 여인이 왕에게 말했습니다 ―, 아미나를 때린 청년은 전하의 큰아들 아민으로 비밀리에 그녀와 결혼했어요. 그렇게 말하고 사라졌습니다.
　왕은 아미나를 아들에게 데려가 아들의 나쁜 행실을 벌했습니다. 그리고 나서 왕은 소베이다와 결혼하고 두 언니와 다른 동생을 세 명의 왕자와 결혼시켰습니다.

*　　　*　　　*

　여러 날 밤이 지나 왕은 세례사데를 죽이는 것을 기억하지 못하고 매번 더욱 재미있게 이야기를 들었다. 며칠이 지난 어느 날 밤 세례사데는 다음과 같은 이야기를 시작했다 :

---

(1) estar dispuesto a+inf. : ~할 채비가 되다 (2) en premio : 상으로 (3) castigar : 벌을 주다 (4) Vuestra Majestad = Su Majestad : 폐하, 전하. 줄여서 V. M. 혹은 S. M.으로도 쓴다. (5) devolver la forma humana : 사람의 형상을 되돌려 주다 (6) eso es lo que ~ : 그게 바로 ~이다 (7) una taza de agua : 물 한 컵 (8) borrar : 지우다, 없애 버리다 (9) maltratar : 거칠게 다루다, 상처를 입히다 (10) hijo mayor : 큰아들 (11) en secreto : 비밀리에 (12) mala conducta : 나쁜 행동거지 (13) acordarse de ~ : ~를 기억하다(=recordar) (14) cada vez con más placer : 때마다 더욱 즐거이

13. LAS TRES MANZANAS

Otro día, el rey Harum, que se casó con Zobeida, mandó llamar a su ministro.

—Quiero dar un paseo por la ciudad —le dijo— para saber lo que se dice[41] y, sobre todo, para enterarme si mi pueblo* está contento con las personas que se encargan de la justicia. Si hay alguno de quien tengan queja, lo quitaremos y pondremos a otro en su lugar.[42] Pero si hay personas buenas y justas, les premiaré por ello.

El primer ministro, el rey y el jefe de los eunucos* se disfrazaron para no ser reconocidos y salieron los tres juntos. Pasaron por varias plazas* y mercados*, y al pasar por una calle, vieron a un anciano de barbas blancas, muy alto, que llevaba unas redes* sobre la cabeza y tenía en la mano un cesto* y un palo*.

—Parece que este anciano es muy pobre —dijo el rey—; vamos a preguntarle por qué.

—Buen hombre —le dijo el ministro—, ¿quién eres?

—Señor —le respondió el anciano—, soy pescador*; el más desgraciado de todos ellos, He salido de mi casa a pescar a las doce del día, y aún no he pescado nada. Tengo esposa e hijos y no tengo nada para que coman.

El rey, lleno de tristeza, le dijo al pescador:

—Si eres capaz de volver a echar las redes, te daré una bolsa* con cien minedas de oro por lo que pesques.

---

41) lo que se dice = lo que la gente habla.
42) poner a otro en su lugar = ocupando su sitio y su empleo.

13. 세 개의 사과

어느 날 소베이다와 결혼한 하룬 왕은 수상을 불렀습니다.
―도시를 둘러보고 싶소―라고 말했습니다―그리고 백성이 뭐라고 하는지, 특히 사직에 종사하는 사람들에 대한 불만은 없는지 알고 싶소. 만일 백성들의 원성을 산 자가 있으면 그를 파면시키고 그 자리에 다른 사람을 임명할 것이오. 그러나 선량하고 공정한 자가 있으면 후한 상을 내릴 것이오.

수상과 왕과 내시장은 백성들이 알아보지 못하도록 변장을 하고 함께 나갔습니다.

여러 개의 광장과 시장을 지나 한 거리를 지나갈 때, 그들은 매우 키가 큰 하얀 수염의 노인을 보았는데 그는 머리에 그물을 이고 손에는 바구니와 막대기를 들고 있었습니다.

―저 노인이 무척 안쓰러워 보이는군―왕이 말했습니다―무엇 때문인지 물어 봅시다.

―선자(善者)여―수상이 물었습니다―, 당신은 누구요?

―나으리―노인이 대답했습니다―, 저는 어부들 중에서 가장 불행한 어부입니다. 집에서 고기를 잡으러 낮 12시에 나왔는데 아직 한 마리도 잡지 못했습니다. 아내와 아이들이 있는데 먹을 것이 하나도 없습니다.

왕은 슬픔에 가득 차서 어부에게 말했습니다.

―다시 그물을 던져 고기를 잡으면 무엇을 잡든 금화 100개를 주겠소.

---

(1) dar un paseo por = pasear por : ~를 거닐다, 산책하다 (2) lo que se dice : 사람들이 말하는 것 (3) sobre todo : 무엇보다도, 특히 (4) enterarse de ~ : ~에 대하여 알다, 인식하다 (5) encagarse de ~ : ~를 담당하다(= estar encargado de ~) (6) poner a otro en su lugar : 그의 자리에 다른 사람을 앉히다 (7) queja : f. 불평. * quejarse de ~ : ~에 대해 불평하다 (8) en su lugar : 그의 직책에 (9) por ello : 그 일로 인해. ello는 중성 주격 대명사. 앞서 말한 일을 나타냄. (10) eunuco : m. 환관, 내시 (11) preguntar de porqué : 이유를 묻다 (12) pescador : m. 어부 (13) a las doce del día : 정오에 (14) ser capaz de + inf. : ~할 능력이 있다 (15) echar las redes : 그물을 던지다 (16) por lo que pesques : 네가 낚는 것에 대해

Ante esta promesa, el pescador olvidó todo el cansancio que tenía y echó de nuevo las redes al mar. Cuando las sacó, llevaba en ellas un cofre*, muy pesado* y cerrado. El rey mandó que dieran al pescador por el cofre las cien monedas, como le había prometido, y le despidió.

El jefe de los eunucos tomó el cofre y fueron hacia palacio, deseando abrirlo para saber lo que tenía. Dentro había un gran cesto atado. El rey estaba tan impaciente* por ver lo que había que con un cuchillo lo abrió. Dentro había una alfombra* atada con cuerdas. Las cortaron y se quedaron horrorizados al ver un cuerpo muy blanco, de mujer, cortado en trozos.

El rey estaba muy asombrado al ver esto y, furioso, le dijo a su ministro:

—¿Así es como cuidas de mi pueblo? Se cometen asesinatos* en mi ciudad y tiran a la gente al Tigris, para que me culpen a mí el día del Juicio Final*. Si no vengas en seguida la muerte de esta mujer y castigas al asesino*, juro por Dios que te mandaré ahorcar*.

—Señor —le dijo el ministro—, haré todo cuanto pueda para conseguirlo.

—Te doy tres días para que lo encuentres. Piensa bien en lo que haces.

—¿Cómo podré encontrar al asesino en una ciudad tan grande? Otro en mi lugar[43] sacaría de la cárcel* a un desgraciado y lo mandaría matar para contentar al rey,

---

43) Otro en mi lugar = Otra persona puesta en la misma situación.

이런 약속 앞에 어부는 피로를 다 잊은 채 다시 바다에 그물을 던졌습니다. 그물을 올렸을 때, 굉장히 무겁고 단단히 잠가진 궤짝이 그 안에 있었습니다. 왕은 약속한 대로, 그 궤 대신에 금화 100개를 어부에게 주라고 명한 다음에 그와 헤어졌습니다.

내시장은 궤를 들고 안에 무엇이 들었는지 알고 싶어하면서 궁으로 향했습니다. 안에는 커다란 바구니가 묶여 있었습니다. 왕은 호기심을 참지 못하고 칼로 바구니를 열었습니다. 안에는 끈으로 묶여진 양탄자가 있었습니다. 끈을 끊자 토막 난, 하얀 여자 시체가 나와 무척 놀랐답니다.

이것을 보고 무척 놀라고 화가 난 왕은, 수상에게 말했습니다:

─내 백성을 이렇게 다스리나? 내 나라에서 살인을 자행하고서 티그리스 강에 버리고 최후의 심판 날 잘못을 내게 돌리겠지. 지금 당장 수상은 범인을 잡아 벌을 내려 이 여인의 복수를 하지 않으면, 신에게 맹세하건대 수상을 교수형에 처하겠소.

─전하─수상이 말했어요─, 범인을 잡기 위하여 최선을 다하겠습니다.

─범인을 잡는 데 3일간의 여유를 주겠소. 잘 생각하시오.

─이렇게 큰 도시에서 어떻게 범인을 찾을 수 있습니까? 저와 같은 처지에 빠진 다른 사람이라면 감옥에서 불행한 죄수를 하나 뽑아 전하를 만족시켜 드리고자 죽이라 명하겠지만,

---

(1) de nuevo = otra vez : 다시 (2) cofre : *m.* 궤, 단단한 상자 (3) despedir : 작별을 하다 (4) impaciente : 참을성 없는(↔paciente) (5) alfombra : *f.* 융단, 양탄자 (6) cuerda : *f.* 줄, 밧줄 (7) cortado en trozos : 토막 쳐진 (8) cuidar de ~ : ~의 시중을 들다, 보살피다 (9) cometer : (범죄·잘못 등을) 저지르다 (10) asesinato : *m.* 살인, 암살. * asesino: *m.* 살인범 (11) culpar : 나무라다, 죄를 씌우다 (12) el día del Juicio Final : 최후 심판의 날 (13) jurar por Dios : 신 앞에 맹세하다 (14) todo cuanto pueda : 할 수 있는 모든 것 (15) otro en mi lugar : 내 처지에 처한 다른 사람이라면

pero yo no puedo hacer una cosa tan injusta y prefiero morir a salvarme de esta forma.

Mandó a la policía que buscaran al asesino y le buscaron por todas partes, pero no lo encontraban. El ministro pensó que el día de su muerte estaba cerca.

Pasaron los tres días, llegó un criado a casa del primer ministro y le dijo que le siguiera. Obedeció y cuando llegaron al palacio el rey le preguntó si ya había encontrado al asesino. El ministro respondió que todavía no.

El rey mandó que le ahorcaran delante de la puerta de su palacio, y a cuarenta personas más de su familia. Mientras estaban poniendo las horcas*, se hizo un pregón* por todas las calles de la ciudad que decía:

—《Todos los que quieran ver cómo matan al primer ministro y a su familia, que vayan a la plaza, delante del palacio.》

Cuando estuvo todo preparado, el juez y los guardias llevaron al ministro y a su familia y pusieron a cada uno de ellos debajo de una horca, con una cuerda al cuello.

El pueblo lo veía con gran tristeza, pues el ministro y su familia eran muy queridos por todos. Iban a quitarles la vida a las personas más buenas de la ciudad, cuando un joven muy bello y bien vestido atravesó la plaza, llegó hasta el ministro y, besándole la mano, dijo:

—Señor, no eres culpable, ¿por qué estás aquí? Marchaos y dejadme a mí, que soy el único que debe morir, pues yo maté a la joven y la eché al río.

저는 그렇게 부당한 일을 행할 수는 없으며 그런 구차한 방법으로 목숨을 구하느니 차라리 죽는 편이 낫습니다.

그는 경찰에게 범인을 잡으라고 지시했고 그들은 사방으로 다 뒤졌지만 범인은 찾을 수 없었습니다. 수상은 죽을 날이 가까이 왔다고 생각했습니다.

약속한 3일이 지나자, 시종이 수상 집에 와서 자기를 따라오라고 했습니다. 그를 따라서 궁에 도착하자, 왕은 범인을 잡았느냐고 물었습니다. 수상은 아직 못 잡았다고 대답했습니다.

왕은 궁 정문 앞에서 수상과 그 가족 40명을 교수형에 처하라고 명령했습니다. 교수대를 설치하는 동안 도시의 모든 거리마다 다음과 같이 광고를 하게 하였습니다:

―《수상과 그의 가족을 어떻게 죽이는지 보고 싶은 사람은 모두 궁 앞 광장에 모이시오!》

모든 준비가 끝나자, 재판관과 경비병들은 수상과 그 가족들을 데리고 와서 각자 교수대에 세우고 목에 밧줄을 걸었습니다.

수상과 가족들을 사랑하던 백성들은 매우 슬퍼하며 이 광경을 지켜보았습니다. 이 도시에서 가장 선한 사람들의 목숨을 빼앗으려 할 때, 아주 잘생기고 옷을 잘 차려 입은 한 청년이 광장을 가로질러 수상에게 다가가 그의 손에 입을 맞추며 말했습니다:

―나으리, 나으리께서는 죄가 없으신데 왜 여기 계십니까? 저를 남겨 놓고 당신들은 가십시오. 죽어야 할 사람은 바로 접니다. 왜냐 하면 제가 그 여자를 죽여 강에 던져 버렸기 때문입니다.

그 말을 듣고 수상은 매우 기뻐했지만, 곧 젊은이의 젊음과 아름다운 용모를 보자 슬퍼졌습니다.

---

(1) **preferir A a B** : B보다 A를 좋아하다 (2) **de esta forma** : 이런 식으로 (3) **lo dijo que le siguiera** : 앞에 le는 primer ministro의 여격, 뒤의 le는 un criado의 대격. '그를 따르라고 말했다' (4) **ahorcar** : 교수형에 처하다, 목을 매달다 (5) **horca** : *f.* 교수대 (6) **pregón** : *m.* 크게 떠들어 알리는 일, 외치고 다니는 일 (7) **juez** : *m.f.* 판사, 재판관 (8) **guardia** : *f.* 경비, 보호, 경비대. *m.* 그 대원 (9) **bien vestido** : 잘 차려 입은 (10) **ser culpable** : 잘못이 있다 (11) **marchaos y dejadme** : marcharse의 2인칭 복수 명령형과 dejar의 역시 2인칭 복수 명령형

Al oír estas palabras, el ministro se alegró mucho, pero luego, viendo la juventud y la belleza del joven, se entristeció.

De repente, salió un anciano de entre la gente* que allí estaba, y dijo:

—Señor, no creas lo que te dice. Yo maté a la joven, y sólo yo debo ser castigado.

—Señor —dijo el joven de nuevo—, te juro que yo lo hice, y nadie me ayudó.

—Hijo mío —le interrumpió el anciano—, la desespe-
ración te hace decir esto. Yo debo morir, pues llevo* ya muchos años en el mundo[44)].

La discusión entre el joven y el anciano, obligó al juez a llevarlos delante del rey. El ministro se arrodilló y le dijo:

—Señor, este anciano y este joven dicen que son los asesinos.

El rey preguntó cuál de ellos había asesinado tan cruelmente a esa joven y la había tirado al Tigris. El joven decía que era él, pero el anciano decía lo contrario. Cansado el rey, y no viendo solución al problema*, mandó al juez que ahorcase a los dos.

—Pero, señor —dijo el ministro—, eso no es justo.

El joven dijo:

—Juro por Dios que yo soy quien cometió el asesinato. Yo soy el único que debe ser castigado.

---

44) llevo muchos años en el mundo = que era muy viejo.

갑자기 그 곳에 있던 군중 사이에서 노인 한 명이 나와 말했습니다:
― 나으리, 그 청년이 한 말은 믿지 마십시오. 제가 처녀를 죽였으니 제가 벌을 받아야 합니다.
― 나으리 ― 청년이 다시 말했습니다 ―, 맹세하건대 제가 했고 아무도 도와 주지 않았어요.
― 젊은이 ― 노인이 말을 가로막았습니다 ―, 절망감에 그렇게 말하겠지만, 나는 이미 이 세상에서 오래 살았으니 내가 죽어야 하네.
젊은이와 노인이 말다툼을 하자, 재판관은 그들을 왕 앞에 데려가지 않을 수 없었습니다. 수상은 무릎을 꿇고 말했습니다:
― 전하, 이 노인과 청년이 서로가 범인이라고 합니다.
왕은 그들 중 누가 그렇게 잔인하게 처녀를 죽여 티그리스 강에 버렸느냐고 물었습니다. 청년은 자기라고 말했지만, 반대로 노인은 자신이 그랬다고 했습니다. 지친 왕은 문제의 해결점을 찾지 못하자, 둘 다 사형시키라고 재판관에게 명령했습니다.
― 그러나, 전하 ― 수상이 말했습니다 ―, 그건 불공평합니다.
젊은이가 말했습니다:
― 신에게 맹세하건대 살인을 저지른 사람은 저입니다. 저 혼자만 벌을 받아야 합니다.

---

(1) entristecerse : 슬퍼지다 (2) entre la gente : 사람들 사이에서 (3) ser castigado : 처벌을 받다 (4) interrumpir : 막다, 방해하다 (5) llevo ya muchos años en el mundo = que yo era muy viejo : 나이를 많이 먹다 (6) cuál de ellos : 그들 중 누구. cuál이 가지는 선택적 의미에 유의. (7) lo contrario : 그 반대의 것 (8) la solución al problema : 문제의 해결점 (9) cometer el asesinato : 살인을 저지르다

El rey estaba muy asombrado y el anciano no volvió a decir nada más. El rey, mirando al joven, le dijo:

—Desgraciado, ¿por qué motivo mataste de una forma tan cruel*?

—Señor —contestó—, si se escribiera todo lo que ha ocurrido entre esa joven y yo, sería una historia de gran utilidad* para todos los hombres.

—Cuéntala entonces —dijo el rey—, yo te lo mando.

El joven obedeció y empezó su historia.

*   *   *

Scherezade dejó de hablar al ver que llegaba el día. A la noche siguiente contó esta historia:

14. HISTORIA DE LA MUJER ASESINADA Y DEL JOVEN, SU MARIDO

—Señor, debes saber que la joven asesinada era mi esposa, hija de este anciano. Cuando tenía doce años me casaron con ella, tuve tres hijos y estuve casado casi once años, Mi esposa nunca me dio el menor disgusto*, pues era muy inteligente y de buenas costumbres. Yo la amaba y le daba todo aquello que deseaba. Hace dos meses se puso enferma; estuve todo el tiempo a su lado[45] para que se curara con mayor rapidez.

---

45) a su lado = junto a ella, con ella.

왕은 놀라고 노인은 다시는 더 이상 아무런 말도 하지 않았습니다. 왕은 젊은이를 보며 물었습니다:

─불운한 청년아, 무슨 이유로 그렇게 잔인하게 처녀를 죽였느냐?

─전하─그가 대답했어요─, 그 처녀와 저 사이에 있었던 일을 모두 글로 쓴다면 아마 모든 이들에게 매우 유용한 이야기가 될 것입니다.

─그렇다면 말해 보게─왕이 말했습니다─, 명령이다.

젊은이는 순종하고 그의 이야기를 시작했습니다.

*   *   *

세레사데는 날이 밝자 말을 그쳤습니다. 그리고 다음 날 밤 이야기를 계속했습니다:

14. 살해당한 여자와 그 젊은 남편의 이야기

─전하, 죽은 그 여자는 제 아내였고 이 노인의 딸이라는 것을 아셔야 합니다.

제 나이 12살 때 그녀와 저를 결혼시켰고, 거의 11년 동안의 결혼 생활에서 세 명의 아이를 두었습니다. 아내는 품행이 방정하고 영리하였기 때문에 제게 기분 나쁜 일을 한 적이 결코 없습니다. 저는 아내를 사랑했고 원하는 것을 다 주었어요. 그녀는 두 달 전부터 몸이 아팠는데 빨리 회복하도록 하루 종일 제가 그녀 옆에 있어 주었죠.

---

(1) nada más : 더 이상의 것을 ~ 않다 (2) por qué motivo : qué는 의문형용사. '어떤 이유, 동기에서' (3) de una forma tan cruel : 그렇게 잔인한 방법으로 (4) de gran utilidad = muy útil (5) dejar de + inf. : ~하기를 그만두다 (6) a la noche siguiente : 이튿날 밤에 (7) estar casado : 결혼한 상태이다 (8) dar el disgusto : 불쾌하게 하다 (9) ponerse enfermo : 병이 들다 (10) con mayor rapidez : 더욱 더 빠르게(신속하게)

Cuando pasó un mes, ya estaba mucho mejor, y quiso ir al baño público. Antes de salir de casa, me dijo:

—Primo* (ella siempre me llamaba así), quiero comer manzanas, y me sentiría muy feliz si me trajeses algunas. Hace tiempo que tengo este deseo, y es tan grande, que tengo miedo de que me ocurra algo si no las como.

—Haré lo que pueda para traerlas —le respondí.

En seguida fui a buscarlas por todos los mercados de la ciudad, pero no pude encontrar ni una. Volví a casa muy triste, y cuando mi esposa volvió del baño[46] y no vio las manzanas, no pudo ni dormir.

Al día siguiente me levanté muy temprano y recorrí todos los huertos*, pero tampoco las encontré. Vi a un labrador* muy anciano, que mi dijo que sólo las encontraría en el palacio del rey, en la ciudad de Basora.

Como yo quería mucho a mi mujer y deseaba complacerla, me puse un traje de viaje, me despedí de ella y salí hacia Basora. Me di tanta prisa[47] que a los quince días volví a mi casa con tres manzanas. Al llegar se las di a mi esposa, pero ya se le había pasado el deseo de comerlas, así que las dejó en su habitación.

A los pocos días de mi llegada, estando sentado en mi tienda, vi entrar un esclavo negro muy feo, llevando en la mano una manzana. Era una de las que yo había traído de Basora.

---

46) baño = se refiere a los baños públicos, costumbre muy extendida entre los árabes. Lugar donde iba la gente a bañarse.

47) Me di tanta prisa = Corrí mucho, lo hice con gran rapidez.

한 달이 지나 그녀는 많이 회복되었고 공중 목욕탕에 가고 싶어했습니다. 집에서 나가기 전에 이렇게 말하더군요:

— 여보 (그녀는 항상 나를 이렇게 불렀죠), 사과가 먹고 싶은데 몇 개 갖다 주시면 참 행복할 것 같아요. 얼마 전부터 무척 먹고 싶었는데 안 먹으면 무슨 일이 일어날 것 같아 두려워요.

— 어떻게든 사과를 갖고 오겠소 — 제가 대답했어요.

당장 도시의 모든 시장에 가서 다 찾아봤지만 사과는 하나도 찾을 수 없었습니다. 저는 매우 슬퍼하며 집으로 돌아왔고 아내는 목욕탕에서 돌아와 사과가 없자 잠도 이루지 못했습니다.

다음 날 아침 일찍 일어나 모든 과수원을 돌아다녔지만 역시 사과를 찾지 못했습니다. 내가 만난 매우 나이 든 농부는 나에게 바소라 시의 왕궁에서만 사과를 찾을 수 있을 것이라고 말해 주었습니다.

저는 아내를 너무도 사랑했기 때문에 그녀를 기쁘게 해 주고 싶어, 여행복 차림을 하고 아내와 작별한 다음 바소라 시로 갔습니다. 바삐 서둘러 갔기에 보름 만에 사과 3개를 갖고 돌아왔습니다. 도착하자 사과를 아내에게 주었더니 이젠 먹고 싶은 생각이 없다면서 사과를 방에 두었습니다.

며칠 후 가게에 앉아 있는데 아주 못생긴 흑인 노예가 손에 사과 한 알을 들고 들어오는 것을 보았습니다. 제가 바소라에서 갖고 온 사과 중의 하나였어요.

---

(1) **el baño público** : 공중 목욕탕 (2) **sentirse + 형용사** : ~하게 느끼다 (3) **primo** : 삼촌(여기서는 '여보'라는 호칭으로 쓰였음) (4) **hace tiempo que** ~ : que 이하 한 지 얼마되다. tiempo 자리에 구체적 시간을 명시하면 'que 이하 한 지 몇 년(몇 개월 등)이 되다'의 뜻이다(hacer의 특수 용법임). * Hace un mes que no le veo.(당신을 만나지 못한 것이 한 달이 되었다.) (5) **tener deseo** = desear (6) **a su lado** : 그녀 곁에서 (7) **tener miedo de** ~ : ~을 두려워하다 (8) **baño** : 아랍인들의 풍습으로 도시마다 공중 목욕탕이 많았다. (9) **no pude encontrar ni una** : 사과를 하나도 찾을 수 없었다(no의 부정 다음에 이중의 부정을 할 경우 ni를 쓴다.) (9) **huerta** : *m.* 과수원 (10) **labrador** : *m.* 농부, 농군 (11) **complacer** : 기쁘게 하다 (12) **darse prisa** : 서두르다. * Me di tanta prisa. : 나는 몹시 서둘렀다.

No podía dudarlo, porque yo sabía que no había manzanas en todo Bagdad, ni en los huertos de los alrededores. Llamé al esclavo y le dije:

—¿De dónde has sacado esa manzana?

—Es un regalo que me ha hecho mi amante* —respondió sonriendo—. Hoy fui a verla y estaba algo enferma. Vi que tenía tres manzanas en un cesto en su habitación. Me dijo que su marido había ido a Basora sólo para traerlas. Cenamos juntos y al marcharme tomé esta manzana.

Me quedé muy asombrado y triste. Cerré la tienda y fui corriendo a mi casa. Subí a la habitación de mi mujer, miré si estaban las tres manzanas, y no vi más que dos. Pregunté qué había hecho con la otra manzana y entonces mi mujer volvió la cabeza hacia el cesto y dijo:

—¡Yo qué sé lo que ha pasado con ellas!

Ante esta respuesta*, pensé que lo que me había dicho el negro era cierto. Lleno de celos*, tomé el cuchillo que llevo siempre en la cintura y se lo clavé en la garganta* a mi esposa. Partí en trozos su cuerpo, que metí en esa alfombra, y luego dentro de un cofre. Cuando se hizo de noche, lo tiré al Tigris.

Mis dos hijos pequeños estaban ya acostados* y dormían, pero el tercero aún no había llegado. Cuando volví a casa encontré a mi hijo sentado en la puerta llorando. Le pregunté por qué lloraba.

—Padre —me dijo—, esta mañana cogí una manzana a mi madre sin que se diera cuenta, de las que tú trajiste.

의심할 여지가 없었습니다. 저는 바그다드 시 어느 곳에도 주변 과수원에도 사과가 없다는 것을 알고 있었거든요. 노예를 불러 그에게 말했습니다.
— 어디서 그 사과를 갖고 왔나?
— 제 애인이 저에게 준 선물입니다— 그는 웃으며 대답했습니다—. 오늘 그녀를 보러갔는데 좀 아팠습니다. 방의 바구니에 사과 3개가 있는 것을 보았습니다. 그녀는 저에게 남편이 사과를 가지러 바소라까지 갔었다고 하더군요. 우리는 저녁을 같이 먹었고 제가 나올 때 이 사과를 집어 가지고 왔습니다.

저는 너무 놀라고 슬펐습니다. 가게 문을 닫고 집으로 달려갔습니다. 아내의 방으로 올라가 사과 3개가 있는지 봤지만 두 개밖에 없더군요. 사과 한 개가 어떻게 됐느냐고 묻자 아내는 바구니 쪽으로 고개를 돌리더니 말했습니다:
— 어떻게 됐는지 제가 어떻게 알아요!

아내의 이런 대답을 듣자, 흑인의 말이 사실이라고 생각되었습니다. 질투에 가득 차서, 항상 허리에 갖고 다니던 칼을 뽑아 아내의 목을 찔렀습니다. 몸을 토막내고 양탄자에 싸서 궤짝에 넣고 밤이 되어 티그리스 강에 던졌습니다.

나의 어린 아이들 둘은 이미 잠자리에 들어 잠을 잤지만 셋째 아이는 아직 집에 돌아오지 않았습니다. 제가 집에 돌아가자 그 아이는 문 앞에 앉아 울고 있더군요. 왜 우느냐고 물었지요.
— 아버지— 말했습니다—, 오늘 아침에 어머니한테 말도 안 하고 아버지가 갖고 오신 사과들 중 한 개를 갖고 갔어요.

---

(1) los huertos de los alrededores : 주위의 과수원들 (2) amante : *m. f.* 정부, 연인 (3) estaba algo enferma : 여기에서의 algo는 '약간, 얼마간'이라는 의미의 부사로 쓰였다. (4) no ~ más que : 단지(solamente) (5) volver la cabeza : 고개를 돌리다 (6) con ellas : ellas는 사과를 가리킴 (7) ante esta respuesta : 이러한 대답 앞에 (8) lleno de celos : 질투에 가득 차서 (9) clavar : (못을) 박다, (뾰족한 것으로) 찌르다 (10) garganta : *f.* 목(= cuello), 목구멍 (11) partir : *tr.* 나누다, 쪼개다, 구분하다 *ir.* 출발하다, 출입하다 (12) trozo : *m.* 단편, 쪼가리 (13) hacerse de noche = anochecer (14) acostarse : 잠자리에 들다 (15) sin que + **접속법** : ~함이 없이

La he guardado durante mucho rato, pero cuando estaba en la calle jugando, un negro que pasaba me la ha quitado. Yo le dije que era de mi madre que se encontraba enferma, y que mi padre había tenido que ir muy lejos a buscarla, pero no me la devolvió. Desde entonces he estado paseando fuera de la ciudad[48], esperando a que volvieses, para pedirte que no le digas nada a mi madre, pues tengo miedo a que se ponga peor de su enfermedad.

Después volvió a llorar.

Lo que acababa de contar mi hijo me dio gran pena y me di cuenta de mi maldad. Me arrepentí, pero ya era demasiado tarde[49]. El padre de mi esposa y tío mío llegaba en ese momento; le conté todo lo que había pasado, y que era el más criminal* de todos los hombres. Sin embargo, mi tío, en vez de acusarme*, lloró conmigo amargamente la muerte de su hija, y yo, de una esposa a la que amaba mucho y a la que había dado muerte, por creer las mentiras de un esclavo. Ésta es la confesión que tengo que hacer. Señor, ya sabes todo, puedes castigarme como merezco.

El rey, al oír la historia del joven, exclamó:

—El esclavo es el único que merece ser castigado, por ser el causante* del asesinato.

Y mirando a su ministro, le dijo:

—Te doy tres días para encontrarle; si no lo encuentras, morirás en la horca

---

48) paseándose fuera de la ciudad = por los alrededores, no dentro de la ciudad.

49) demasiado tarde = que no tenía remedio, que no se podía arreglar.

오랫동안 갖고 있었는데, 거리에서 놀고 있을 때 흑인 하나가 지나가다 내게서 사과를 뺏어 갔어요. 저는 그에게, 사과는 편찮으신 어머니 것이고 아버지가 멀리 가서 그것을 갖고 왔다고 말해도 돌려 주지 않았어요. 그 때부터 저는 계속 밖에서 서성이면서 아버지가 돌아오시길 기다렸어요. 어머니가 더 편찮으실지 모르니까 어머니한테는 말하지 말아 달라고 부탁드리려고요.

그리고 다시 울었습니다.

아들의 말을 듣고 마음이 아프고 제가 얼마나 나쁜 짓을 했는지 알게 되었죠. 후회했지만 이미 너무 늦었죠. 아내의 아버지이자 제 삼촌인 장인이 그 때 오셔서 모든 얘기를 다 해 드리고 제가 사람들 중 가장 큰 범죄자라고 했습니다. 그러나 제 삼촌은 저를 범인으로 추궁하시기보다는 저와 함께 딸의 죽음을 고통스럽게 슬퍼하시고, 저 또한 노예의 거짓말을 믿고 제가 죽인 사랑하던 아내의 죽음을 고통스러워하며 울었습니다. 이것이 제가 해야만 하는 고백입니다. 전하, 이제 다 아셨으니 응당히 벌을 내려 주십시오.

왕은 그 젊은이의 자초지종을 듣고 말했습니다:

— 노예가 범죄를 일으킨 장본인이기 때문에 그놈만이 벌을 받아야 하오.

수상을 보며 말했습니다:

— 그 자를 찾기 위하여 3일을 주겠소. 만약 노예를 찾지 못하면 당신은 교수대에서 죽을 것이오.

---

(1) durante mucho rato : 오랫동안 (2) encontrarse : (어떤 장소나 상태에) 있다 (=hallarse, verse, estar) (3) desde entonces : 그 때로부터 (4) paseándose fuera de la ciudad : 도시 밖으로 산보를 하면서 (5) Esperar a que ~ : ~하기를 기다리다. esperar que ~ : ~할 것을 기대하다 (6) ponerse peor de su enfermedad : 병세가 악화되다 (7) acabar de + inf. : 지금 막 ~하다 (8) maldad : f. 못된 짓, 나쁜 짓, 부정함, 사악함 (9) arrepentirse : (de 앞에서) ~을 후회하다 (10) ya era demasiado tarde : 이미 너무나 늦었다, 달리 손쓸 방도가 없다 (11) el más criminal de todos ~ : 형용사 criminal의 최상급 형태 (12) sin embargo : 그러나, 그럼에도 불구하고 (13) acusar : 비난하다, 고발하다 (14) amargamente : 고통스러운 듯이 (15) llorar : 울다, 눈물을 흘리다. tr. 탄식하다, 슬퍼하다. 여기서는 후자. (16) merecer : (상이나 벌로서) 받을 만하다

El desgraciado ministro, que ya se creía salvado*, se quedó horrorizado con esta nueva orden, pues estaba seguro de no poder encontrar al esclavo negro.

—Es imposible —decía— que en una ciudad tan grande como es Bagdad y donde hay tantos esclavos negros encuentre al que busco.

Pasó los dos primeros días en compañía de su familia, llorando y quejándose de la severidad* del rey y, cuando llegó el tercer día, se preparó* para morir. Llamó a un criado para que buscara a un notario* y firmó su testamento*; después, abrazó a su mujer y a sus hijas. Toda la familia lloraba ante un hecho tan cruel.

El ministro se disponía a ir al palacio, cuando llegaron dos de sus hijas pequeñas para despedirse de él. Se acercó* a ellas para besarlas y al abrazar a la más pequeña, vio que tenía algo* escondido* debajo del vestido.

—Hija mía, ¿qué es lo que tienes? —le preguntó.

—Querido padre -respondió—, es una manzana que me ha vendido el esclavo Rian por dos monedas.

Al oírlo, el ministro mandó llamar al esclavo, y le dijo:

—¿De dónde has sacado esa manzana?

—Señor —respondió—, se la quité* a un chico* que estaba jugando en la calle y, aunque me la pidió, no quise devolvérsela. Luego se la vendí a la niña por dos monedas.

El ministro estaba asombrado al pensar que la estupidez* del esclavo había sido la causa de la muerte de una mujer inocente* y casi también de su propia muerte.

불행한 수상은 이제 살았다고 생각했는데, 새 명령 때문에 겁에 질렸습니다. 왜냐 하면 흑인 노예를 못 찾을 것이라고 확신했으니까요.
　— 바그다드처럼 큰 도시에서, 그리고 흑인 노예가 이처럼 많은 곳에서 그놈을 찾는다는 것은 불가능합니다 — 라고 그는 말했습니다.
　이틀 동안은 가족 옆에서 왕의 냉정함을 한탄하고 슬퍼하며 보냈고, 셋째 날에는 죽을 준비를 했습니다. 하인을 불러 공증인을 부르라 하고 유언장에 서명을 한 후에 부인과 딸들을 포옹했습니다. 그토록 잔인한 사건에 대해 가족 모두 울었습니다.
　수상이 궁으로 떠나려 할 때 작은딸 둘이 그에게 작별 인사를 하러 왔습니다. 그는 그녀들에게 입을 맞추려 가까이 다가갔고, 막내딸을 안았을 때 그녀가 옷 밑에 뭔가 숨기고 있다는 것을 알았습니다.
　— 얘야, 이게 뭐냐? — 수상이 물었습니다.
　— 사랑하는 아버지 — 대답했어요 —, 노예 리안이 동전 두 개에 제게 판 사과예요.
　그것을 듣고 수상은 그 노예를 불러 오라 했습니다. 그리고 그에게 말했습니다.
　— 어디서 그 사과를 갖고 왔느냐?
　— 나으리 — 대답했습니다 —, 거리에서 놀고 있는 아이에게서 뺏었습니다. 제게 돌려 달라고 했지만 안 돌려 줬어요. 그리고 나서 이 여자 아이에게 동전 두 개를 받고 팔았어요.
　수상은 노예의 바보 짓으로 죄없는 여자가 죽고 자신도 죽을 뻔했다고 생각하니 놀라웠습니다.

---

(1) creerse salvado : (자신이) 구제되었다고 믿다 (2) están seguro de + inf. : ~을 확신하다 (3) tan A como B : B만큼 A도 (4) al que busco : al esclavo que yo busco(내가 찾는 노예를) (5) en compañía de : ~과 함께(= acompañado de) (6) quejarse de : ~에 대해 불평하다 (7) severidad : f. 엄격, 엄숙, 준엄 (8) notario : m. 공증인, 서기 (9) testamento : m. 유서. (10) disponerse a + inf. : ~하고자 하다, ~할 준비·태세를 갖추다 (11) la más pequeña : 가장 어린 딸. 형용사 pequeño의 최상급 (12) tener algo escondido : tener 동사가 직접보어의 성·수에 의해 변화된 과거분사와 어울려 '~해 두고 있다' (13) debajo del vestido : 옷 밑에 (14) querido (da) : 좋아하는, 친애하는 m. 애인, 좋아하는 사람 (15) se la quité a un chico : 나는 한 소년에게서 그것을 (사과) 빼앗았다. (se는 un chico와 동격의 목적대명사이다)

Cuando se lo contó al rey, no pudo contenerse y empezó a reírse. Le dijo al ministro que su esclavo merecía un castigo ejemplar* por todo el daño que había causado.

—Estoy de acuerdo, señor —respondió el ministro—, pero yo sé una historia aún más asombrosa: la de un ministro de El Cairo, llamado Alí, y de ChensedinMohamed, su hermano. Y como sé que a su Majestad le gustan las historias, se la contaré, a cambio* de que deje libre a mi esclavo.

—Estoy de acuerdo —replicó el rey—, pero no creas que puedes salvarle, porque la historia de las tres manzanas es la más asombrosa que he conocido.

El ministro comenzó la historia siguiente.

*   *   *

Aquí cesó de hablar la reina, porque empezaba a amanecer y el rey daba muestras de impaciencia. Cuando la reina calló, el rey salió de la habitación, no sin antes decir que esperaba oír la historia a la noche siguiente.

Con la alegría de ver que el rey parecía olvidar el deseo de matar a todas sus esposas, la reina Scherezade empezó la siguiente historia cuando llegó la noche:

왕에게 이야기해 주자 그는 참지 못하고 웃음을 터뜨렸습니다. 일어난 모든 일에 대해 본보기로 그의 노예가 벌을 받아야 한다고 수상에게 말했습니다.

—물론입니다, 전하—수상이 대답했습니다—, 그러나 이보다 더 놀라운 이야기를 알고 있습니다 : 카이로의 수상인 알리와 첸세딘-모하메드의 이야기입니다. 전하께서 이야기를 좋아하시니, 제 노예를 풀어 주시는 대신 들려 드리겠습니다.

—좋소—왕은 말했습니다—, 그러나 그놈을 살릴 수 있을 것이라 생각하진 말게. 사과 세 개에 대한 이야기가 내가 들은 것 중 제일 놀라운 이야기니까.

수상은 다음 이야기를 시작했습니다.

*　　　　*　　　　*

여왕은, 날이 밝아 오고 왕이 안절부절못하자 여기서 이야기를 끝냈다. 여왕이 입을 다물자 왕은 다음 날 밤에 이야기를 듣겠노라 말하고 방에서 나갔다.

밤이 되었고 왕이 자기의 모든 부인들을 죽이고 싶어하는 욕망을 잊어 버린 듯이 보이자, 세레사데 여왕은 기뻐서 이야기를 시작했습니다 :

---

(1) contenerse : 자제, 억제하다, 참다. contenerse en ~ : ~을 억제하다 (2) reírse : 웃다, 비웃다 (3) castigo ejemplar : 본보기가 되는 벌 (4) daño : *m*. 해, 손해 (5) estar de acuerdo (con alguien) : (~의 의견에) 동의하다 (6) la más asombrosa que he conocido : 내가 알아 온 중 가장 놀라운 (7) Su Majestad = Vuestra Majestad (8) a cambio de ~ : ~대신으로 (9) dejar libre a ~ : ~를 풀어 주다, 자유롭게 해 주다 (10) cesar de + inf. : ~하는 것을 멈추다 (11) dar muestras de : ~하는 표정이다. *cf.* daba muestras de alegría : 기뻐하는 표정이었다 (12) callar : *tr.* 말하지 않고 두다. ~se 입을 다물다, 잠자코 있다

15. HISTORIA DE ALÍ Y CHENSEDIN-MOHAMED

En Egipto había un rey, muy justo y misericordioso*, al que respetaban sus súbditos. Amaba a los pobres, y a los sabios* les daba los promeros puestos[50] del reino.

El primer ministro de aquel rey era un hombre también justo, inteligente y bueno. Conocía, además, todas las ciencias y ayudaba a los artistas. Este ministro te nía dos hijos muy bellos y tan buenos como su padre. El mayor se llamaba Chensedin-Mohamed y el más pequeño, Alí, tenía todas las virtudes posibles en un hombre.

Cuando murió el ministro, el rey envió a buscar a los dos hermanos y mandó que los vistiesen con las túnicas* de ministros.

—Siento mucho —les dijo— que haya muerto vuestro padre. Me da tanta pena como a vosotros mismos, y para que veáis que es cierto* os nombraré* primer ministro a los dos hermanos.

Dieron las gracias al rey y volvieron a su casa. Al cabo[51] de un mes, fueron por primera vez al consejo* del ry y desde entonces continuaron asis tiendo siempre a estas reuniones de ministros. Además, siempre que el rey iba de caza, se llevaba a uno de los dos hermanos.

Un día, mientras hablaban después de la cena, el hermano mayor le dijo al más pequeño:

---

50) los primeros puestos = los trabajos más importantes.
51) Al cabo de un mes = Pasado un mes.

15. 알리와 첸세딘-모하메드의 이야기

이집트에는 모든 신하들이 존경하는, 공평하고 자비로운 왕이 있었습니다. 가난한 사람들을 사랑하고 현자들에게 조정의 주요 직책을 맡겼습니다.

수상도 공평하고 영특하며 선한 사람이었습니다. 게다가 모든 학문에 능통했으며 예술가들을 도와 주었습니다. 수상에겐 아버지처럼 아주 잘생기고 선한 아들 둘이 있었습니다. 큰아들은 첸세딘-모하메드이고 작은아들은 알리였습니다. 알리는 사람이 갖출 수 있는 모든 덕을 갖추었습니다.

수상이 죽자 왕은 두 형제를 불러 수상 관복을 입히도록 했습니다.

— 아버지의 죽음에 애도를 표하네 — 왕이 말했습니다. 자네 둘만큼 내 마음도 아프다네. 그러니 자네 둘을 수상직에 임명하겠네.

왕에게 감사를 드리고 그들은 집으로 돌아갔습니다. 한 달 후에, 그들은 처음으로 국무 회의에 참석하였고 그 때부터 계속 참석했습니다. 그 외에도 왕은 사냥을 나갈 때면 항상 두 형제 중 한 명을 데리고 갔습니다.

어느 날, 저녁 식사 후에 형이 동생에게 말했습니다:

---

(1) **había** : haber 동사가 무인칭 동사로서 제3인칭 단수형으로 쓰인다. 현재형은 hay 이다. '~이 있다' (2) **misericordioso** : 인정이 많은, 자비로운 (3) **los primeros puestos** : 제 1 의 직책. 즉 가장 중요한 직책이란 의미. (4) **el primer ministro** : 총리 혹은 수상 (5) **ciencia** : *f.* 지식, 학문: 과학, 기능 (6) **los artistas** : 예술가들 (7) **llamarse ~** : ~라 불리다 (8) **todas las virtudes posibles en un hombre** : 한 남자에게서 가능한 모든 미덕 (9) **vestir** : *tr.* 입하다, 치장시키다. vestirse 옷을 입다(재귀동사) (10) **siento mucho** : 매우 유감이다 (11) **nombrar a alguien+직책** : ~을 ~ 직책에 임명하다 (12) **al cabo de un mes** : 한 달이 지나서 (13) **por primera vez** : 처음으로(= por vez primera) (14) **sejo** : *m.* 심의회, 내각. *f.* consejo de ministros : 국무 회의 (15) **stir a ~** : ~에 참석하다 (16) **además** : 게다가, 그 밖에 (17) **siempre que ~** : ~하면 언제나 (18) **ir de caza** : 사냥하러 가다. ir de compras : 쇼핑하러 가다

—Hermano mío, ya que aún no nos hemos casado ninguno de los dos, y como estamos siempre juntos, sería una pena que al casarnos nos tuviéramos que separar. He pensado que podíamos buscar a dos hermanas, y casarnos con ellas.

Alí respondió:

—Me parece muy buena idea y estoy dispuesto a hacer lo que quieres.

—Mi fantasía* es muy grande —repuso Chensedin-Mohamed—. Si nuestras mujeres se quedan embarazadas* el día de la boda y dan a luz[52] el mismo día, nuestros hijos, si son varón* y hembra*, podrán casarse. Ese casamiento haría aún mayor nuestra unión* y daría con gusto mi consentimiento*.

—Pero, hermano —añadió Alí—, ¿si se casaran pedirías dote*?

—Por eso no te preocupes —replicó el mayor—; estoy seguro que, además de la dote normal, me darías tres mil monedas más, tres buenas casas y tres esclavos.

—¿No somos hermanos y compañeros, con un mismo trabajo para los dos?. y ¿cómo sabes tú que es el varón y no la hembra quien debe dar la dote? Me parece que quieres aumentar tu dinero con el mío.[53]

---

52) dan a luz = tienen un hijo.
53) aumentar tu dinero con el mío = unir el dinero de los dos con el fin de quedarse con todo.

―아우야, 우리는 둘 다 결혼도 안 하고 항상 같이 있으니 결혼하게 되어서 헤어지면 얼마나 섭섭하겠느냐. 생각해 봤는데 두 자매를 찾아 우리 둘이 결혼하는 것이 어떻겠느냐?

알리가 대답했습니다 :

―아주 좋은 생각이에요. 저는 형이 원하는 것을 할 준비가 되었어요.

―내 꿈은 크단다―첸세딘-모하메드가 말했습니다―만약 부인들이 결혼한 날 아이를 갖게 되어 같은 날 아이를 낳고, 그 아이들이 남자와 여자라면 서로 혼인할 수도 있지. 그 혼인은 우리의 화합을 더욱 강하게 해 줄 것이며 나는 기꺼이 승낙을 하겠다.

―하지만, 형님―알리가 말했습니다―, 둘이 결혼을 하면 지참금을 요구하실 겁니까?

―그건 걱정하지 말아라―형이 말했어요―정상적인 지참금 외에도 너는 금화 3천 개와 좋은 집 세 채와 노예 셋을 더 주겠지.

―우리는 형제이고 같은 일을 하는 동료가 아닌가요? 형님은 여자가 아니라 남자 쪽에서 지참금을 주어야 하는 것을 어떻게 아시죠? 내 돈으로 형님의 재산을 늘리려고 하는 것 같군요.

---

(1) ya que ~ : ~이므로, ~하기 때문에 (2) estar juntos : 함께 있다 (3) fantasía : f. 공상, 환상, 꿈 (4) quedarse embarazada : 임신을 하다 (5) dar a luz : 출산하다 (6) varón : m. 남성, 수컷 (7) hembra : f. 여성, 암컷 (8) casamiento : m. 결혼 (9) nuestra unión : 우리들의 결합, 유대 (10) dar consentimiento : 승낙하다 (11) con gusto : 기꺼이 (12) dote : 지참금, 재산. * en dote : 지참금으로 (13) preocuparse : 걱정하다 (14) además de : ~이외에, 더욱이 (15) la dote normal : 일반적인 지참금 (16) compañero : m. 동료 (17) aumentar tu dinero con el mío : 돈을 합치기 위해 두 사람의 것을 하나로 하다

Aunque Alí decía esto en tono de broma,[54] a su hermano no le gustó la contestación, y dijo:

—¡Pobre hijo el tuyo! —contestó enfadado—, ya prefieres a mi hija. Me asombra tu atrevimiento. Debes estar loco para quererte comparar conmigo[55] diciendo que somos iguales y compañeros. Después de lo que has dicho, no querré casar a mi hija con tu hijo, aunque le dieras grandes riquezas.

Esta estúpida discusión* entre los dos hermanos no debía haber ocurrido, pues eran cosas que aún no habían sucedido, del futuro, pero Chensedin-Mohamed llegó hasta amenazar a su hermano:

—Si no fuera porque mañana debo ir con el rey —dijo—, te daría lo que te mereces*; pero cuando vuelva, verás, que un hermano menor no debe hablar así al mayor.

Después de estas palabras, se fue a su habitación, y su hermano Alí a la suya.

Chensedin-Mohamed se levantó al día siguiente de madrugada*. Marchó al palacio y salió con el rey por el camino de El Cairo hacia las Pirámides*.

Alí había pasado la noche con gran tristeza, y después de pensar que ya no podía vivir en la musma casa con su hermano, tomó una decisión*. Mandó que le trajeran una mula*, subió en ella algunas joyas, dinero y comida y dijo a los criados que se iba durante algún tiempo de viaje.

---

54) en tono de broma = sin seriedad, sonriendo, bromeando.
55) comparar conmigo = igualarte conmigo, ser como yo.

비록 알리는 농담조로 말했지만, 형은 그의 대답에 기분이 나빠 말했어요:

— 네 아들이 불쌍하구나! — 화가 나서 말했어요 —, 너는 벌써 내 딸을 원하는구나. 참으로 당돌하구나. 너와 내가 형제이고 동료라고 말하면서, 나와 똑같아지려고 하니 너는 미친 게로구나. 네 말을 듣고 보니 내 딸을 네 아들과 혼인시키고 싶지 않구나. 비록 큰 재산을 준다 해도 말이다.

아직 있지도 않은 미래의 일에 대한 이런 바보 같은 말다툼은 없었어야 하는데 첸세딘-모하메드는 동생을 협박하기까지 했습니다.

— 만일 내일 내가 왕과 나가야 할 일만 없다면 — 형이 말했습니다 —, 나는 네가 받을 만한 대가를 줄 텐데. 그러나 내가 돌아오면, 동생이 형한테 그렇게 말을 해서는 안 된다는 것을 보여 주겠다.

이렇게 말하고 그는 자기 방으로 갔으며 아우 알리도 자기 방으로 갔습니다.

첸세딘-모하메드는 다음 날 새벽에 일어났습니다. 궁으로 가서 왕과 함께 피라미드가 있는 카이로로 갔습니다.

알리는 슬퍼하며 밤을 지냈고 더 이상 같은 집에서 형과 살 수 없다고 생각해 결단을 내렸습니다. 노새를 끌고 오라고 하고 보석 몇 개와 돈과 식량을 싣고 하인들에게는 한동안 여행을 떠날 것이라 말했습니다.

---

(1) **en tono de broma** : 농담조로 (2) **¡Pobre hijo el tuyo!** : 네 아들이 불쌍하구나! (pobre hijo : 불쌍한 아들, hijo pobre : 가난한 아들) (3) **preferir A a B** : B보다 A를 더 좋아하다 (4) **te daría lo que te mereces** : 네가 받을 만한 것을 너에게 줄 텐데(가정문 현재문의 주절임) (5) **atrevimiento** : 대담, 물불을 가리지 않음, 거만 (6) **comparar conmigo** : 나와 똑같기 위해서는 (7) **no debía haber ocurrido** : 일어나지 말았어야 했다 (8) **llegar hasta + inf.** : ~하기까지 이르렀다 (9) **amenazar** : tr. 협박하다 (10) **un hermano menor** : 동생 (11) **a la suya** : a su habitación (12) **madrugada** : f. 새벽 (13) **tomar una decisión** : 결정을 내리다 (14) **mula** : f. (암)노새

Cuando estuvo fuera de El Cairo, marchó por el desierto hacia Arabia*. La mula murió en el camino y tuvo que seguir su viaje a pie[56]. Una caravana* que iba a Basora le recogió* y, cuando llegaron a la ciudad, Alí se quedó después de dar las gracias al jefe de la caravana.

Iba andando por las calles, en busca de un sitio* donde pasar la noche[57] cuando vio venir hacia él a un hombre, acompañado de varias* personas. Todas las personas que pasaban por la calle se detenían para mirar a este hombre. Alí también se paró* y vio que era el primer ministro de Basora, que paseaba por la ciudad, para ver el orden* que había por las calles.

El ministro se fijó[58] en el joven, que le pareció muy agradable, le miró con cariño y le preguntó quién era.

—Señor —le respondió—, soy egipcio, de El Cairo, y he abandonado mi país, tan justamente enfadado que estoy decidido a no volver y a seguir viajando por todo el mundo.

El primer ministro del rey, que era un noble* anciano, al oír estas palabras, le dijo:

—Hijo mío, no hagas eso. Por el mundo hay muchas desgracias y tú no sabes las penas que tendrás que sufrir. Si quieres, ven conmigo, y quizá te haga olvidar el motivo que te obligó a dejar tu país.

---

56) tuvo que seguir su viaje a pie = andando.
57) un sitio donde pasar la noche = donde dormir.
58) se fijó = puso más atención, miró con más cuidado.

카이로를 지나 사막을 건너 아라비아로 향했습니다. 노새는 길에서 죽고 그는 걸어서 여행을 해야 했어요. 바소라로 가던 캐러밴이 그를 도시까지 데려다 주었고 그는 도시에 도착하여 단체의 대표에게 감사를 드리고 그곳에 머물렀습니다.
　밤에 묵을 곳을 찾아 거리를 헤매는데 여러 사람을 동반하고 그를 향해 오는 남자를 보았습니다. 거리를 지나던 모든 사람들은 그를 보려고 멈춰 섰습니다. 알리도 멈춰 섰고 그는 거리의 질서를 확인하러 도시를 돌아다니던 바소라의 수상이었습니다.
　수상은 젊은이를 뚫어져라 쳐다보더니 매우 유쾌한 것 같아서 부드럽게 젊은이를 바라보다 누구냐고 물었습니다.
　— 수상 각하 — 대답했습니다 —, 저는 카이로에서 온 이집트 사람입니다. 저는 정당한 이유로 무척 화가 나서 제 나라를 버렸고 다시는 돌아가지 않고 계속해서 세상을 두루 돌아다닐 생각입니다.
　점잖은 노인인 수상은 그의 말을 듣고 말했습니다:
　— 젊은이, 그러지 말게. 세상엔 불행한 일이 많고 어떤 고통을 겪게 될지 모른다오. 원하면 나를 따라오게, 어쩌면 나라를 떠나게 한 그 이유를 잊을지도 모르니까.

---

(1) **tuvo que seguir su viaje a pie** : 도보로, 걸어서 여행을 계속해야만 했다 (2) **caravana** : 캐러밴(사막에서 위험을 피하여 함께 여행하기 위한 여행자들의 행렬) (3) **ir andando por ~** : ~를 걸어다니다 (4) **un sitio donde pasar la noche** : 잠을 잘 장소 (5) **acompañado de ~** : ~와 동행하여 (6) **detenerse** : 멈춰 서다(= pararse) (7) **el orden** : 질서. 여성형 la orden으로 쓰이면 '명령'의 의미 (8) **fijarse en ~** : ~에 시선을 붓다, 주의를 기울이다 (9) **noble** : m. 귀족. adj. 귀족의, 고귀한, 숭고한 (10) **ven** : venir의 2인칭 단수 명령형 (11) **obligar+목적격+a+inf.** : ~에게 ~를 하도록 강요하다

Alí acompañó al anciano ministro de Basora, que en seguida tuvo un gran cariño por él, pues era un joven muy virtuoso*.

Un día, mientras hablaba con Alí, le dijo:

—Hijo mío, ya ves que soy muy viejo y no viviré mucho tiempo. Tengo una hija muy hermosa y que ya tiene edad para casarse. Varios amigos de esta ciudad quieren que se case con sus hijos, pero prefiero* que se case contigo, si la quieres. Yo arreglaré todo para que no se enfaden.

Al oír estas palabras, el joven se arrodilló ante él y respondió que estaba dispuesto a obedecerle en todo lo que quisiera. Entonces el anciano llamó a sus criados, les ordenó que arreglasen* el salón principal para hacer un gran banquete* y mandó avisar a todas las personas más importantes* del país y de la ciudad.

—Voy a deciros un secreto que he tenido guardado* hasta ahora —dijo el ministro a sus invitados—: tengo un hermano que es primer ministro del rey de Egipto y me ha enviado a su hijo, para que se case con mi hija. Es este joven y espero que todos asistan a la boda que voy a celebrar hoy mismo.

Con este pretexto*, a ninguno de aquellos caballeros les pareció mal que hubiese preferido casar a su hija con su sobrino*, y le prometieron asistir a la boda, deseándole que Dios le diera larga vida para ver a los hijos[59] que nacieran de aquella boda.

---

59) larga vida para ver a los hijos = ver a sus nietos, hacerse muy viejo, vivir muchos años.

알리는 바소라의 수상을 따라갔고 그는 곧 젊은이와 가까워졌습니다. 덕이 많은 젊은이였으니까요.

어느 날, 알리와 얘기하면서 말했죠:

— 애야, 너도 알다시피 나는 너무 늙고 오래 살지 못할 것이다. 내게는 아주 아름다운 딸이 하나 있는데 결혼할 나이가 되었단다. 이 도시의 많은 친구들이 서로들 그들의 아들을 혼인시키려 하지만, 네가 원한다면 너와 결혼했으면 좋겠다. 모두들 화내지 않게 다 처리하마.

그 말을 듣자, 젊은이는 그 앞에 무릎을 꿇고 그가 원하는 모든 것을 따를 만반의 준비가 되었다고 대답했습니다. 그러자 노인은 하인들을 불러 큰 파티를 열게 중앙 홀을 정리하고 도시와 전국의 모든 유명 인사들을 초청하라 했습니다.

— 지금까지 지켜 왔던 비밀 하나를 여러분께 알리겠습니다 — 손님들에게 수상이 말했습니다 — : 이집트의 수상인 형이 있는데 내 딸과 혼인하도록 그 아들을 보냈습니다. 이 젊은이인데 오늘 있을 결혼식에 모두 참석해 주시기 바랍니다.

그 이유에 그 곳 신사들의 어느 누구도 그가 조카와 딸을 혼인시키려 하는 것을 이상하게 생각하지 않았고 모두들 결혼식에 참석하겠다고 했으며, 손자들을 볼 수 있도록 신께서 장수를 내려 달라고 빌었습니다.

---

(1) virtuoso : 덕망이 높은, 덕스러운, 지조 있는 (2) No viviré mucho tiempo : 오래 살지는 못할 것이다 (3) tener edad para casarse : 결혼 적령기가 되다 (4) banquete : *m.* 연회, 대연회 (5) avisar : 알리다, 통지하다 (6) guardar el secreto : 비밀을 지키다 (7) asistir a ~ : ~에 참석하다 (8) pretexto : *m.* 변명, 핑계 (9) sobrino(a) : *m.f.* 조카

En cuanto todos estuvieron reunidos en casa del ministro, se sentaron a la mesa. Después de comer sirvieron dulces* y luego entraron los criados con el contrato de matrimonio. Las personas más importantes lo firmaron y después se marcharon todos los invitados.

Entonces, el ministro mandó que llevasen a Alí al baño que había mandado preparar; le vistieron con una ropa muy elegante y le perfumaron con las más deliciosas esencias*. Volvió Alí con su suegro*, que se quedó asombrado al ver la belleza del joven.

—Hijo mío —le dijo—, me has dicho quién eres y el cargo* que tenías en la corte* de Egipto; me dijiste también que te habías enfadado con tu hermano y que por eso te fuiste. Te pido que tengas confianza* en mí y me cuentes cuál fue el verdadero motivo de vuestra discusión.

Alí le contó todo, y el anciano comenzó a reírse sin poderse contener.[60]

—¿Es posible, hijo mío, que vuestra discusión haya sido por algo imaginario*? Veo, sin embargo, que la culpa la tiene tu hermano, y debo dar gracias a Dios, por darme un yerno como tú. Ya es tarde —añadió el anciano— y tu esposa te espera. Mañana te presentaré al rey y espero que te reciba muy bien.

Lo más asombroso de esta historia —siguió contando el ministro— es que el mismo día, también se casaba, en El Cairo, el hermano mayor, Chensedin-Mohamed.

---

60) sin poderse contener = sin poder evitarlo, sin voluntad.

모두들 수상 집에 모여 상에 앉았습니다. 식사가 끝나고 후식을 들여오고 곧 하인들이 혼인 서약서를 갖고 왔습니다. 중요한 사람들이 거기에 서명을 하고 손님들은 모두 돌아갔습니다.
　그리고, 수상은 알리를 욕실로 데려가 멋있는 옷을 입히고 좋은 향수를 뿌리게 했습니다. 장인과 돌아온 알리는 신부의 아름다움에 놀랐습니다.
　—애야—수상이 말했습니다—, 네가 누군지 그리고 이집트의 궁정에서 무슨 직책을 맡았는지 나에게 말했었지. 그리고 역시 네가 형에게 화가 나서 나라를 떠났다고 말해 주었지. 내게 믿음을 갖고 형과 다툰 분명한 이유를 말해 다오.
　알리는 모든 것을 얘기했고 노인은 참지 못하고 웃음을 터뜨렸습니다.
　—애야, 상상 속의 일로 다투게 된 것이 사실이냐? 하지만 잘못은 네 형에게 있고 너와 같은 사위를 맞게 되어 신께 감사를 드린다. 시간이 늦었구나—노인이 덧붙였다—네 아내가 기다린다. 내일 너를 왕에게 소개할거니 그의 마음에 들기 바란다.
　이 이야기의 가장 놀라운 것은—수상이 계속했습니다—같은 날 카이로에서 형 첸세딘-모하메드도 혼인을 한 것입니다.

---

(1) en cuanto ~ : ~하자마자 (2) larga vida para ver a los hijos : 오랫동안 살다, 장수하다 (3) perfumar : *tr.* 향수를 치다, 향긋하게 만들다 (4) suegro(a) : *m. f.* 장인(장모) 혹은 시아버지(시어머니) (5) cargo : *m.* 직위, 직책 (6) por eso : 그래서, 그러므로 (7) tener confianza en ~ : ~을 믿다 (8) el verdadero motivo : 진정한 동기 (9) sin poderse contener : 참지 못하고 (10) algo imaginario : 상상의 일 (11) yerno : *m.* 사위(nuera : *f.* 며느리)

Cuando Alí se marchó de su lado pensando no volver más, Chensedin-Mohamed, que, como ya he dicho, se había ido a cazar con el rey de Egipto, al volver a su casa fue a buscar a su hermano para pedirle perdonó por la injusticia que había hecho. Vio que se había marchado y se entristeció mucho cuando no volvió, y decidió ir a buscarle. Mientras tanto[61] pensó casarse y lo hizo con la hija de uno de los caballeros más nobles de El Cairo, el mismo día que su hermano también se casaba en Basora.

—Aún sucedió algo más —dijo el ministro—; al cabo de nueve meses, las dos mujeres dieron a luz. La mujer de Chensedin-Mohamed tuvo una niña en El Cairo, al mismo tiempo que en Basora la mujer de Alí tenía un niño. Alí puso de nombre a este niño Mohamed, en recuerdo de su hermano.

El primer ministro de Basora estaba muy contento con su nieto*, y para dar a su yerno una prueba más de su cariño, le dio su cargo de ministro. El anciano se sentía feliz de ver a Alí como ministro, pues de esta manera ya podía morir tranquilo[62].

El anciano murió cuatro años después de la boda de su hija, con la alegría de tener un nieto. Cuando este niño tuvo siete años, tenía un profesor que le enseñaba y le daba una educación digna de su nacimiento. El niño tenía una gran inteligencia y era muy estudioso; aprendió a leer y sabía el Corán* de memoria.

---

61) Mientras tanto = En ese espacio de tiempo.
62) morir tranquilo = con todo arreglado, en paz.

전에 말씀드렸듯이, 알리가 다시는 돌아오지 않을 생각으로 집을 떠났을 때 첸세딘-모하메드는 이집트의 왕과 사냥을 나갔었고 집에 돌아와서는 동생에게 그의 부당함을 사과하려 했습니다. 동생이 떠난 것을 알고 무척 슬퍼했고 돌아오지 않자 그를 찾아 나서기도 했습니다. 그러는 동안 결혼하기로 마음먹고 바소라에서 동생이 결혼을 하는 그 날, 카이로에서 가장 훌륭한 기사들 중 한 사람의 딸과 결혼했습니다.
　─더 많은 일들이 있었지만 ─ 수상이 말했습니다 ─ 9개월 후 두 부인은 아이를 낳았습니다. 첸세딘-모하메드의 부인이 카이로에서 딸을 낳는 시간에 바소라에서는 알리의 부인이 아들을 낳았습니다. 알리는 형을 기억하는 마음에서 아이의 이름을 모하메드라 지었습니다.
　바소라의 수상은 손자가 태어나 무척 기뻤고, 사위에 대한 사랑의 표시로 수상 자리를 물려주었습니다. 노인은 알리가 수상이 된 것에 행복했고 이제는 편히 눈을 감을 수 있었습니다.
　노인은 딸이 결혼한 지 4년 만에 손자를 얻은 기쁨을 안고 죽었습니다. 그 아이가 7살이 되자 그를 가르치고 그의 출신에 맞는 교육을 시키는 선생을 갖게 되었습니다. 아이는 무척 영리하고 공부도 열심히 했습니다. 읽는 것을 배우고 코란을 외우기도 했습니다.

---

(1) marcharse de ～ : ～을 떠나다 (2) pedir perdón : 용서를 빌다 (3) mientras tanto : 그럭저럭 하는 사이에, ～하는 동안에 (4) al cabo de : ～끝에, ～후에 (5) al mismo tiempo que : que 이하 하는 것과 동시에 (6) poner de nombre : 이름을 지어 주다 (7) en recuerdo de ～ : ～을 추억하여, 기억하여 (8) morir tranquilo : 편안하게 죽다 (9) estar contento con ～ : ～에 대해 만족하다 (10) de esta manera : 이런 식으로 해서 (11) aprender a + inf. : ～하는 것을 배우다 (12) saber de memoria : 암기로 알다

Su padre, Alí, le puso otros profesores que le enseñaron tantas cosas que a los doce años ya no los necesitaba. Su inteligencia y la perfección de su cara admiraba a todos los que le veían. Su padre, Alí, sólo pensaba en hacerle estudiar y no le había presentado todavía al rey. Entonces, cuando tuvo doce años, le llevó al palacio para que le conociera.

Desde pequeño, Alí intentó preparar a su hijo Mohamed para ser primer ministro y darle su puesto cuando fuera mayor.[63] Un día Alí se sintió muy enfermo y, dándose cuenta de que no tardaría mucho en morir, quiso prepararse[64] como todo buen musulmán. Mandó llamar a su hijo, Mohamed, al que dijo:

—Hijo mío, ya ves que la vida es corta*, pero donde yo voy a ir[65] es para siempre. Es necesario que sepas esto y empieces a prepararte para que tu conciencia* no se pueda arrepentir de nada, siendo un buen musulmán y un hombre honrado. En cuanto a la religión, ya sabes de ella bastante con lo que te han enseñado tus maestros y con lo que has leído. Pero para ser un hombre honrado y bueno te voy a dar algunos consejos. Es necesario conocerse a sí mismo[66], y tú no puedes conocerte sin saber quién soy yo, tu padre.

---

63) cuando fuera mayor = cuando tuviera edad para trabajar.
64) quiso prepararse = quiso disponer todas sus cosas antes de morir.
65) donde yo voy a ir = se refiere a la muerte.
66) Es necesario conocerse a sí mismo = Saber cómo es uno mismo.

그의 아버지 알리는 그에게 많은 것을 가르쳐 줄 다른 선생님들도 두었는데 12살이 되자 선생님들이 필요 없게 되었습니다. 그를 보는 사람마다 그의 잘생긴 용모와 뛰어난 머리에 감탄을 했습니다. 아버지 알리는 아들을 공부만 시키고 왕에게 아직 소개시키지 않았습니다. 그래서 12살이 되자 왕에게 아들을 보여 주러 궁에 데려갔습니다.

　어려서부터, 알리는 그의 아들 모하메드를 수상의 재목으로 키워 성인이 되었을 때 그의 자리를 물려주려고 했습니다. 어느 날 알리가 병석에 들자 얼마 안 있어 죽을 것을 알고, 모든 훌륭한 회교도인처럼 마음의 준비를 하고 싶었습니다. 아들 모하메드를 불러 오라 하고 이렇게 말했습니다:

　─아들아, 너도 알다시피 인생은 짧고 내가 가려는 곳은 영원한 곳이란다. 그러니 훌륭한 회교도인으로서, 성실한 사람으로서 아무런 후회가 없으려면 이 사실을 알고 마음의 준비를 해야 한단다. 네 종교에 관해서는 네 선생님들이 가르쳐 주시고 네가 책에서 읽은 것으로 충분하단다. 그러나 명예롭고, 선한 사람이 되기 위해서 네게 몇 가지 충고의 말을 해 주어야겠구나. 너 자신을 꼭 알아야 하고, 그것을 알기 위해서는 네 아버지인 나를 알아야 한다.

---

(1) **desde pequeño** : 어려서부터　(2) **intentar + inf** : : ~하고자 하다, ~ 해 보고자 하다　(3) **cuando fuera mayor** : 성인이 되다(*cf.* mayor edad : 성년, menor edad : 미성년)　(4) **tardar mucho en ~** : ~하는 데 시간이 오래 걸리다　(5) **quiso prepararse** : 죽기 전에 모든 일들을 정리하고자 하였다　(6) **para siempre** : 영원히　(7) **ser necesario que + 접속법** : ~하는 것이 필요하다(= Ser necesario + inf.)　(8) **donde yo voy a ir** : 죽음을 뜻한다　(9) **arrepentirse de ~** : ~을 후회하다　(10) **en cuanto a = respecto a** : ~에 관해서는　(11) **dar consejos = aconsejar** : 충고하다　(12) **Es necesario conocerse a sí mismo** : 자기 자신을 알 필요가 있다. 여기서 sí는 주어 자신을 받는 대명사로서 남·여성, 단·복수 동형이다.

Nací en Egipto, y mi padre, tu abuelo*, era primer ministro del rey. Yo también fui ministro cuando él murió, con mi hermano, tu tío*, que espero estará vivo. Se llama Chensedin-Mohamed, como tú. Te contaré cómo me separé de él, vine a esta ciudad y ocupé el puesto que ahora tengo. Pero conocerás todo mejor cuando leas este cuadernillo* que voy a darte.

Al decir esto, Alí sacó un cuaderno escrito por él y se lo dio a su hijo Mohamed.

—Toma —le dijo—, léelo despacio y hallarás entre otras cosas el día de mi boda y el de tu nacimiento. Quizá necesites saber esto algún día.

Mohamed se quedó muy triste al ver a su padre enfermo y tomó el cuaderno, con los ojos llenos de lágrimas, prometiéndole no separarse nunca de él.

Hijo mío —le dijo—, lo primero que debo enseñarte es a ser reservado* con los demás[67] y comprenderte primero a ti mismo.

La segunda cosa que te voy a enseñar es que no seas violento* con nadie, porque entonces todos estarán contra ti. Debes mirar al mundo con comprensión* y tolerancia.

La tercera, no contestes cuando te insulten*. Cuando una persona se calla, dice el refrán*, «está fuera de peligro».[68] Un poeta dijo: «el silencio guarda la vida», y que nunca debemos parecernos a la lluvia de una tormenta, que todo lo destruye.

---

67) con los demás = con el resto, con las otras personas.
68) está fuera de peligro = está salvado, no corre peligro

나는 이집트에서 태어났고 나의 아버지이자 네 할아버지는 수상이셨단다. 나도 아버지가 돌아가시자, 네 삼촌인 나의 형님과 함께 대신(大臣)이 되었지. 지금도 나는 형님이 살아 계시길 빈단다. 너처럼 그의 이름도 첸세딘-모하메드란다. 어째서 그와 헤어져 이 도시에 와서 지금의 직책을 맡게 되었는지 말해 주겠다. 그러나 네게 줄 이 작은 공책을 읽어 보면 더 잘 이해할 게다.

그렇게 말하고 알리는 그의 친필로 적은 공책을 꺼내 아들 모하메드에게 주었습니다.

— 받거라 — 그가 말했습니다 — 천천히 읽어 보아라. 그 속에 나의 결혼 날짜와 네 생일이 적혀 있단다. 언젠가 필요할지도 모르니까.

모하메드는 병석에 누운 아버지를 보자 무척 슬펐으며 눈물이 가득 고인 눈으로 공책을 받아 들고 결코 그의 곁을 떠나지 않겠다고 아버지에게 약속했습니다.

— 아들아 — 그는 말했습니다 — 우선 네게 가르쳐 줄 것은 다른 사람들에게 신중할 것과 네 자신을 먼저 이해하라는 것이다.

너에게 가르쳐 주려고 하는 두 번째는 누구에게도 난폭하지 말라는 것이다. 그렇지 않으면, 모두들 너를 적대시할 것이다. 세상을 이해와 인내로 바라보아야 하느니라.

셋째는, 너를 모욕하거든 대꾸하지 말아라. 속담에 입을 다무는 사람은 《위험에서 벗어난다》고 한다. 어느 시인은 《침묵은 목숨을 지켜 준다》고 했고, 우리는 무엇이든 파괴하는 폭풍의 빗속에 나가지 말아야 하느니라.

---

(1) **separarse de** ~ : ~와 헤어지다 (2) **ocupar el puesto** : ~의 직을 맡다 (3) **cuadernillo** : cuaderno의 축소형. 작은 노트, 공책 (4) **despacio** : 천천히 (5) **quedarse triste** : 여기서 quedar 동사가 불완전동사로서 형용사·과거분사·부사와 함께 쓰여 (~한 상태로) 남다, 되다의 의미. (6) **ser reservado** : reservado는 여기에서 '조심스러운, 신중한'의 의미인 형용사로 쓰였다. (7) **con los demás** = con las otras personas (8) **violento** : 과격한, 폭력적인 (9) **estar contra ti** : 네게 대항하다, 반대 입장을 취하다 (10) **tolerancia** : *f.* 인내 참을성 (11) **insultar** : 모욕하다, 욕설을 퍼붓다. *m.* insulto (12) **dice el refrán** : 속담에서 말하기를 (13) **estar fuera de peligro** : 위험 밖에 있다. 즉, 위험하지 않다 (14) **parecerso a** ~ : ~를 닮다

Nadie se arrepiente de no haber hablado, pero sí de no haber callado. La cuarta cosa es no beber vino, que puede ser la causa de todos los vicios*. La quinta, economiza* tu dinero: no lo malgastes* y nunca tendrás necesidades*, pero no caigas[69] en la avaricia*.

Continuó Alí dando buenos consejos a su hijo hasta que le llegó la hora[70] de morir.

Enterraron a Alí con grandes honores* por su alto cargo* y muchas personas lloraron su muerte.

Mohamed Hassan de Basora, su hijo, que así le llamaron por haber nacido allí, sintió una gran tristeza con la muerte de su padre. Estuvo durante más de dos meses solo y sin ver a nadie. Ni siquiera fue al palacio a ver al rey, que se enfadó y, lleno de ira, mandó llamar a Mohamed. Le quitó todas sus casas y su dinero, sin dejarle nada, y ordenó que le encarcelaran.

El nuevo primer ministro del rey se encargó* de todo esto y también de meter a Mohamed en la cárcel, pero un esclavo, que se enteró de que venían a buscarle, fue corriendo a avisar a su amo y le dijo que huyera.

—¿Qué ocurre? —preguntó Mohamed.

—Señor, el rey está muy enfadado, y vienen por orden suya a llevaros prisionero*.

Mohamed, sin tener tiempo de llevarse nada, salió sólo con la ropa de dormir, sus zapatos y su turbante enrollado* en la cabeza.

---

69) no caigas en la avaricia = no seas avaro.
70) el momento de morir = cuando uno muere

아무도 말을 하지 않은 것에 대해 후회하진 않지만, 침묵을 지키지 않은 것에 대해선 후회한단다. 넷째는 포도주를 마시지 말라는 것이다. 모든 악의 근원일 수 있으니까. 다섯째는, 돈을 절약하고 낭비하지 않으면 부족하지 않을 것이다. 그러나 탐욕에 빠지지 말아라.

알리는 죽음의 시간에 이를 때까지 아들에게 계속 좋은 충고의 말을 했습니다.

그의 직책에 맞게 명예로운 장례를 치렀고 많은 사람들이 그의 죽음을 애도했습니다.

바소라에서 태어났다고 하여 바소라의 모하메드 하산으로 불린 그의 아들은 아버지의 죽음을 무척 슬퍼했습니다. 두 달 이상 아무도 만나지 않고 혼자 있었습니다. 왕을 만나러 궁에도 가지 않자, 화가 난 왕은 모하메드를 불렀습니다. 그리고 그에게 아무것도 남기지 않고 그의 모든 집들과 돈을 몰수하고 옥에 가두라 명했습니다.

새 수상은 이 모든 일과 그를 감옥에 가두는 일을 맡게 되었지만, 그를 잡으러 온다는 것을 알고 노예 한 명이 주인에게 달려가 이를 알리고 도망가라고 했습니다.

— 무슨 일이냐? — 모하메드가 물었습니다.

— 주인님, 왕이 무척 화가 나셔서 주인님을 잡으러 사람들이 온답니다.

모하메드는 아무것도 갖고 갈 시간이 없어 단지 잠옷과 구두를 챙기고 터번을 머리에 쓰고 떠났습니다.

---

(1) **vicio** : *m.* 악습, 악 (2) **economizar** : *tr.* 절약하다, 아끼다 ↔ **malgastar** : *tr.* 탕진하다, 소모하다 (3) **avaricia** : *f.* 욕심스러움, 탐욕. no caigas en la avaricia = no seas avaro : 인색하지 마라. *m.* 구두쇠, 깍쟁이(tacaño) (4) **enterrar** : *tr.* 매장하다. *m.* entierro (5) **la hora de morir** = el momento de morir : 죽을 때에 (6) **ni siquiera…** : …조차도 않다 (7) **encarcelar** : *tr.* 투옥시키다. *m.* encarcelamiento (8) **encargarse de** ~ : ~을 책임지다 (9) **enterarse de** ~ : ~을 알게 되다 (10) **prisionero** : *m.* 죄수, 포로 (11) **la ropa de dormir** : 잠옷(pijama) (12) **enrollar** : *tr.* 감다, (둥글게) 말다 (=arrollar)

Empezó a andar sin saber a dónde ir y la primera idea* que se le ocurrió* fue salir de la ciudad. Como era de noche y estaba cerca del cementerio*, pensó pasar la noche en la tumba de su padre.

Era un edificio grande que Alí, su padre, había mandado construir. Iba a entrar, cuando se encontró con un amigo de su padre. Era un judío* muy rico, banquero* y comerciante de profesión. Volvía de un pueblo donde había hecho algunos negocios y regresaba a la ciudad. Al reconocer a Mohamed, se paró a saludarle, y le dijo:

—¿A dónde vas a estas horas de la noche?

—Me he quedado dormido y mi padre se me apareció* en sueños. Me miraba de una forma terrible, como si estuviese muy enfadado conmigo. Me he despertado asustado y vengo a rezar sobre su tumba —dijo Mohamed.

—Alí, mi amigo y tu padre —dijo el comerciante—, me dio algunas mercancías para que las vendiera. Si quieres, tú puedes quedarte con ese dinero que era de él —y entregó a Mohamed una bolsa con cien monedas.

Mohamed hizo un recibo* por el dinero que le había dado y se lo entregó al judío. Cuando se quedó solo, se puso a rezar sobre la tumba de su padre, y al poco rato se quedó dormido. Un genio* que vivía allí vio al joven y, al verle tan bello, fue a llamar a un hada*, amiga suya, para que le viera.

—¿Has visto alguna vez un joven tan bello? —le dijo.

—Reconozco su belleza —dijo el hada—, pero he visto en El Cairo algo aún más asombroso, que te voy a contar.

어디로 갈지 몰라 하며 그저 걷다가 도시에서 벗어나기로 했습니다. 밤이 되어 묘지 근처에 오자, 아버지의 무덤 옆에서 밤을 보내기로 했습니다.

아버지 알리가 지은 큰 건물이었습니다. 들어가려다 아버지의 친구와 마주쳤습니다. 그는 아주 부유한 유태인이었는데 직업 상인이자 은행가였습니다. 다른 마을에서 사업 일을 보고 도시로 돌아오는 길이었습니다. 모하메드를 알아보고 그에게 인사를 하러 멈춰 섰고 말했습니다.

— 이 밤 시간에 어딜 가느냐?

— 제가 잠이 들었는데 아버지가 꿈에 나타나셨습니다. 제게 무척 화가 나신 듯이 무섭게 저를 보셨습니다. 저는 놀라 꿈에서 깨어 아버지의 묘 앞에서 기도 드리러 왔습니다. — 모하메드가 말했습니다.

— 네 아버지이자 내 친구인, 알리가 — 상인이 말했습니다 —, 팔아 달라고 몇 가지 물건을 주었단다. 원한다면 그의 돈을 갖고 가거라 — 그리고는 모하메드에게 금화 100개가 든 주머니를 주었습니다.

모하메드는 영수증을 써서 그 유태인에게 주었습니다. 혼자 남자 아버지의 묘 위에서 기도하다 곧 잠이 들었습니다. 그 곳에 살던 요술쟁이가 나타나 그의 훌륭한 용모를 보고, 친구 요정을 불러 그를 보라고 했습니다.

— 이렇게 잘생긴 청년을 본 적이 있어? — 그가 물었습니다.

— 그의 수려한 용모는 인정해 — 요정이 말했습니다 —, 하지만 네게 말해 주겠는데, 카이로에서 더 놀라운 일을 보았지.

---

(1) **occurrirse** : 순간 머리에 떠오르다. * la primera idea que se le occurrió : 그에게 떠오른 첫 번째 생각은 (2) **cementerio** : *m.* 공동 묘지 (3) **pasar la noche** : 밤을 보내다 (4) **tumba** : *f.* 무덤(= sepulcro) (5) **comerciante de profesión** : 직업 상인 (6) **judío** : *m.* 유태인 (7) **banquero** : *m.* 은행가 (8) **a estas horas** : 이 시간에 (9) **en sueños** : 꿈속에 (10) **de una forma terrible** : 무서운 방법으로 (11) **como si+접속법 과거** : 현재 사실의 반대로서 마치 ~인 것처럼 (12) **estar enfadado (o enojado) con +사람** : ~에게 화가 나 있었다 (13) **recibo** : *m.* 인수증, 영수증 (14) **genio** : *m.* 동화에 나오는 환상의 인물(요술쟁이) (15) **hada** : *f.* (여자) 요정 (16) **Reconozco su belleza** : 그의 아름다움은 나도 인정한다, 시인한다

El primer ministro tiene una hija tan bella como este joven. El rey dijo su ministro que él deseaba casarse con ella, pero el ministro, a pesar del honor[71] que el rey le hacía al preferir a su hija, le dijo:

—Espero, señor, que no os parecerá mal, pero hace muchos años mi hermano, Alí, y yo prometimos que, si teníamos hijos de distinto sexo* y de la misma edad, los casaríamos. Sé que ha muerto mi hermano con esta ilusión* y pido a Vuestra Majestad me permita cumplir esta promesa. El rey, muy enfadado por las palabras de su ministro, dijo:

—¿Esto haces a tu rey? Yo me vengaré casando a tu hija con el hombre más pobre y más feo de toda la ciudad.

Al día siguiente, el rey mandó llamar a todos sus esclavos, y viendo a uno de ellos jorobado*, le eligió para marido de la hija de Chensedin-Mohamed.

Cuando el hada terminó de hablar, el genio le dijo:

—Por mucho que me digas[72] no puedo creer que la hija de ese ministro sea tan bella como este joven.

El hada y el genio cogieron a Mohamed en brazos*, y, sin que se despertara, le llevaron hasta El Cairo. Cuando Mohamed se despertó, el genio le dijo, señalando a varias personas que iban juntas y pasaban por allí:

---

71) a pesar del honor = de la distincion, la importancia de que el rey se case con su hija.

72) Por mucho que me digas = Por muchas veces que me lo repitas.

수상에겐 이 청년만큼 아름다운 딸이 있어. 왕은 수상에게 자신이 그의 딸과 결혼하고 싶다고 했지만 그 영광에도 불구하고 수상이 말했대:

― 전하, 나쁘게 생각하지 마시기 바랍니다. 아주 오래 전에 제 동생 알리와 저는 약속하기를 우리가 성(性)이 다르고 나이가 같은 자식을 낳으면 결혼시키기로 했습니다. 저는 제 동생이 그렇게 할 것을 꿈꾸며 죽었다는 것을 알고 있습니다. 그러니 전하께옵서 그 약속을 지킬 수 있게 해주십시오. 그의 말에 왕은 화가 나서 말했지:

― 네가 네 왕에게 그렇게 할 수 있느냐? 이 도시에서 가장 가난하고 못생긴 사람과 네 딸을 결혼시켜 복수를 하겠다.

다음 날, 왕은 노예들을 다 불러모아 그 중 꼽추를 뽑아 첸세딘-모하메드의 딸의 남편으로 지목했대.

요정이 말을 마치자, 요술쟁이가 말했습니다.

― 네가 아무리 말해도 그 수상의 딸이 이 청년만큼 아름답다고는 믿을 수 없어.

요정과 요술쟁이는 모하메드가 깨지 않게 그를 안고서 카이로로 데려 갔습니다. 모하메드가 깨어나자, 요술쟁이는 함께 그곳을 지나가는 사람들을 가리키며 그에게 말했습니다.

---

(1) a pesar del honor : (왕이 그의 딸과 결혼하는) 영광에도 불구하고 (2) de la misma edad : 동갑이 (3) ilusión : f. 환각, 환상, 기대 (4) cumplir promesa : 약속을 지키다 (5) ¿Esto haces a tu rey? : ¿Tú haces esto a tu rey? esto는 중성 지시대명사로서 앞서 말한 일을 나타내고 있다. (6) jorobado : 곱사등이의, 꼽추 (7) por mucho que mi digas = por muchas veces que me lo repitas : 그것을 나에게 아무리 말할지라도

—Vete con esa gente hasta que entres en una sala, donde se va a celebrar una boda. El novio* es un jorobado, ya lo verás; te pones a su derecha al entrar en la casa y abres la bolsa donde tienes el dinero. Lo repartes entre los músicos, los bailarines y los criados. Cuando llegues a la sala, le das también dinero a las esclavas, que estarán cerca de la novia. Debes hacer todo lo que te digo y confiar en mí.

El joven Mohamed llegó a la casa y empezó a hacer todo lo que el genio le había ordenado. Cuando llegó a la sala donde se celebraba la boda, todo el mundo se fijó en su gran belleza y le comparaban* con el jorobado, compade- ciendo a la novia. Pensaban en la injusta decisión del rey, que unía la belleza a la fealdad*.

Mohamed seguía el consejo del genio y no dejaba de repartir dinero. El jorobado, enfurecido* con el joven que miraba a la novia, le dijo:

—¿Por qué no te vas con los demás? ¡Vete de aquí!

Mohamed iba a salir de la casa, pero el genio y el hada se lo impidieron, diciéndole:

—¿A dónde vas? Quédate. El jorobado ya no está en la sala, pues ha salido un momento. Entra en la habitación de la novia y, cuando estéis solos, dile que ha sido una broma* del rey y que tú eres su verdadero marido. Mientras tú haces esto, nosotros nos encargamos de que el jorobado no vuelva.

El genio se convirtió en un enorme búfalo*, que asustó tanto al jorobado que salió corriendo y no volvió a la casa.

─저 사람들을 따라 결혼식이 열릴 홀로 들어가거라. 너도 알게 되겠지만 신랑은 꼽추야. 집에 들어가 그의 오른쪽에 서서 돈이 든 자루를 열어라. 그 돈을 악사들과 무희들 그리고 하인들에게 나누어 주어라. 홀에 들어가 신부 옆에 있는 여자 노예들에게도 돈을 줘. 나를 믿고 내가 너에게 말한 모든 것을 해야 돼.

　젊은 모하메드는 집에 가서 요술쟁이가 그에게 시킨 대로 다 했습니다. 결혼식이 거행될 홀에 도착하자 사람들은 그의 용모를 주시했고 꼽추와 비교하며 신부를 동정했습니다. 그리고 아름다움과 추함을 합치려는 왕의 부당한 결정을 생각했습니다.

　모하메드는 요술쟁이의 충고를 따라 계속 돈을 나누어 주었습니다. 꼽추는 신부를 바라보는 청년에게 화가 나 말했습니다:

　─왜 다른 사람들과 가지 않는 거야? 여기서 나가라구!

　모하메드는 집에서 나가려 했지만 요술쟁이와 요정이 말했습니다:

　─어디 가? 여기 있어. 꼽추는 잠시 나가고 없어. 신부의 방에 들어가서 너희 둘만 있을 때 모든 게 왕의 장난이고 네가 진짜 신랑이라고 말해. 그 동안 우리는 꼽추가 돌아오지 못하게 할 테니까.

　요술쟁이는 거대한 들소로 변해, 이를 본 꼽추는 놀라 달아나서 돌아오지 않았습니다.

---

(1) **Vete** = irse의 2인칭 단수 명령형 '가라' (2) **a su derecha** : 그의 오른쪽에(*cf.* a la derecha : 오른쪽으로, a la izquierda : 왼쪽으로) (3) **estar cerca de** ~ : ~가까이에 있다 (4) **confiar en algo alguien** : ~을 믿다, 신용하다 (5) **comparar A con B** : A를 B와 비교하다 (6) **compadecer** : *tr.* 가여워하다, 동정하다. *f.* compasión (7) **unir A a B** : A와 B를 합치다, 연결하다 (8) **fealdad** : *f.* 추악함. *adj.* feo (9) **seguir el consejo** : 충고를 따르다 (10) **dejar de + inf.** : ~하기를 멈추다, 그만두다 (11) **enfurecido** = enojado = enfadado (12) **los demás** = las demás personas : 다른 사람들 (13) **impidieron** : impedir(막다, 방해하다) 동사의 3인칭 복수 부정과거형 (14) **Quédate** : '머물러라' 하는 명령형 (15) **dile** : di + le. 'di'는 decir 동사의 2인칭 단수 명령형, le는 여격 대명사(그에게 말해라.) (16) **convertirse en** ~ : ~으로 변하다 (17) **búfalo** : *m. f.* 들소 (18) **tanto ~ que ~** : 너무나 ~하여서 ~하다(*so ~ that*)

Mohamed, animado* por el genio y el hada, entró de nuevo en la casa y esperó a que la novia se metiera en su habitación. Cuando estuvo dentro, entró él también. La novia se quedó admirada* de ver a un joven tan bello en lugar del jorobado, y le preguntó quién era.

—Señora, soy vuestro esposo —contestó el joven.

Al oír estas palabras, la joven, que estaba con mucho miedo, se alegró:

—No esperaba una sorpresa tan agradable —dijo.

Cuando los dos esposos se durmieron, el genio le dijo al hada:

—No es conveniente* que cuando llegue el día le vean aquí.

Llevaron a Mohamed, sin que se despertara, y le dejaron a las puertas de la ciudad, como estaba vestido cuando llegó. Se hizo de día y abrieron las puertas de la ciudad. Cuando Mohamed despertó y se encontró allí, se quedó muy asombrado y sin saber qué pensar ni qué hacer. La gente que pasaba por su lado se reía de verle sin vestir, pensando que estaba loco. Un anciano, admirado de su belleza y al ver la tristeza que tenía el joven, le ofreció ir a vivir a su casa, donde le enseñó el oficio* de pastelero*.

Mientras tanto, la joven novia, al despertar y no ver a su lado al que creía su marido, preguntó por él. Como nadie sabía nada, pues todo había sido preparado por el hada y el genio, pensaban que la joven se había vuelto loca, pues creían que el jorobado había huido y que ella había pasado la noche sola.

모하메드는 요술쟁이와 요정에게 용기를 얻어, 다시 집에 들어가 신부가 방에 들어가기를 기다렸습니다. 방에 들어가자 그도 들어갔습니다. 신부는 꼽추 대신 잘생긴 젊은이를 보고 감탄하며 그에게 누구냐고 물었습니다.

— 아가씨, 저는 당신의 남편이오 — 젊은이가 대답했습니다.

그 말에 겁이 났던 처녀는 기뻐했습니다 :

— 이렇게 기쁜 일이 있을 줄 몰랐어요 — 말했습니다.

부부가 잠이 들자 요술쟁이가 요정에게 말했어요.

— 날이 밝아 사람들이 그를 여기서 보면 좋지 않겠어.

그들은 모하메드를 깨우지 않고 입었던 옷 그대로 도성 대문 앞에 그를 다시 데려다 놓았습니다. 날이 밝아 도성 문을 열었습니다. 모하메드는 깨어나 너무 놀라서 뭘 생각하고 뭘 해야 할지 몰랐습니다. 그의 곁을 지나던 사람들은 옷도 제대로 입지 않은 그를 보고 그가 미쳤다고 생각하며 웃었습니다. 그의 잘생긴 용모에 감탄한 한 노인이 그가 슬퍼하는 모습을 보고 그의 집에서 같이 살자고 했으며 그에게 빵과 과자를 만드는 것을 가르쳐 주었습니다.

그 동안 처녀는 잠에서 깨어 자신의 남편이라고 믿었던 사람이 옆에 없자 찾아 물었습니다. 그러나 아무도 모르고, 모든 일이 요술쟁이와 요정이 꾸민 일이기 때문에 그 처녀가 미쳐 버렸다고 생각하며 꼽추는 도망가고 그녀 혼자서 밤을 지샜다고 생각했습니다.

---

(1) animar : *tr.* 활기·원기를 돋우다, 격려하다 (2) de nuevo = otra vez : 다시 (3) meterse en ~ : ~에 끼어 들다, 연루되다 (4) en lugar de = en vez de : ~대신에 (5) alegrarse de : ~을 기뻐하다, 좋아하다 (6) hacerse de día = amanecer (7) qué + inf. : 무어라고 ~해야 할 것인가, 무엇을 ~해야 할 것인가 (8) oficio : *m.* 직업, 직무, 역할 (9) pastelero : *m.* 빵 제조 상인. *f.* pastelería : 빵집, 다과점 (10) volverse : 여기에서는 (어떤 상태·성질로) 되다, 변하다의 의미(= mudarse, tornarse) (11) pasar la noche sola : 혼자 밤을 보내다

Para que creyeran que un joven había estado con ella, enseñó a su padre las ropas que Mohamed había dejado en su habitación.

Cuando su padre vio las ropas, notó que había algo cosido en el forro* y descubrió el cuaderno que Alí había entregado a su hijo al morir y reconoció la letra* de su hermano. Al verlo, cayó al suelo sin sentido. Cuando se recuperó[73], le dijo a su hija:

—Hija mía, tu esposo, el joven que ha pasado la noche contigo, es tu primo, hijo de mi querido hermano Alí.

Entonces contó a su hija toda la historia y, como no sabía lo que podría suceder, pensando que era una situación muy extraña, tomó la ropa de Mohamed, la bolsa del dinero y escribió toda la historia de la boda de su hija. Después hizo un paquete* con todo y lo guardó con llave en un armario*.

Al cabo de algún tiempo, la joven se enteró de que esperaba un hijo.[74] A los nueve meses dio a luz un niño, y su abuelo le puso de nombre Ajib.

Cuando el niño tuvo siete años, su abuelo le envió a la escuela*, pero el niño era tan malo y desobediente, que sus compañeros y maestros estaban cansados de él.

El maestro llamó a todos los niños y decidieron darle un escarmiento*. Se pusieron a jugar todos, rodearon a Ajib, diciendo que no podría jugar el niño que no dijese el nombre de sus padres y el suyo.

---

73) Cuando se recuperó = Cuando se puso bueno, cuando se despertó
74) esperaba un hijo = iba a tener un hijo, estaba embarazada.

한 청년이 같이 있었다고 믿게 하려고, 처녀는 아버지에게 모하메드가 그녀의 방에 남겨 두었던 옷을 보여 주었습니다.

그녀의 아버지는 옷을 살펴보다가 무엇인가 안감 속에 꿰매어져 있는 것을 알게 되었고 알리가 죽으면서 아들에게 남긴 공책을 발견했어요. 그는 동생의 글씨를 알아보았어요. 그것을 보자 의식을 잃고 쓰러졌고, 회복되었을 때 딸에게 말했습니다:

― 애야, 네 남편인, 밤을 같이 보낸 그 젊은이는 내 사랑하는 동생 알리의 아들, 네 사촌이란다.

그리고 딸에게 모든 얘기를 다 해 주고 무슨 일이 일어날지 알 수 없었으므로 정말 이상한 일이라 생각하며 모하메드의 옷과 돈주머니를 갖고 딸의 결혼 이야기를 적었습니다. 그런 후에 짐을 싸서 장에 보관하고 열쇠로 잠갔습니다.

얼마 후에, 딸이 아이를 가졌다는 것을 알게 되었습니다. 9개월 후에 그녀는 아들을 낳았고 할아버지는 아히브라고 이름지었습니다.

아이가 7살이 되어 할아버지는 그를 학교에 보냈으나 어찌나 성품이 나쁘고 말을 안 듣던지 친구들과 선생님들이 다 피곤해했습니다.

선생님은 학생들을 다 불러 그에게 벌을 주기로 했습니다. 그들 모두는 아히브를 둘러싸고, 자신의 이름과 부모의 이름을 못 대는 아이는 놀 수 없다면서 놀았습니다.

모두들 이름을 댔고, 아히브의 차례가 되자 그는 말했어요:

---

(1) para que creyeran ~ : para que + 접속법의 형태. creyeran은 creer의 접속법 과거 3인칭 복수형이다. (2) algo cosido : coser '꿰매다'의 과거분사 '꿰매져 있는 것'의 의미. (3) forro : *m.* 안감 (4) reconocer la letra : 글씨, 필체를 알아보다 (5) caer al suelo sin sentido = desmayarse : 기절하다 (6) Cuando se recuperó : 회복되다. 여기에서는 의식을 회복하였다는 의미. (7) primo(a) : *m. f.* 사촌 (8) hacer un paquete : 꾸러미를 꾸리다 (9) armario : *m.* 벽장, 양복장 (10) guardar : *tr.* 보관하다, 두다, 간수하다 (11) esperaba un hijo = iba a tener un hijo, estaba embarazada : 임신 중이었다 (12) desobediente ↔ obediente : *adj.* 고분고분하지 못한 (13) escarmiento : *m.* 훈계, 징계, 벌 (14) dijese : decir의 접속법 과거, 3인칭 단수형.

Todos iban diciendo sus nombres y, al llegar a Ajib, dijo:

—Yo me llamo Ajib; mi madre se llama Reina Hermosa, y mi padre, Chensedin-Mohamed, ministro del rey.

Al oír estas palabras, los niños dijeron:

—Qué es lo que dices?, Chensedin-Mohamed es tu abuelo.

—¿Por qué decís que no es mi padre?

Los niños se reían, y el maestro, acercándose a Ajib, le contestó:

—¿No sabes todavía que Chensedin-Mohamed es tu abuelo y no tu padre?

Después, le contó la historia de cómo el rey había querido casar a su madre con un jorobado, pero que un genio pasó la noche con ella.

Ajib volvió a su casa llorando. Fue a la habitación de su madre, que al verle llorar le preguntó el motivo.

—¡Madre, dime quién es mi padre!

—Hijo mío —le respondió—, tu padre es el primer ministro, Chensedin-Mohamed.

—¡No es verdad!, ése es el tuyo, no el mío — gritó Ajib.

Reina Hermosa, su madre, lloraba y Ajib lloraba también. Chensedin-Mohamed entró en la habitación y preguntó qué era lo que pasaba. Su hija le esplicó lo ocurrido en la escuela. Aquello entristeció mucho al ministro y pidió permiso al rey para ir a buscar a su sobrino Mohamed. El rey se lo dio, y salió de la ciudad en su busca.

―내 이름은 아히브고 우리 엄마는 아름다운 왕비이며 아버지의 이름은 첸세딘-모하메드로서 왕의 대신(大臣)이야.

그 말을 듣자 아이들은 말했습니다:

―뭐라구? 첸세딘-모하메드는 네 할아버지야.

―왜 우리 아버지가 아니라는 거야?

아이들은 웃었고 선생님은 아히브에게 다가가 말했습니다:

―아직 첸세딘-모하메드가 네 아버지가 아니라 네 할아버지라는 것을 모르니?

그런 후 그는 어떻게 왕이 그의 어머니와 꼽추를 결혼시키려고 했고 어느 요술쟁이가 그녀와 밤을 보내게 되었는지를 그에게 이야기해 주었습니다.

아히브는 울며 집에 돌아왔습니다. 그는 어머니 방에 갔고 그가 우는 것을 보자 어머니는 이유를 물었습니다.

―엄마, 아버지가 누군지 가르쳐 주세요!

―얘야―그에게 말했습니다―, 너의 아버지는 수상이신 첸세딘-모하메드이시다.

―거짓말! 그는 엄마의 아버지지 내 아버지가 아니에요―아히브가 소리쳤습니다.

그의 어머니인 아름다운 왕비도 울고 아히브도 울었습니다. 첸세딘-모하메드는 방에 들어가서 무슨 일이냐고 물었습니다. 그의 딸은 학교에서 있었던 일을 얘기했습니다. 수상은 슬퍼졌고 조카 모하메드를 찾도록 왕에게 허락을 청했으며 왕이 허락하자 그를 찾아 도시를 나섰습니다.

---

(1) reírse : 웃다, 비웃다 (2) todavía : 아직, 여전히 (3) ése es el tuyo : el tuyo는 tu padre의 소유대명사. *tuyo는 tu의 소유격으로 형용사이던 것이 관사와 함께 소유대명사로 됨. (4) lo ocurrido : 일어난 일 (5) entristecer : tr. 슬프게 만들다. * entristecerse con · de · por : ~을 슬퍼하다 (6) en su busca = en busca de él : 그를 찾아서

Chensedin-Mohamed marchó en dirección a Damasco* con su hija y su nieto. Caminaron durante diecinueve días seguidos, sin pararse en ningún sitio, hasta que llegaron a una pradera cerca de las puertas de Damasco, y se quedaron allí a descansar. Chensedin-Mohamed decidió quedarse allí durante dos días y al tercero continuar su viaje, pero su hija y su nieto quisieron entrar en la ciudad.

A Ajib le cuidaba un esclavo negro, que le acompañaba a todas partes. Cuando entraron en la ciudad, Ajib, que también era muy bello, llamó la atención[75] de las gentes que le veían. Por casualidad, se pararon en la puerta de una pastelería donde Mohamed, el padre de Ajib, trabajaba. El pastelero, que había recogido a Mohamed, había muerto hacía años dejándole la tienda y todo su dinero. Mohamed también miró a Ajib y sintió una extraña* alegría.

—Niño, entra en mi tienda que yo te invito a comer lo que quieras —le dijo.

El niño iba a entrar, pero el esclavo se lo impidió, diciendo que no debía entrar en la tienda de un pobre pastelero. Entonces Mohamed les pidió que entrasen los dos y así podría ver al niño mejor. Dio al esclavo unas monedas para que entraran.

Cuando comieron, se marcharon y Mohamed asombrado por el bello rostro de su hijo, que le recordaba a su esposa, de quien le habían separado de una forma tan extraña, los siguió por la ciudad.

---

75) llamó la atención = le miraban, se fijaban en él.

첸세딘-모하메드는 딸과 손자를 데리고 다마스쿠스 방향으로 떠났습니다. 그들은 19일간을 어느 곳에서도 쉬지 않고 걸어서 다마스쿠스 근처의 초원에 도착하여 쉬었습니다. 첸세딘-모하메드는 이틀을 그 곳에서 쉬고 3일째 떠나려 했지만, 딸과 손자는 도시에 들어가자고 했습니다.

아히브는 그를 어디든 쫓아다니는 흑인 노예가 돌보았습니다. 도시에 들어가자 또한 잘생긴 아히브도 사람들의 시선을 끌었습니다. 우연히, 그들은 아히브의 아버지 모하메드가 일하는 빵집 앞에 섰습니다. 모하메드를 거두어 주었던 빵가게 주인은 몇 년 전에 가게와 모든 재산을 그에게 남기고 죽었습니다. 모하메드도 아히브를 보면서 이상한 기쁨을 느꼈습니다.

— 애야, 내 가게에 들어오너라. 네가 먹고 싶은 것은 다 주겠다 — 그에게 말했습니다.

아이가 들어가려 하자 노예는 그를 말리며, 가난한 사람의 가게에 들어가는 게 아니라고 했습니다. 그러자 모하메드는 둘을 들어오라고 했습니다. 그러면 아이를 좀더 잘 볼 수 있으니까. 그는 그들이 들어오도록 노예에게 동전을 몇 개 주었습니다.

다 먹은 후에 그들은 그 곳을 떠났고 그의 아들의 아름다운 모습에 놀란 모하메드는 이상하게 헤어지게 된 부인이 생각나 그들을 쫓아갔습니다.

---

(1) en dirección a = con rumbo a : ~를 향하여 (2) Damasco : 현 시리아의 수도 다마스쿠스. 기원전 2000년 무렵에 세워진 세계에서 가장 오래 된 도시 중 하나이다. (2) seguido : *adj.* 계속된, 잇달은, 연이은 (3) pradera : *f.* (집합적으로) 목장, 목장지 (큰 목장) (4) quisieron : querer의 3인칭 복수 직설법 부정과거형 (5) a todas partes : 어디든지 (6) llamar la atención : 주의를 끌다, 이목을 집중시키다 (7) por casualidad : 우연하게도 (8) extraño : *adj.* 이상한 (9) lo que quieras : 네가 좋아하는 것 (10) ver al niño mejor : 소년을 좀더 잘 보다

El niño se dio cuenta de que Mohamed iba detrás, y temiendo que su abuelo se enterase de que había entrado en una tienda a comer pasteles, tomó una gran piedra y se la tiró al pastelero. Mohamed volvió a su casa con una herida y pensando en la maldad de aquel niño.

Ya estaba casi curado y mientras trabajaba haciendo pasteles, llegó de nuevo el esclavo a comprar pasteles para su amo, pues eran famosos en todo el reino. Mohamed le preguntó por qué estaban viviendo fuera de la ciudad y quién era ese niño tan cruel y bello.

El esclavo contó todo lo que sabía, y Mohamed, llorando de alegría, acompañado por el esclavo, se arrodilló a los pies de Chensedin-Mohamed, su tío, y le dijo:

—Tío, yo soy tu sobrino, a quien buscabas.

Reina Hermosa, al oír estas palabras, se acercó y reconoció a Mohamed, el joven que había pasado la noche con ella, el padre de Ajib.

La alegría de todos fue muy grande, y después de abrazarse, Mohamed contó toda su historia a su familia.

Volvieron a El Cairo, donde el rey dio a Mohamed el cargo de primer ministro a la muerte de su tío, Chensedin-Mohamed.

* * *

Scherezade prometió contar otra historia a la noche siguiente, y Diznarda no dejó de despertar a su hermana con tiempo suficiente para que pudiera hacerlo.

아이는 모하메드가 뒤따라오고 있다는 것을 알고 그가 과자를 먹으러 가게에 들어갔던 것을 할아버지가 알게 될까 두려워하며 큰 돌을 들어 그에게 던졌습니다. 모하메드는 상처를 입고 아이의 나쁜 행실을 생각하며 집으로 돌아왔습니다.

상처는 거의 낫고 그 동안 빵을 만들며 일을 하는데, 그곳은 왕국에서 유명한 빵집이기에 그 노예는 그의 주인에게 빵을 사다 주러 다시 왔습니다. 모하메드는 왜 그들이 도시 밖에서 살며 잘 생기고 난폭한 아이가 누구냐고 물었습니다. 노예는 그가 알고 있는 모든 것을 말해 주었으며, 모하메드는 기쁨의 눈물을 흘리며 노예의 안내로 삼촌 첸세딘-모하메드 앞에 무릎을 꿇고 말했습니다:

─ 삼촌, 제가 바로 당신이 찾으시던 조카입니다.

아름다운 왕비는 그 말을 듣자, 가까이 가서 밤을 같이 보낸 청년인 아히브의 아버지를 알아보았습니다.

모두의 기쁨은 대단히 컸고 서로 포옹을 한 뒤에 모하메드는 가족에게 모든 얘기를 다 해 주었습니다.

카이로로 돌아가 삼촌 첸세딘-모하메드가 죽자 왕은 모하메드에게 수상의 직책을 주었습니다.

*　　　*　　　*

세레사데는 밤에 다른 얘기를 들려 주기로 약속하고 디스나르다는 이야기를 할 수 있도록 충분한 시간을 두고 언니를 깨웠다.

---

(1) ir detrás : 뒤에 가다, 뒤따라가다 (2) temer : ~을 두려워하다 (3) en todo el reino : 왕국 전체에 (4) llorando de alegría : 기뻐 울면서 (5) a la muerte de su tío : 그의 아저씨가 죽었을 때. 여기에서 a는 시간적으로 '~인 점에서'를 나타낸다.

16. HISTORIA DE UN JOROBADITO

Hace muchos siglos*, vivía en una ciudad de la gran Tartaria un sastre*, bueno y honrado, que amaba mucho a su esposa. Un día se presentó en su tienda un jorobado cantando; lo hacía tan bien, que le pidió que entrase en su casa para que le oyese su mujer.

Después de que el jorobado cantó, le invitaron a cenar pescado; pero con tanta mala suerte que el jorobado se comió una espina* y al poco rato murió. Llenos de miedo y de pena, pensando que les acusarían de asesinato, decidieron llevar al jorobado a un médico judío que vivía cerca de su casa.

Cuando llegaron allí, salió un esclavo a preguntar qué querían. El sastre dijo que llevaba un enfermo y que necesitaba un médico. Puso una moneda en la mano del esclavo para pagar al médico y salieron corriendo.

Salió el médico y, como la luz de la escalera* estaba apagada, tropezó* con el cuerop del jorobado, que cayó con gran ruido* por las escaleras.

El médico, al ver que estaba muerto, pensó que había sido por el golpe. Subió al muerto a su casa y pasó toda la noche pensando qué podría hacer con él. Como no se le ocurría nada,[76] decidió tirarle por la chimenea* de su vecino, que era un criado del rey.

---

76) Como no se le ocurría nada = No encontraba ninguna idea apropiada, ninguna solución.

16. 어느 꼽추의 이야기

아주 오랜 옛날에, 타타르 대국(大國)의 어느 도시에 아내를 무척 사랑하는 선하고 성실한 재봉사가 살았습니다. 어느 날 한 꼽추가 가게에 들어와 노래를 부르는데, 어찌나 잘 하던지 부인이 들을 수 있도록 집에 들어오게 했습니다.

꼽추가 노래를 마치자, 그들은 생선을 차려 놓고 그를 저녁 식사에 초대했는데 운이 나빠 꼽추는 가시를 삼켜 곧 죽고 말았습니다. 그들에게 살인죄를 씌울까 걱정되고 두려워, 그들은 집 가까이 살던 유태인 의사에게 꼽추를 데려갔습니다.

그 곳에 도착하자 노예가 무슨 일이냐고 물었습니다. 재봉사는 환자를 데리고 왔는데 의사가 필요하다고 했어요. 그 노예 손에 의사에게 줄 동전을 쥐어 주고 그들은 뛰어나갔습니다.

의사가 나왔는데, 계단의 불이 꺼져 있었으므로 그는 꼽추의 몸과 부딪쳤고, 그는 요란한 소리를 내면서 계단에 쓰러졌습니다.

의사는 꼽추가 죽은 것을 알자, 그가 타격으로 인해 죽은 것으로 생각했습니다. 그는 죽은 자를 집으로 데리고 올라가 그 사람을 어떻게 할지 밤새 생각했습니다. 아무런 해결책이 안 떠오르자 왕의 시종이었던 이웃 사람의 굴뚝에 시체를 던지기로 했습니다.

---

(1) hace muchos siglos : 수세기 전 (2) Tartaria : '타르타리아' 즉 '타타르'는 서양에서 보통 몽고족 전체를 가리키는 말로 쓰인다. (3) sastre : *m. f.* 재단사, 재봉사 (4) se presentó = apareció : 나타나다 (5) oyese : oír의 접속법 과거 3인칭 단수형 (6) tener (buena) suerte : 운이 좋다. *tener mala suerte : 운이 나쁘다 (7) espina : *f.* 가시 (8) acusar + 목적어 + de ~ : 목적어를 ~의 혐의로 고발하다(비난하다) (9) escalera : *f.* 계단 (10) apagar ↔ encender : *tr.* (불, 전등, 전기 등을) 끄다 *cf.* apagar la luz : 불을 끄다 (11) tropezar con ~ : ~와 부딪히다, 우연히 마주치다 (12) con gran rudio = muy ruidosamente (13) había sido por el golpe = había muerto por el golpe : 구타로(매로) 죽었다 (14) golpe : *m.* 때리기, 타격, 타박, 구타 (15) Como no se le ocurría nada : 어떠한 해결책도 찾지 못해서 (16) tirar por chimenea : 굴뚝으로 던지다

El médico ató al muerto por debajo de los hombros con una cuerda y le bajó por la chimenea, dejándole con los pies en el suelo, como si estuviese vivo y de pie.

Al entrar en su casa el criado del rey vio al jorobado en la chimenea; pensó que era un ladrón que venía a robar, cogió un palo y empezó a darle golpes, hasta que cayó al suelo. Cuando miró a ver quién era, vio que estaba muerto y, muy asustado, pensó que le ahorcarían.

Estuvo durante largo rato pensando lo que podría hacer y decidió sacarle, dejándole de pie a la puerta de una tienda.

Un comerciante cristiano que quería ir en las primeras horas de la mañana al baño público, tropezó con el jorobado; creyó que era un ladrón que iba a atacarle y le tiró al suelo de un golpe, a la vez que gritaba pidiendo ayuda. Llegaron los guardias* y, al ver que al jorobadito le había matado un cristiano, se llevaron preso el comerciante. El juez, enterado por el jefe* de policía, dijo:

—No puedo perdonar a los cristianos que matan musulmanes.

El comerciante fue llevado a la horca, y ya le estaban poniendo la cuerda en el cuello, cuando llegó gritando el criado del rey.

—¡Yo soy el verdadero asesino! ¡Yo soy el asesino!

Al oír esta confesión, los guardias soltaron al comerciante y en su lugar pusieron al criado.

Iban ya a ahorcarle cuando salió de entre la gente el médico gritando:

의사는 죽은 사람을 어깨 밑으로 밧줄을 묶어 그를 굴뚝 밑으로 내려 땅에 발이 닿게 해서 마치 살아 있는 것처럼 보이게 했습니다.

왕의 시종이 집에 들어와 벽난로에 있는 꼽추를 보고, 훔치러 들어온 도둑으로 생각해 몽둥이를 들고 그가 바닥에 쓰러질 때까지 때리기 시작했습니다. 누군지 보려 하자, 그는 죽어 있었고 시종은 너무 놀라 그가 교수형에 처해질 것이라 생각했습니다.

오랜 생각 끝에 그를 데리고 가게 문 앞에 세워 두기로 했습니다.

어느 기독교인 상인이 이른 새벽에 공중 화장실에 가다 꼽추와 부딪혔는데, 그가 자신을 습격하려는 도둑인 줄 알고 단 한 번에 땅에 쓰러뜨리고 도움을 청하며 소리쳤습니다. 병사들이 도착해 그 기독교인이 꼽추를 죽인 것을 보고 그들은 그 상인을 데리고 갔습니다.

판사는 경찰서장을 통해 알고 말했습니다:

—나는 회교도들을 죽이는 기독교도들을 용서할 수 없어요.

그 상인을 교수대로 데려가 밧줄을 목에 걸려 할 때 왕의 시종이 소리치며 뛰어왔습니다.

—제가 진짜 살인자입니다! 제가 살인자예요.

그 자백을 듣고 병사들은 상인을 놔 주고 그 시종을 그 자리에 세웠습니다.

그를 사형시키려 할 때 사람들 사이에서 의사가 소리치며 나왔습니다.

---

(1) con los pies en el suelo : 발을 땅에 딛고서 (2) estar de pie : 서 있다 (3) ladrón(a): *m. f.* 도둑 (4) cogió : coger '집어 들다' (5) palo : *m.* 몽둥이 (6) dar golpes : 쾅쾅 때리다, 몇 번이고 때리다 (7) dejarle de pie : 세워 두다 (8) en las primeras horas : 이른 시각에 (9) el baño público : 공중 목욕탕 (10) de un golpe : 단번에, 단숨에 (11) a la vez : 동시에 (12) policía : *f.* 경찰(집합적). policía : *m.* 경찰 개인 한 사람(복수형 가능) (13) confesión : *f.* 고백. *tr.* confesar (14) en su lugar : 그의 자리에

—¡Yo soy el asesino!, maté al jorobado sin darme cuenta.

Y tanto lo juró, que el juez mandó soltar al criado, cambiándole por el médico.

—Señor —se oyó una voz—, este hombre también es inocente.

Era el sastre, que contó la verdadera historia, diciendo que el jorobado se había tragado una espina mientras cenaba pescado en su casa.

—Deja entonces al médico y ahorca al sastre, ya que se declara culpable —dijo el juez al verdugo.

El verdugo se preparaba cuando ocurrió algo nuevo. El rey no podía estar mucho tiempo sin el jorobadito, que le divertía con sus canciones. No sabía que había muerto y preguntó por él.

—Señor —le contestó un guardia—, el jorobadito se emborrachó* ayer, salió del palacio y ha sido encontrado muerto esta mañana.

El rey mandó que trajeran al muerto y al acusado*. Después de oír la historia completa* del pobre jorobado, perdonó al sastre, que volvió con su esposa.

*   *   *

—¿Habeis oído qué historia tan asombrosa? —dijo el rey.

—Señor —dijo el ministro—, ya que te gustan las historias, voy a contarte otra, aún más asombrosa que ésta. Me la contó un comerciante cristiano.

― 제가 살인자예요! 나도 모르게 꼽추를 죽였어요.
 얼마나 맹세를 하는지, 재판관은 시종을 놔 주고 의사로 바꿀 것을 명령했습니다.
 ― 재판관님 ― 한 목소리가 들렸어요 ―, 이 사람도 죄가 없습니다.
 그는 재봉사였는데, 꼽추가 자신의 집에서 저녁 식사로 생선을 먹다 가시를 삼켰다고 말하면서 사실을 이야기했습니다.
 ― 그렇다면 자신이 죄인이라고 하니, 의사를 놔 주고 재봉사를 사형시키도록 하라 ― 재판관이 사형 집행인에게 말했습니다.
 사형 집행인이 준비를 하고 있는데 새로운 일이 일어났습니다. 왕은 노래로 그를 즐겁게 해 주던 꼽추 없이는 오래 있을 수가 없었습니다. 왕은 꼽추가 죽은 것도 모르고 그에 대해 물었습니다.
 ― 전하 ― 병사가 말했습니다 ―, 꼽추가 어제 술에 취해 궁에서 나갔는데 오늘 아침 죽은 채로 발견되었습니다.
 왕은 죽은 자와 범인을 데려오라 했습니다. 불쌍한 꼽추의 이야기를 다 들은 후, 재봉사를 용서해 주어 그는 부인에게 돌아갔습니다.

                *   *   *

 ― 이렇게 놀라운 이야기를 들어 본 적이 있는가? ― 왕은 말했습니다.
 ― 전하 ― 수상이 말했어요 ―, 전하께옵서 이야기를 무척 좋아하시니 이것보다 더 놀라운 이야기를 해 드리지요. 어느 기독교인 상인이 들려 주었답니다.

---

(1) soltar : *tr.* (매듭 등을) 풀다, 풀어 주다 (2) cambiar A por(con) B : A를 B와 바꾸다 (3) tragar : *tr.* 마시다, 삼키다, 꿀꺽하다 (4) ya que ~ : ~하므로, ~이기 때문에 (5) declararse : (자기는 ~임을) 언명, 선언하다 (6) culpable ↔ inocente : *adj.* 유죄의 ↔ 무죄의 (7) verdugo : *m.* 사형 집행인 (8) el jorobadito : jorobado(꼽추)에 '~ito'의 축소사 어미를 붙인 형태 (9) ivertir : *tr.* 즐겁게 하다 *cf.* divertise : (자신이) 즐기다 (10) emborracharse : 취하다 (11) trajeran : traer 동사의 접속법 과거 3인칭 복수형 (12) el acusado : *m.* 피고인 ↔ acusador

* * *

Scherezade miró por la ventana y vio que ya era de día.

—Señor, seguiré la próxima noche, si lo permites.

Diznarda volvió a despertar a su hermana antes del amanecer y Scherezade continuó.

17. HISTORIA DEL COMERCIANTE CRISTIANO

Señor —me dijo el comerciante—, antes de empezar, te diré que soy extranjero en este país, pues nací en Egipto, en El Cairo. Mi padre era comerciante y tenía grandes riquezas. Yo, siguiendo su ejemplo, seguí su profesión.

Un día, en El Cairo, se me acercó un joven comerciante montado sobre un asno. Me saludó y enseñándome una muestra* de trigo* que llevaba en n pañuelo*, me preguntó que a cuánto[77] se vendía el kilo. Miré el trigo y le dije que a cien monedas de plata.

—Pues entonces —me contestó—, si hay comerciantes que lo compran a ese precio*, en la plaza de la Victoria te estaré esperando.

Dicho esto, se marchó, dejándome la muestra de trigo, que yo enseñé a muchos comerciantes. Todos me dijeron que comprase para ellos todo el trigo que pudiera por ciento diez monedas el kilo.

---

77) a cuánto = a qué precio, cuánto dinero costaba.

* * *

세레사데는 창 밖을 보고 이미 날이 밝은 것을 알았다.
― 전하, 허락하신다면 다음 날 계속하지요.
디스나르다는 날이 새기 전에 다시 언니를 깨워 세레사데는 이야기를 계속했다.

17. 기독교 상인의 이야기

수상 각하―상인이 말했습니다―, 이야기를 시작하기 전에 저는 이 나라에서 외국인이고 이집트 카이로에서 태어났다는 것을 말씀드려야 할 것 같군요. 부친은 상인이셨고 재산이 많았습니다. 저는 아버지를 본받아서 같은 직업을 갖게 되었습니다.

어느 날, 카이로에서 당나귀를 타고 온 젊은 상인이 제게 다가왔습니다. 제게 인사를 하고 손수건에 싸 온 보리 종자의 샘플을 보여 주며, 1킬로에 얼마냐고 물었습니다. 저는 보리를 보고 나서, 그에게 은화 100개라고 했습니다.

― 그러면―그는 대답했죠―, 그 가격에 살 상인이 있으면 당신을 빅토리아 광장에서 기다리겠습니다.

그렇게 말하고 떠났는데, 제게 보리 종자 샘플을 두고 가서 여러 상인들에게 그것을 보여 주었어요. 모두들 제게 1킬로당 은화 110개로 모든 보리 종자를 사 달라고 했습니다.

---

(1) la próxima noche : 다음 날 밤 (2) si lo permites : 허락해 주신다면 (3) volver a + inf. : 다시 ~하다 (4) riquezas : *f. pl.* 재산, 부 ↔ pobreza (5) seguir su profesión : 그의 직업을 잇다, 계승하다 (6) montado sobre ~ : ~를 탄 (7) muestra : *f.* 견본, 보기 (8) trigo : *m.* 밀 (9) pañuelo : *m.* 손수건 (10) a cuánto = a qué precio : 얼마에 (11) a ese precio : 그 가격에 (12) dicho esto = después de haber dicho esto (13) todo el trigo que pudiera : 살 수 있는 만큼의 모든 밀 (14) por ciento diez monedas el kilo : 1킬로당 은화 110개로

Contento con la ganancia de esta venta, fui a la plaza de la Victoria, donde me esperaba el joven comerciante. Me llevó a sus almacenes*, que estaban llenos de trigo, y cargamos varios asnos con ciento cincuenta kilos.

—De la cantidad que nos paguen —me dijo— serán tuyas quinientas monedas. El resto, te pido que me lo guardes hasta que yo vuelva.

Al cabo de un mes, volvió y me pidió su dinero. Le dije que estaba guardado y que en seguida se lo daría.

—No lo necesito —dijo—, cuando me haya gastado lo que tengo, volveré. Sé que me lo guardarás.

Se marchó y tardó mucho en volver.

—Bueno —pensé—, gastaré ese dinero para hacer negocios hasta que me lo pida.

Pasó un año y volvió a mi casa, pero le vi tan triste que le invité a comer. Cuando estuvo hecha la comida, nos sentamos a la mesa. Noté* que comía con la mano izquierda y, al terminar, nos tomamos[78] unos pasteles, que también cogió con la mano izquierda.

—Señor —le dije—, ¿te parecería mal si te pregunto por qué no comes con la mano derecha?

El joven, con gran tristeza, sacó el brazo que durante todo el tiempo había tenido metido debajo de su capa*, y vi que tenía la mano cortada*.

—¿Qué desgracia te ha ocurrido? —le pregunté.

Y me contó esta historia:

---

78) nos tomamos = nos comimos.

장사에서 남는 이익금으로 기분이 좋아, 저는 젊은 상인이 기다리고 있는 빅토리아 광장으로 갔습니다. 저를 보리로 가득한 그의 상점으로 데리고 갔고 우리는 여러 마리의 당나귀에 150킬로를 실었습니다.
　—우리에게 지불할 돈에서—그가 말했어요—은화 500개는 당신 것이고, 나머지는 제가 돌아올 때까지 보관해 주세요.
　한 달 후에 그는 돌아와 돈을 요구했습니다. 보관하고 있으니 곧 주겠다고 했죠.
　—필요 없어요—말하더군요—, 갖고 있는 것을 다 쓰면 돌아올게요. 보관해 주시겠죠.
　그는 떠났고 오랫동안 돌아오지 않았습니다.
　—그러면—저는 생각했어요—, 달라고 할 때까지 이 돈으로 장사를 해야겠군.
　1년이 지나 그는 우리 집에 돌아왔는데, 얼마나 슬퍼 보이던지 그를 식사에 초대했습니다. 식사 준비가 다 되자 우리는 식탁에 앉았지요. 그가 왼손으로 밥을 먹는 것을 알았습니다. 식사를 마친 후 우리는 케이크를 들었는데 그는 역시 왼손으로 먹었습니다.
　—선생—그에게 말했어요—, 왜 오른손으로 식사하지 않느냐고 물으면 실례가 될까요?
　젊은이는 크게 슬퍼하며, 오랫동안 망토 안에 넣고 있던 팔을 꺼내 보여 주었고 나는 손이 잘려 있는 것을 봤습니다.
　—무슨 불행한 일을 당했나요?—그에게 물었어요.
　그러자 다음 얘기를 해 주더군요:

---

(1) **ganancia** : *f.* 이득, 소득. * ganancia de esta venta : 이번 판매의 이득 (2) **almacén** : *m.* 창고 * almacenes : 백화점 (3) **la cantidad** : *f.* 양 ↔ la calidad : 질 (4) **haya** : haber의 접속법 현재 3인칭 단수형 (5) **hacer negocio** : 사업을 벌이다 (6) **cuando estuvo hecha la comida** : cuando la comida estuvo hecha(음식이 다 만들어졌을 때) (7) **notar** : *tr.* (~에) 생각이 미치다, 깨닫다 (8) **Nos tomamos = nos comemos** : 음식을 들다. * tomar + 식사, 음료, 약 etc : ~을 먹다, 마시다

18. HISTORIA DEL MANCO*

Yo nací en Bagdad –me dijo–; cuando cumplí los doce años, oí contar a varias personas que habían viajado por Egipto grandes maravillas[79] de este país, pero sobre todo de la ciudad de El Cairo. Al escuchar sus aventuras por estas tierras, tuve un gran deseo de conocerlas.

Cuando llegué a El Cairo, me detuve en un almacén alquilado* para dejar allí mis mercancías, que las llevaban varios camellos. En seguida, me vi rodeado de gran cantidad de comerciantes, que me dijeron les vendiera mis mercancías, que ellos las venderían y dos veces al año me darían el dinero.

Seguí sus consejos y di las telas que traía a varios comerciantes, que me dieron unos recibos firmados con testigos*. Arreglados mis negocios, sólo pensé en divertirme*, y cuando llegaba el día para cobrar iba a sus tiendas y me pagaban mi dinero.

Un día, que visitaba a uno de estos comerciantes llamado Bendredín, entró una mujer muy elegante* en la tienda y tapada* la cara con un velo*. Se sentó a mi lado y después de un rato me dijo que quería ver unas telas que sólo las tenían en esa tienda.

El comerciante le enseñó muchas, y la mujer señaló una que le gustaba más que ninguna. Le preguntó el precio y mi amigo contestó que cien monedas.

---

79) grandes maravillas = cosas muy bellas, fantásticas, maravillosas.

18. 외팔이의 이야기

저는 바그다드에서 태어났어요 — 제게 말했습니다 —; 12살이 되었을 때에 이집트를 여행했던 여러 사람들에게서 이 나라, 특히 카이로를 여행하며 아름답고 신기한 것들을 구경했다는 말을 들었어요. 그들에게 이곳에서의 모험담을 듣자, 저는 그것들을 보고 싶은 충동을 느꼈어요.

카이로에 도착하여, 구해 놨던 상점에 여러 마리의 낙타에 싣고 온 물건을 풀어 놓았어요. 곧 많은 상인들은 저를 둘러싸고 그들에게 물건을 팔면, 그들이 다시 팔아 일년에 두 번 돈을 주겠다고 했어요.

그들의 제의를 받아들여 옷감을 여러 상인들에게 주고, 그들은 보증인의 서명도 들어 있는 영수증을 주었어요. 일을 끝내고 나는 즐기려는 생각만을 했으며, 돈 받을 날에 그들의 가게에 가면, 나에게 돈을 주었습니다.

어느 날, 상인들 중 벤드레딘이라 불리는 상인을 방문했는데 얼굴을 베일로 가린 아주 우아한 여자가 가게에 들어왔습니다. 제 옆에 앉아 저에게 그 가게에서만 볼 수 있는 옷감을 보여 달라고 했어요.

상인은 여러 옷감을 보여 주었고 여인은 제일 마음에 드는 것을 골랐습니다. 값을 묻자 그 친구는 금화 100개라고 했어요.

---

(1) **cumplir** : *tr.* (의무, 책임, 소원 등을) 완수하다, 수행하다. *cf.* Hoy cumplo catorce años. : 나는 오늘로 만 14세이다. (2) **grandes maravillas** = cosas muy bellas, fantásticas, maravillosas : 매우 아름답고, 환상적이고, 놀라운 것들 (3) **sobre todo** = anto todo : 무엇보다도, 특히 (4) **tener deseo de** = desear (5) **alquilar** : *tr.* 임대하다, 세를 내다 (6) **camello** : *m.* 낙타 (7) **dos veces al año** : 일년에 두 번 (8) **recibo firmado** : 사인이 된 영수증 (9) **testigo** : *m.* 증인. *tr.* atestiguar : 증언하다 (10) **arreglar** : *tr.* 정리하다, 챙기다 (11) **divertirse** : 즐기다 (12) **cobrar** : *tr.* (돈을) 수취하다, 징수하다 (13) **elegante** : *adj.* 우아한, 기품 있는. *f.* elegancia (14) **velo** : *m.* 덮개, 베일(아랍 여인의 차도르) (15) **más que ninguna** : 다른 어떤 것보다도 더

—Está bien —dijo ella—, pero como no traigo todo ese dinero, espero que no le importará que me lleve la tela y traiga el dinero mañana.

—Señora, la tela no es mía, sino de este señor que está aquí -dijo Bendredín señalándome a mí.

—¡Pues quedaos con este trapo*! —dijo la mujer tirando al suelo la rica* tela.

Dicho esto salió muy enfadada de la tienda. Al ver que la mujer se iba, salí detrás de ella y le dije:

—¡Señora, escuchadme!; quizá haya algún remedio* para que quedemos contentos todos.

Volvió ella a entrar en la tienda, pero, según dijo, sólo para complacerme*.

—Señor Bendredín —dije yo—, ¿cuánto quieres por esta tela?

—Cien monedas. No puedo venderla por menos dinero.

—Entonces, que la señora se la lleve; yo te daré cien monedas más y un recibo por el precio de la tela para que lo unas a las otras mercancías mías.

Y tomando la tela, se la di a la mujer, diciendo:

—Mañana puede mandar el dinero, señora, pero, en premio a este servicio, desearía ver su cara.

Ella levantó el velo y pude ver su rostro*, tan bello que no me cansaría de mirarlo.

No pude dormir en toda la noche y al amanecer me levanté esperando verla de nuevo. Fui a la tienda y al poco rato llegó la bella mujer.

—Traigo el dinero que le debo -dijo dirigiéndose a mí.

—좋아요—그녀가 말했어요—, 하지만 그 돈을 다 갖고 오지 않았으니, 오늘 옷감을 갖고 가고 내일 돈을 갖다 드려도 괜찮겠지요?
　—부인, 그 옷감은 제 것이 아니고 여기 계시는 이분 것입니다—벤드레딘은 저를 가리키며 말했어요.
　—그럼, 이 걸레 같은 물건을 가지세요!—바닥에 비싼 옷감을 내던지며 말했어요.
　그렇게 말하고 매우 화가 나서 가게에서 나갔어요. 그 여자가 가는 것을 보고 저는 따라 나가 말했어요 :
　—부인, 제 말을 들어 보세요! 우리 둘 다 기분 좋은 방법이 있을 겁니다.
　그녀는 가게로 돌아왔는데, 나중에 말한 바로는 그저 제 기분을 달래 주려고 그랬대요.
　—벤드레딘 씨—제가 말했어요—, 이 옷감을 얼마에 파시겠어요?
　—금화 100개요. 더 싸게는 안 됩니다.
　—그렇다면, 물건을 부인에게 주세요. 제가 금화 100개를 더 드리고 영수증도 드릴 테니 다른 내 물건들과 계산에 넣어 주세요.
　그리고 옷감을 들어 나는 부인에게 주며 말했어요:
　—부인, 내일 돈을 보내시면 됩니다. 그 답례로 얼굴을 한 번 보여 주세요.
　그녀가 베일을 들어 얼굴을 볼 수 있었고, 얼마나 아름다운지 마냥 쳐다봐도 지치지 않을 정도였어요.
　밤새 잠을 이루지 못하고 동이 트자 나는 그녀를 다시 만나 보길 소원하며 일어났어요. 가게에 가 보니 잠시 후에 그 아름다운 여인이 왔습니다.
　—당신에게 빚진 돈을 갖고 왔어요—나를 향해서 말했습니다.

---

(1) **como no traigo ~** : como가 접속사로서 '그러므로, ~한 까닭으로'(= porque) (2) "**¿no le importará que yo ~?**": 제가 ~해도 괜찮을까요? 라는 의미의 겸손한 의문문 (3) **traiga** : traer 동사의 접속법 현재 3인칭 단수 (3) **trapo** : *m.* 넝마, 걸레 (4) **la rica tela** : 여기서의 rico는 '아름다운, 화려한'의 의미 (5) **quizá o quizás+접속법** : 필경, 아마도 (6) **hay remedio** : 방도가 있다 (7) **según**+절 : según이 접속사처럼 글을 연결시켜 ~에 의하여, ~에 따라. * según dijo : 말한 바에 따르면 (8) **servicio** : *m.* 서비스, 봉사 (9) **cansarse de ~** : ~에 싫증을 느끼다 (10) **deber** : *tr.* (의무, 채무, 은혜를) 지다, 입다. * Debo diez dólares a ti. : 나는 네게 10달러를 빚지고 있다. (11) **dirigirse a·hacia** : (누구를 향해) 가다, 편지를 쓰다

Después nos sentamos y le dije el gran amor que sentía por ella. Se levantó como si la hubiese ofendido*. Entonces yo me despedí del comerciante y empezé a andar sin saber a dónde ir. Al volver la cabeza, vi a la esclava de aquella mujer, que me seguía.

—Señor, mi ama quiere verle.

Volvimos a la tienda y, al verme, me pidió que me sentara a su lado.

—Querido amigo, no te asombres de lo que hice, pues estaba delante el comerciante cuando me confesaste tu amor. No me ofendió, sino que me alegró mucho y me siento feliz de ser amada por un hombre tan virtuoso. Mañana, viernes, espero que vengas a mi casa, que está en la calle de la Devoción.

El viernes me levanté más temprano que de costumbre; me puse mi mejor traje, cogí una bolsa con cincuenta monedas de oro y, montado en un asno, partí hacia su casa. Cuando llegué allí, pagué al guía* que me había llevado con el asno y le pedí que volviera por mí a la mañana siguiente. Di unos golpes en la puerta y salieron a abrir, llevándome a una sala muy lujosa.

Al poco tiempo, llegó la mujer adornada* con brillantes y perlas, pero lo más bello, lo que más brillo tenía, eran sus ojos. Prepararon una mesa con comida y al lado de aquella bellísima mujer pasé la noche.

A la mañana siguiente, después de dejar la bolsa con las monedas de oro, me despedí de ella, que me preguntó cuándo iba a volver.

그런 후 우리는 앉아서 그녀에게 제 깊은 사랑을 고백했어요. 그러자 그녀는 마치 모욕을 당한 듯이 화가 나 일어났어요. 그러자 나는 상인에게 작별 인사를 하고 어디로 가야 할지도 모른 채 그저 걷기 시작했어요. 뒤를 돌아보자, 그 여인의 노예가 따라오는 것을 보았어요.

― 나으리, 제 주인이 뵈었으면 하십니다.

가게에 돌아가자, 나를 보고 그녀의 옆에 앉기를 청했어요.

― 사랑하는 친구시여, 제 행동에 놀라지 마세요. 제게 당신의 사랑을 고백하셨을 때 가게 주인이 앞에 있었어요. 당신은 저를 무안하게 하시지 않았으며 오히려 저를 기쁘게 해 주셨어요. 이렇게 덕망이 높은 사람의 사랑을 받게 되어 행복해요. 내일, 금요일에 데보시온 거리에 있는 제 집에 오세요.

저는 금요일 아침 평소보다 더 일찍 일어나, 제일 좋은 옷을 입고 가방에 금화 500개를 넣어 들고 당나귀를 타고 그녀의 집으로 출발했어요. 그곳에 도착하여, 저를 데려다 준 당나귀 주인에게 돈을 주고 다음 날 아침에 저를 데리러 오라고 했어요. 문을 몇 번 두드리자 문을 열어 주고 아주 화려한 홀로 저를 인도해 주었어요.

잠시 후에, 보석과 진주로 치장한 부인이 나타났는데 가장 아름답게 빛이 났던 것은 그녀의 눈이었어요. 상에 음식을 차렸고 나는 가장 아름다운 여인 옆에서 밤을 보냈어요.

다음 날 아침, 금화가 든 돈 가방을 두고 그녀와 작별 인사를 나누자 언제 다시 오겠냐고 물었어요.

---

(1) **hubiese** : haber 동사의 3인칭 단수 접속법 과거형 (2) **ofender** : *tr.* 모욕하다, 공격하다. *f.* ofensa : 치욕, 오욕. ofensiva : *f.* 공격 (3) **despedirse de** ~ : ~와 작별하다 (4) **volver la cabeza** : 고개를 돌리다 (5) **amo(a)** : *m. f.* 주인 (6) **confesar amor** : 사랑을 고백하다 (7) **de ser amada** : 사랑받는 것에 대해 (8) **vengas** : venir의 접속법 현재 2인칭 단수형 (9) **más temprano que de costumbre** : 습관보다 더 일찍 (10) **partir hacia (a)** : ~를 향해 떠나다; partir de (desde) : ~로부터 떠나다 (13) **dar unos golpes en la puerta** : 문을 몇 번 두드리다 (14) **lo+형용사・부사** : ~한 것. lo más bello : 가장 아름다운 것

—Señora, juro que volveré esta noche.

Así lo hice durante varias noches y siempre dejaba la bolsa con las monedas, hasta que me quedé sin dinero.

En esta triste situación[80], fui al almacén y, al ver varias personas reunidas, me acerqué; vi un caballero que llevaba un saco lleno de bolsas con monedas; cogí una sin que me vieran, pero el hombre me vio y me llamó. Cuando le pregunté qué quería, me dio un golpe tan fuerte que me tiró al suelo. La gente preguntó por qué me pegaba.

—La explicación es muy sencilla —dijo—: este hombre me ha robado una bolsa con oro.

Me registraron* y la encontraron. No pude resistir tanta vergüenza y caí al suelo sin sentido. Al abrir los ojos vi que estaba con la policía.

—Joven —me dijo el jefe—, confiesa la verdad.

Me declaré* culpable y mandó que me cortaran la mano, como se hacía con todos los ladrones. Después, el hombre al que había robado, me preguntó por qué lo había hecho. Se lo dije y me regaló la bolsa que había sido la causa de mi desgracia. El joven de Bagdad terminó su historia diciendo al comerciante cristiano:

—Ya te he contado por qué perdí la mano derecha.

   *   *   *

—¿No es esta historia aún más asombrosa que la del jorobadito? —dijo el ministro.

---

80) En esta triste situación = Mala situación, sin dinero.

─부인, 맹세코 오늘 밤에 오겠소.
　이렇게 여러 날 밤을 가서 항상 돈 가방을 두고 왔는데, 결국은 돈이 다 떨어졌어요.
　이 딱한 상황에서 상점에 갔는데, 모여 있던 많은 사람들을 보고 나는 가까이 갔지요. 나는 돈 가방을 여러 개 갖고 있는 한 신사를 보았어요. 그래서 아무도 모르게 하나를 집었는데 그 사람이 나를 보고 불렀어요. 제가 무슨 일이냐고 묻자, 갑자기 한 대를 쳐서 저는 바닥에 쓰러졌어요. 사람들은 왜 저를 때리느냐고 물었어요.
　─대답은 간단해요─그가 말했습니다─이 자가 내 돈 가방 하나를 훔쳤어요.
　(그들은) 저를 수색하고 가방을 찾았어요. 너무 부끄러워 그만 의식을 잃고 쓰러졌어요. 눈을 떴을 때는 경찰이 같이 있더군요.
　─젊은이─서장이 말했어요─, 사실을 고백하게.
　저는 죄를 지었다고 고백했고 그는 다른 도둑들처럼 제 손을 자르라고 했어요. 그런 다음, 제가 훔쳤던 사람이 왜 그랬느냐고 저에게 물었어요. 그에게 사정을 이야기하자, 제 불행의 원인이었던 돈 가방을 주더군요. 바그다드의 젊은이는 기독교도 상인에게 이렇게 말하면서 이야기를 마쳤어요:
　─왜 오른손을 잃었는지 다 얘기해 드렸어요.

　　　　　　　*　　　　*　　　　*

　─꼽추 이야기보다 이 이야기가 더 놀랍지 않습니까?─수상이 물었어요.

---

(1) **quedarse sin dinero** : 무일푼이 되다 (2) **En esta triste situación** : (돈이 없는) 나쁜 상황에서 (3) **caballero** : *m.* 신사 (4) **la explicación** : *f.* 설명, 해설; *tr.* explicar (5) **registrar** : *tr.* 수색하다, 검사하다 (6) **la encontraron** : la 는 bolsa con oro(황금이 든 자루) (7) **vergüenza** : *f.* 부끄러움, 수치심 ; *adj.* vergonzoso ; *tr.* avergonzarse de(por) (7) **al abrir los ojos** : 눈을 떴을 때 (8) **causa** : *f.* 원인, 이유.

El rey, lleno de ira, le dijo:

—¿Crees que la historia de un joven lleno de vicios puede ser más interesante que la del jorobadito? Mandaré que te ahorquen.

Al oír esto, el criado del rey le dijo:

—Señor, te ruego que primero escuches mi historia, que es mucho más asombrosa que la del jorobadito.

—Cuéntala —dijo el rey.

*   *   *

Una vez más llegó el día y Scherezade calló. El rey, su esposo, le preguntó si seguiría contando la historia a la noche siguiente. Scherezade lo prometió muy feliz al ver que ya no iban a cortarle la cabeza. Diznarda despertó a Scherezade a la hora acostumbrada, y comenzó esta historia:

19. HISTORIA DEL CONVIDADO*

En el reinado del rey Haroun-Al Rachid, mi padre era uno de los comerciantes más ricos de toda la ciudad de Bagdad, donde yo nací. Pero como era un hombre al que gustaban mucho los placeres de todas clases, descuidaba* sus negocios y, cuando murió, no quedaba nada de su gran fortuna, dejando además muchas deudas*, que tuve que pagar. Poco a poco fui haciendo mis negocios y reuniendo algún dinero hasta que tuve una tienda.

분노에 찬 국왕이 말했다:
— 나쁜 행실로 가득 찬 청년의 이야기가 꼽추 이야기보다 더 흥미롭다고 생각하는가? 너를 교수형시키겠다.
그것을 듣자, 왕의 신하가 말했습니다:
— 전하, 그 전에 제 이야기를 먼저 들어 보십시오. 꼽추의 이야기보다 더 재미있는 이야기들이 많습니다.
— 그것을 말해 보아라. — 왕이 말했습니다.

* * *

다시 날이 밝아 세레사데는 말을 그쳤다. 남편인 왕은 밤에 이야기를 계속하겠냐고 물었다. 세레사데는 이제 그녀의 머리를 베지 않으리라는 것을 알고서 매우 행복해서 약속했다. 디스나르다는 습관대로 그 시간에 세레사데를 깨웠고 그녀는 이야기를 시작했다:

19. 초대된 사람의 이야기

하룬 알 라치드 왕의 통치 중에, 나의 아버지는 바그다드 시 전체에서 가장 부유한 상인 중 한 사람이셨고 저도 그 곳에서 태어났어요. 그러나 모든 종류의 쾌락을 다 즐기시는 분이셔서 사업을 돌보지 않으셨고, 돌아가셨을 때는 재산이 하나도 없었고, 게다가 빚을 많이 지셔서 제가 갚아야 했습니다. 저는 조금씩 장사를 해서 약간의 돈을 모아 가게를 하나 차리게 되었습니다.

---

(1) una vez más : 한 번 더 (2) a la hora acostumbrada : 여느 때와 같은 시간에 ; acostumbrado : 길든, 습관적인, 여느 때와 같은 (3) convidado(a) : *m. f.* 초대 손님 (invitado) (4) de todas clases : 모든 종류의 (5) descuidar : *tr.* 태만히 하다, 소홀히 하다 (6) deuda : *f.* 빚, 채무 (7) poco a poco = gradualmente : 점차적으로, 조금씩 조금씩

Una mañana, al abrir mi tienda, entró una bella mujer y me pidió que le dejase descansar un rato. Dejé que lo hiciera y me dijo que quería comprar algunas telas de las más caras*. Me preguntó si yo las tenía.

—Señora, yo soy un pobre comerciante y no tengo aún dinero para tener esas telas tan caras*. Siento mucho no tenerlas; sin embargo, sí puedo buscarlas.

Así lo hice y compré telas por valor de cinco mil monedas. La mujer vino por ellas, se despidió de mí con mucha amabilidad y se fue acompañada por un eunuco. Cuando me di cuenta, la mujer se había ido sin pagarme y yo debía* a los comerciantes mucho dinero por aquellas telas.

Un día, mientras estaba pensando en aquella mujer, a la que yo amaba, y cómo iba a pagar ese dinero que debía, entró de nuevo en mi tienda y me dijo:

—Toma el dinero de las telas que me llevé.

Tomé el dinero, se calmaron mis dudas y fue más grande mi amor por ella. La mujer le dijo al eunuco:

—Emplea toda tu habilidad para hacer mi encargo.

El eunuco se echó a reír y, llevándome aparte, me dijo:

—Ya sé que amas a mi ama, pero me sorprende que no se lo digas. Ella también te ama y sólo viene aquí para verte.

Después se marcharon diciéndome que el eunuco volvería a la tienda para hablar conmigo. Pagué a cada comerciante lo que les debía por las telas y esperé con gran impaciencia a que volviera el eunuco.

어느 날 아침 가게 문을 열자, 어느 아름다운 여인이 들어와 잠시 쉬게 해 달라고 부탁했어요. 그렇게 하도록 하자, 그녀는 가장 비싼 옷감을 몇 개 사겠다고 했어요. 그녀는 내가 그러한 것을 갖고 있는지를 묻더군요.
― 부인, 저는 불쌍한 상인이고 아직 그렇게 비싼 옷감을 구입할 돈이 없습니다. 그 옷감이 없어서 죄송합니다. 그러나 구해 드릴 수는 있지요.
그렇게 해서 저는 금화 5천 개에 해당하는 옷감을 샀어요. 부인은 옷감을 가지러 왔으며, 제게 아주 친절하게 작별 인사를 하더니, 내시의 안내를 받으며 나갔어요. 그러나 부인은 돈을 지불하지 않고 가서 저는 그 옷감 때문에 상인들에게 많은 빚을 졌어요.
어느 날, 제가 사랑하는 그 여인을 생각하며 어떻게 빚진 그 돈을 갚을지 생각하는데 다시 그녀가 가게로 들어와 말했어요:
― 제가 갖고 간 옷감 값을 받으세요.
저는 돈을 받았고 의심도 가라앉아 그녀를 더욱 사랑하게 되었습니다. 그녀는 내시에게 말했어요:
― 내가 시킨 일을 하는데 너의 재능을 다 쏟아라.
내시는 웃음을 터뜨리며 저를 다른 쪽으로 데리고 가서 말했어요:
― 당신이 우리 주인 아씨를 사랑하는 걸 이미 아는데 왜 말을 안 하죠? 아씨도 당신을 사랑해서 당신을 보려고 여기 오는 겁니다.
그리고 내시는 나와 함께 얘기를 나누러 가게에 다시 올 거라 말하고 둘은 나갔어요. 나는 상인들에게 빚을 갚고 내시가 돌아오기를 조바심을 갖고 기다렸어요.

---

(1) si yo las tenía : 내가 옷감들을 갖고 있는지 없는지를(si는 영어의 *whether ~ or not*에 해당된다) (2) las más caras : las telas más caras(가장 비싼 옷감들) (3) así lo hice : 그렇게 했다 (4) vino por ellas : vino por las telas(옷감을 가지러 왔다) (5) con mucha amabilidad = muy amablemente (6) eunuco : *m.* 환관, 내시 (7) cómo iba a pagar : 어떻게 갚을 것인가 (8) calmarse : 차분해지다, 가라앉다 (9) emplear : 사용하다(= usar), 고용하다 (10) habilidad : *f.* 재능, 재주. *adj.* hábil 재주 있는 (11) encargo : *m.* 위탁, 의뢰 ; 부탁받은 일 (12) echarse a + inf. : ~하기 시작하다 (13) aparte : *adv.* 따로, 별도로 (14) un gran impaciencia : muy impacientemente(아주 초조하게)

Al fin, un día vino y me dijo:

— Eres muy afortunado; mi ama está enferma* de amor y vengo de su parte[81] a pedirte que te cases con ella. Es la favorita de Zobeida, la esposa del rey, y mi ama le ha dicho que desea casarse, pero antes quiere que Zobeida te conozca.

Acompañé al eunuco al palacio, pero como en esas habitaciones de las mujeres no dejaban entrar a los hombres, el eunuco me pidió que fuera a la Mezquita* y que le esperara allí.

Al anochecer, fui hacia la Mezquita, lleno de impaciencia. Desde allí vi llegar un barco del que bajaron varios cofres. Llegaron también el eunuco y la bella mujer. Con ellos iban unos criados que llevaron los cofres a la Mezquita.

— No hay tiempo que perder[82] — me dijo la joven.

Me ordenó meterme en uno de los cofres, obedecí y el eunuco mandó que llevasen de nuevo los cofres al barco.

Embarcó luego la mujer y los marineros se dirigieron hacia el placio de Zobeida. Cuando el barco llegó hasta la puerta, se oyó una voz, que gritaba:

—¡El rey, el rey!

Al oírlo, pensé que iba a morir de miedo[83].

—¿Qué llevas en esos cofres? — preguntó el rey a la favorita.

---

81) vengo de su parte = en su nombre.
82) No hay tiempo que perder = Muy de prisa, con rapidez.
83) morir de miedo = tener mucho miedo, estar aterrorizado.

드디어 어느 날 내시가 와서 말했어요:
— 당신은 행운아예요. 아씨는 상사병이 나셨고 그녀를 대신해서 제가 이렇게 와서 그녀와 결혼해 주십사 청합니다. 그녀는 왕의 부인 소베이다의 총애를 받고 계시는데 이미 결혼 의사를 말씀드렸어요. 그러나 그 전에 소베이다 왕비께서 당신을 만나 보고 싶어하세요.

내시를 따라 궁으로 갔으나, 여자들의 거처에 남자는 들어갈 수 없으니 사원에 가서 기다려 달라고 하더군요.

날이 어두워질 때, 저는 조바심을 갖고 사원으로 갔지요. 그 곳에서 여러 개의 궤짝을 싣고 배 한 척이 들어오는 것을 보았어요. 내시와 그 아름다운 여인도 왔어요. 그들과 함께 하인 몇 명이 궤짝을 사원으로 갖고 왔어요.

— 시간이 없어요 — 그녀가 말했어요.

내게 궤짝 하나에 들어가라고 해서 그렇게 했더니 내시는 다시 궤짝들을 배에 실으라고 했어요.

그러자 그 여인과 선원들은 배에 타고 소베이다의 궁으로 향했어요. 성문에 배가 도착하자 이렇게 소리치는 목소리가 들렸어요:

— 왕이 오십니다! 왕이 오십니다!

그것을 듣자 무서워 죽는 줄 알았어요.

— 궤에 무엇을 갖고 가느냐? — 왕이 총애하는 여인에게 물었어요.

---

(1) al fin = por fin : 결국, 마침내 (2) estar enfermo de amor : 상사병이 나다 (3) vengo de su parte : 그녀를 대신해서 오다 (4) favorito(a) : m. f. 총애를 받는 사람, 총신 (5) la Mezquita : 회교 사원 (6) al anochecer = al hacerse de noche (7) cofre : m. 궤, 단단한 상자 (8) No hay tiempo que perder : 매우 서두르다 (9) morir de miedo : 무서워 죽을 지경이다. *morir de ~ : ~로 인해 죽을 지경이다

—Son telas que quiere ver tu esposa, señor.

—Y yo también —dijo el rey—, abrid los cofres.

La mujer abrió uno y le enseñó tela por tela$^{84)}$, con el fin de que se cansase y no quisiera ver más.

El rey se cansó, señaló el cofre en que yo estaba y dijo que lo abriera.

—Señor —dijo la mujer—, te pido que no me hagas abrir éste, si no está tu esposa para verlo.

—Bueno —dijo el rey—, puedes llevarlo a sus habitaciones.

Cuando lo llevaron allí, la mujer lo abrió con rapidez y, cogiendo un cuchillo, me cortó los dedos pulgares* de las manos y de los pies. Lleno de dolor, perdí el sentido y, cuando me recuperé*, vi que me estaban curando.

—Señora —dije entonces—, ¿por qué has hecho esto?

Ella contestó que para salvarme de la ira y los celos del rey, ya que, cuando viera que no tenía dedos pulgares y conociendo la repugnancia de su esposa, Zobeida, por los hombres deformes*, no sospecharía de ella.

Después me presentó a Zobeida y con su consentimiento* nos casamos. Al poco tiempo se curaron mis heridas; me quedé sin dedos pulgares, pero siendo el esposo de una bellísima mujer y muy rica, por lo que pronto olvidé la falta de mis dedos.

---

84) tela por tela = una a una.

— 왕비께서 보고 싶어하시는 옷감입니다, 전하.
— 나도 봤으면 하는데 — 왕이 말했어요 —, 궤를 열어라.
여인은 궤를 하나 열어 옷감 하나하나를 보여 주며 지쳐서 더 보지 않게 하려고 했어요.
왕은 지쳐서, 내가 있는 궤를 가리키며 열라 했어요.
— 전하 — 여인이 말했어요 —, 왕비께서 안 계시는 자리에서 그것을 보려고 궤를 열도록 하지 마시옵소서.
— 좋아 — 왕이 말했어요 — 방으로 갖고 가도록 하라.
그 곳에 갖고 가자, 여인은 재빨리 궤를 열어 칼을 들고 내 엄지손가락과 엄지발가락을 잘랐어요. 고통으로 저는 의식을 잃었고 제가 깨어났을 때는 치료를 해 주고 있었어요.
— 아씨 — 그 때 나는 말했어요 — 왜 그렇게 하셨나요?
왕의 진노와 질투로부터 저를 구하려고 했다고 대답했어요. 저는 엄지손가락과 발가락이 없으며 소베이다 여왕은 병신인 남자들에 대한 혐오감을 갖고 있으므로 그녀를 의심하지 않을 것이라 예상했기 때문이었어요.
그런 후에 소베이다 여왕에게 저를 소개시키고 그녀의 허락으로 우리는 결혼했어요. 곧 상처는 아물었고, 비록 엄지손가락과 발가락은 없지만 너무나도 아름답고 부유한 여인의 남편이 되어 손가락과 발가락이 없다는 것도 곧 잊었어요.

---

(1) abrid : abrir의 명령형 2인칭 복수 (2) tela por tela : 옷감 하나하나씩 (3) con el fin de que ~ : ~할 목적으로 (4) quisiera : querer 동사의 접속법 과거 3인칭 단수 (5) con rapidez = muy rápidamente (6) cuchillo : m. 칼 (7) los dedos pulgares = dedos gordos : 엄지손가락 (8) perder el sentido = perder la conciencia : 의식을 잃다 (9) recuperarse : r. (의식을) 회복하다 (10) celos : m. pl. 질투 (11) cuando viera : ver 동사의 접속법 과거 3인칭 단수 (12) repugnancia : f. 혐오 (13) los hombres deformes : 기형적인 사람. *niño deforme : 기형아 (14) sospechar de ~ : ~을 의심하다, 수상쩍어하다 (15) con su consentimiento : 그녀의 승낙을 얻어 (16) por lo que ~ : lo 는 앞 문장 전체를 받는다. 앞 문장 전체로 인해 (17) falta : f. 부족, 결핍

* * *

—Ahora, señor —dijo el criado del rey—, ya conoce la historia del convidado a la boda en la que estuve ayer.

—Es muy interesante —dijo el rey—, pero no tanto como la del jorobadito.

Entonces se acercó el médico y, arrodillándose delante del rey, le dijo:

—Señor, puesto que te gustan tanto las historias, quisiera contarte una.

—La escucharé con gusto, pero, si no es más interesante que la del jorobadito, te mandaré ahorcar.

* * *

Scherezade vio que todavía tenía tiempo antes de que amaneciera y continuó contando la historia siguiente:

20. HISTORIA CONTADA POR UN MÉDICO JUDÍO

Cuando yo estudiaba Medicina, en la ciudad de Damasco*, me llamaron para ver a un enfermo, en casa del Gobernador* de esta ciudad. El enfermo era un joven muy bello, pero cuando le iba a tomar el pulso*, en vez de darme la mano derecha me dio la izquierda, y poco tiempo después vi que le faltaba la mano derecha. Un día, cuando paseábamos por el jardín del Gobernador el joven y yo, le pregunté el motivo.

　　　　　＊　　　　　＊　　　　　＊

　─자, 전하 ─왕의 시종이 말했어요─, 이젠 제가 어제 갔었던 결혼식에 초대된 사람의 이야기를 알게 되셨습니다.
　─상당히 흥미롭구나 ─왕이 말했어요 ─, 하지만 꼽추에 대한 이야기만큼 그렇게 재미있지는 않군.
　그러자 의사가 다가와 왕 앞에 무릎을 꿇더니 말했어요.
　─전하, 이야기를 그리도 좋아하시니 제가 하나 해 드리지요.
　─기꺼이 듣겠으나 꼽추 이야기보다 더 재미있지 않으면 교수형에 처하겠도다.

　　　　　＊　　　　　＊　　　　　＊

　세라사데는 날이 밝으려면 아직 시간이 있다는 것을 알자 다음 이야기를 계속했다.

20. 유태인 의사가 들려준 이야기

　제가 다마스커스에서 의학 공부를 할 때, 환자를 봐 달라고 그 도시의 시장이 불렀습니다. 환자는 잘생긴 청년이었는데 맥을 짚으려고 손을 내밀라 하자 오른손이 아니라 왼손을 내 주었고, 나중에 알게 되었는데 그에겐 오른손이 없었습니다. 어느 날 시장 집의 정원을 젊은이와 제가 거닐 때, 저는 그 이유를 물었어요.

―――――――――――――――――――

(1) tanto como ~ : ~과 마찬가지로, 똑같은 만큼, 같은 정도로 (2) delante de ~ : ~ 앞에 (3) puesto que ~ = ya que ~ : ~한 이상, ~하기 때문에 (4) con gusto : 기꺼이, 기쁘게 (5) antes de que ~ : ~하기 이전에 (6) medicina : *f.* 의학, 의술 (7) gobernador : *m.* 총독, (시의) 시장 (8) tomar el pulso : 맥을 짚다 (9) poco tiempo después : 잠시 후에

—He nacido en Mosul* —dijo—, en una de las mejores familias de la ciudad y fui muy bien educado*, con buenos maestros.

Mi padre y mis tíos, que eran comerciantes, pensaron en hacer un viaje por Egipto, por la orilla* del río Nilo*. A mí siempre me gustaron los viajes; pedí a mi padre que me llevara con él y me diera una parte de su negocio. Me dijo que sí, pero que debía quedarme en Damasco, mientras mis tíos seguían en Egipto durante unos días más. Atravesamos Mesopotamia y el río Éufrates y llegamos a Damasco, donde yo me quedé, según le había prometido a mi padre.

Vivía en una gran casa disfrutando del dinero ganado hasta entonces y además tenía una pequeña tienda. Una mañana llegaron dos mujeres jóvenes de la ciudad para hacer unas compras. De repente, a una de ellas le dieron grandes dolores y murió en mis brazos*. La otra salió corriendo y yo sospeché que la había envenenado*. Asustado, temiendo que me culparan a mí, enterré a la joven en el jardín de mi casa. Después cerré las puertas y salí hacia El Cairo para buscar a mis tíos, con el pretexto* de hablar de negocios urgentes*. Estuve en El Cairo durante tres años y después volví a Damasco, encontrando mi casa como yo la había dejado.

En la sala, encontré un collar* que llevaba puesto aquella joven cuando murió en mis brazos y, como yo necesitaba dinero, me fui a venderlo.

Estuve en casa de un joyero*, que me daba cincuenta monedas, aunque él sabía que valía más de dos mil.

― 저는 모술에서 태어났어요 ― 그가 말했어요 ―, 좋은 가문 중 하나에서 태어나 훌륭한 스승들 밑에서 좋은 교육을 받았어요.

아버지와 삼촌들은 상인이셨는데 이집트 나일 강변을 따라 여행을 하실 생각이셨어요. 저는 항상 여행을 좋아해, 아버지에게 그의 장사의 일부를 제게 맡기시고 데려가 달라고 부탁했어요. 그는 저를 데려가겠다고 했지만, 삼촌들이 며칠 더 이집트를 여행하시는 동안 저는 다마스쿠스에 머물러야 한다고 했어요. 우리는 메소포타미아와 유프라테스 강을 건너 다마스커스에 도착해, 약속한 대로 저는 그 곳에 남았어요.

저는 그 동안 번 돈으로 큰 집에서 즐기며 살고 작은 가게도 갖고 있었어요. 어느 날 아침 도시의 젊은 여자 둘이 물건을 사러 왔어요. 갑자기 한 명이 고통스러워하다 제 팔에서 죽었어요. 다른 여자는 뛰쳐나갔고 나는 그 여자가 독살시킨 것이 아닌가 하고 생각했어요. 저는 놀랍고 누명을 입을까 두려워 그 여자를 집 마당에 묻었어요. 그리고 문을 닫고 위급한 사업상의 이유인 것처럼 하고 삼촌들을 찾아 카이로로 떠났어요. 카이로에서 3년을 살았는데 다마스쿠스에 돌아와 보니 제 집은 놔 두고 간 그대로였어요.

거실에서 그 젊은 여자가 내 팔에서 죽었을 때 걸고 있던 목걸이를 찾았는데 돈이 필요해 팔러 갔어요.

어느 보석 상인이 금화 2천 개 이상의 가치가 있다는 것을 알면서도 나에게 50개를 주겠다고 했어요.

---

(1) ser educado : 교육을 받다 (2) hacer un viaje : 여행을 하다 (3) el río Nilo : 나일 강 (4) atravesar : *tr.* 건너다, 횡단하다 (5) el río Éufrates : 유프라테스 강 (6) disfrutar de ~ : ~즐기다, 향유하다 (7) hasta entonces : 그 때까지 (8) hacer unas compras : 쇼핑하다 (9) de repente = repentinamente : 갑자기 (10) envenenar : *tr.* (~에) 독을 타다, 독살하다 (11) culpar : *tr.* 나무라다, 죄를 씌우다 (12) con el pretexto de + inf. : 한다는 핑계로, 구실로 (13) urgente : *adj.* 긴급한, 위급한. *f.* urgencia (14) collar : *m.* 목걸이 (15) llevar puesto : 걸고(입고) 다니다 (16) joyero : *m.* 보석 상인. *cf.* joya : *f.* 보석. joyería : *f.* 보석상 (17) valer : ~의 가치가 있다.
* este reloj vale cien mil wones. : 이 시계는 십만 원입니다.

El joyero se fue a la calle, diciendo que iba a buscar el dinero a la tienda de enfrente*, pues no lo tenía todo, y cuando volvió venía con un policía. Le dijo que el collar que yo quería vender hacía más de tres años que se lo habían robado. El policía ordenó que me diesen cien palos para que confesase la verdad; fue tanto el dolor, que acabé declarándome culpable de un robo que no había cometido, y en castigo me cortaron la mano derecha.

Odiado por todos, y sin atreverme a volver a Mosul, donde había nacido, me quedé solo en mi casa de Damasco. Al cabo de tres días llegaron varios policías, con orden del Gobernador de llevarme a su palacio. Cuando me vio, me preguntó por la joven dueña de aquel collar, que era una de sus hijas y hacía más de tres años que había desaparecido. Conté al Gobernador todo lo que había pasado, con la sencillez que sólo tiene la verdad.

El Gobernador me creyó y, convencido de mi inocencia, me dijo:

—Hijo mío, permíteme que desde hoy te llame así. He sido el padre más desgraciado del mundo, pues la mayor de mis hijas, por celos, envenenó a su hermana, que murió en tu casa. Ahora, ella ha confesado su crimen antes de morir. Tengo otra hija, que, si la quieres, te la doy[85] para que te cases con ella. En cuanto al oyero, por haberte denunciado sin estar seguro[86], le quitaré todos sus bienes y te los daré a ti como dote para la boda.

---

85) te la doy = ofrecer en matrimonio, para casarse.
86) sin estar seguro = sin tener la certeza de algo, sin seguridad.

그 보석 상인은 돈이 없어 앞집에 가서 갖고 오겠다고 나갔으나 경찰과 같이 돌아왔어요. 그는 경찰에게 제가 팔려고 했던 그 목걸이는 3년 전에 도둑맞은 것이라고 했어요. 경찰은 제게 곤장 100대를 쳐서 자백을 하도록 했어요. 얼마나 고통스러웠던지 결국 저는 하지도 않은 도둑질을 인정했고 그 벌로 오른손을 잘렸어요.

  모두에게 미움을 받던 저는, 제가 태어난 모술로 돌아갈 엄두도 못 내고 다마스커스의 제 집에서 혼자 남아 있었어요. 3일 후에 저를 궁으로 데려오라는 시장의 지시를 받고, 여러 명의 경찰들이 왔어요. 저를 보자 그 목걸이의 주인인 젊은 여자에 대해 물었어요. 그의 딸 중 하나였는데 3년 전쯤 실종됐다더군요. 시장에게 사실 그대로 간단하게 지난 일을 다 말했어요.

  시장은 제 말을 믿었고, 제 무죄를 인정한 그는 말했어요 :

  ― 아들아, 오늘부터 이렇게 부르게 해 주게. 나는 세상에서 제일 불행한 애비라네. 큰딸이 시기심으로 자네 집에서 죽은 동생을 독살시켰다네. 지금 죽기 전에 그 아이가 다 고백했네. 내게 딸이 하나 또 있는데, 좋다면 자네에게 시집보내겠네. 확신도 없이 자네를 고발한 보석상은 그의 모든 재산을 몰수해서 결혼 지참금으로 자네에게 주겠네.

---

(1) la tienda de enfrente : 앞 가게 (2) dar palos : 몽둥이로 때리다 (3) acabar : 끝내 ~하다 (4) en castigo : 벌로서 (5) atreverse a + inf. : 감히 ~하다 (6) la joven dueña : 젊은 여주인 (7) sencillez : f. 단순함, 간단함. adj. sencillo (8) convencer : tr. 납득시키다(= persuadir), 깨닫게 하다, 감동시키다 (9) la mayor de mis hijas : 내 딸들 중 장녀 (10) en cuanto a = respecto a = sobre : ~에 관하여 (11) denunciar : tr. 비난하다, 적발하다. f. denuncia (12) te la doy : (결혼을 위해서) 너에게 딸을 주다 (13) sin estar seguro = sin tener la certeza de algo : 확신을 갖지 못하고서 (14) bienes : m. pl. 부, 재산(= hacienda, riqueza)

A los pocos días me casé con la hija del Gobernador, que es una joven bellísima. Vivo feliz con la herencia* de mi padre y de mis tíos, que murieron hace poco tiempo en Mosul.

*   *   *

—Ésta es la historia del joven —continuó el médico judío- que perdió su mano derecha.

—Muy bien —dijo el rey—, pero el cuento no es tan divertido como el del jorobadito, y no tengo motivo para perdonarte la vida.

—Señor —dijo el sastre—, yo puedo contarte una que sin duda te gustará.

Y empezó su cuento, seguro de su éxito*.

*   *   *

Scherezade, a la noche siguiente, dijo a su esposo, el rey:

—Señor, el sastre empezó así la historia del joven cojo, esperando que al rey le gustara más que la historia del jorobadito, que hasta entonces era la que más le había divertido:

며칠 후 저는 무척 아름다운 여인인 시장의 딸과 결혼했어요. 얼마 전에 모술에서 돌아가신 아버지와 삼촌들의 유산으로 행복하게 살고 있지요.

*　　　*　　　*

　—이것이 오른손을 잃은 젊은이의 이야기입니다—유태인 의사가 말했습니다.
　—좋아—왕이 말했어요—, 그러나 꼽추 이야기만큼 재미있지 않으니 네 목숨을 살려 줄 이유가 없도다.
　—전하—재봉사가 말했어요—, 제가 분명히 마음에 드실 이야기를 해 드리지요.
　성공하리라 확신하면서, 이야기를 시작했습니다.

*　　　*　　　*

　세레사데는 다음 날 밤에 남편인 왕에게 말했다.
　—전하, 재봉사는 그 때까지 왕이 가장 재미있게 들었던 꼽추의 얘기보다 더 마음에 들 것이라 생각하며, 절름발이 청년의 얘기를 시작했습니다.

---

(1) herencia : f. 상속, 상속물 (2) sin duda = indudablemante : 의심할 여지 없이 (3) seguro de su éxito : 성공할 것을 확신하여 (4) cojo : adj. 절름발이의. cojear : 절름거리다

21. HISTORIA DEL JOVEN COJO

Uno de mis amigos me invitó a comer con él y con otras personas. Entre ellas estaba un joven cojo y un barbero* de la ciudad. En cuanto[87] el cojo vio al barbero, pidió permiso para no asistir a la comida. Nos dijo que aquel hombre era la causa de su cojera.

Todos le pedimos que nos contara su historia y comenzó a contarla sin mirar al barbero.

—Mi padre —dijo— vivía en Bagdad. Como tenía mucho dinero y aunque le ofrecieron puestos en la corte*, prefirió vivir tranquilo en su casa. No tuvo más hijos que yo y a su muerte me dejó grandes riquezas.

Un día, estando en la calle, vi que venían hacia mí muchas mujeres y para no tropezar con ellas me puse al lado de una puerta. Delante de mí había una ventana, llena de flores, se abrió y apareció una bella joven. Me miró al mismo tiempo que tomaba unas flores, y su mano era tan blanca y tan bella como el alabastro*. Luego me sonrió y, cuando se cansó de mirarme y sonreír, cerró la ventana, pero yo me quedé allí sin saber qué hacer. Volví a mi casa y me acosté en seguida, con una fiebre[88] muy alta. Mis familiares me preguntaron qué me pasaba y no sabían qué hacer para curarme.

---

87) En cuanto = En el mismo momento.
88) con una fiebre muy alta = con mucha fiebre.

21. 절름발이 청년의 이야기

친구 하나가 그와 또 다른 사람들과 식사를 하자고 저를 초대했어요. 그 중 절름발이 청년과 도시의 이발사가 있었어요. 청년은 이발사를 보자 식사를 하지 않겠다며 그가 절름발이가 된 이유가 그 이발사 때문이라고 했지요.

모두들 그 이야기를 해 주기를 부탁하자 그는 이발사를 쳐다보지도 않고 이야기하기 시작했어요.

― 제 아버지는 ― 말했어요 ― 바그다드에서 사셨어요. 재산이 많아 조정의 자리를 맡으라는 제의를 받았지만 집에서 조용히 살기를 원하셨어요. 저 이외의 다른 자식은 없으셨고 돌아가시면서 많은 재산을 제게 남기셨어요.

어느 날, 거리에서 많은 여자들이 제 쪽으로 몰려와 저는 그들과 부딪치지 않으려고 어느 집 문 옆에 붙었어요. 제 앞에는 꽃이 가득한 창문이 있었는데 열리더니 아름다운 처녀가 나타났어요. 꽃을 따며 저를 쳐다봤는데 그녀의 손은 석고처럼 희고 아름다웠어요. 이윽고 제게 미소짓고 바라보다 지쳤는지 창문을 닫았고, 저는 어찌할 줄 몰라 하며 그 곳에 서 있었어요. 집에 돌아와 곧 저는 매우 높은 열 때문에 몸져 누웠어요. 친척들은 무슨 일이냐고 물었고 저를 치료하기 위해 어떻게 해야 할지 몰라 했어요.

---

(1) barbero(a) : *m. f.* 이발사(= peluquero) (2) en cuanto = tan pronto como : ~하자마자 (3) pedir permiso : 허가를 구하다 (4) ofrecer puestos : 직책을 제공하다 (5) la corte : *f.* 조정, 궁정, 수도 (6) tranquilo : *adj.* 조용한, 잔잔한, 평화로운 (7) tropezar con ~ : ~와 부딪치다 (8) al mismo tiempo que ~ : ~하는 동시에 (9) alabastro : *m.* 석고 (10) sonrió : sonreir '미소짓다' 동사의 직설법 부정과거 3인칭 단수 (11) con una fiebre muy alto : 고열이 나서

Estaba a punto de morir[89], cuando una vieja llegó, me miró y en seguida supo qué tenía. Cuando todos se fueron de la habitación, la vieja, sentándose en la cama, a mi lado, me dijo:

—Hijo mío, no quieres decir la causa de tu enfermedad, pero yo sé que estás enfermo de amor. Yo puedo curarte si me dices el nombre de ella.

Tanto me preguntó la vieja que acabé por decírselo y le conté lo que me había pasado.

—Hijo mío, conozco a esa joven de quien me hablas: es hija del Gobernador de la ciudad. No me sorprende que estés enamorado de ella, pues es la joven más bella de todo el país. Sin embargo, no es fácil que ella te ame, pues nunca hace caso[90] a ningún joven, pero yo haré todo lo que pueda para conseguirlo. Mientras tanto, no te desanimes* y levántate de la cama.

La vieja volvió a verme al día siguiente. Dijo que había ido a ver a la joven y le había contado mi tristeza y mi enfermedad.

—Me escuchó con gusto mientras hablaba —me dijo la anciana—, pero cuando dije que querías verla, me contestó: 《Eres demasiado atrevida al decirme eso》, y me echó de su casa. Pero yo no me desanimo tan fácilmente y, aunque sé que me va a ser difícil, acabaré por conseguir lo que deseo. Hijo mío —siguió diciendo la vieja—, no morirás de ésta[91] y espero que pronto estarás curado.

---

89) Estaba a punto de morir = Muy grave, cerca de la muerte.
90) pues nunca hace caso = no presta atención a nadie.
91) no morirás de ésta = saldrás con vida, te salvarás, te curarás.

거의 죽을 지경이었는데, 어느 노파가 와서 저를 보더니 곧 무슨 병인지 알아맞혔어요. 모두들 제 방에서 나가자, 노파는 침대에 앉더니 제 곁에서 말했어요.

─ 젊은이, 자네는 병의 원인을 말하지 않으려 하지만 나는 상사병이라는 걸 알지. 그녀의 이름을 말해 주면 치료해 주겠네.

노파가 얼마나 묻던지 저는 그만 무슨 일이 있었는지 마침내 다 말하고 말았어요.

─ 젊은이, 자네가 말하는 그 처녀를 내가 아네. 시장의 딸이야. 사랑에 빠질 만도 해. 전국에서 제일 아름다운 처녀이니까. 하지만 그녀가 자네를 사랑하게 하는 건 쉽지 않아. 어느 청년에게도 관심을 주지 않거든. 내가 해 보는 데까지 해 보겠네. 그 동안 기운을 잃지 말고 침대에서 일어나게.

다음 날 노파는 저를 보러 왔어요. 그녀를 찾아가 제 슬픔과 병을 말해 주었다더군요.

─ 기꺼이 내 말을 들어 주었어 ─ 노파가 말했어요 ─, 그리고 자네가 만나고 싶어한다고 했더니 이러더군 : 《그런 얘기를 저한테 하다니 참 당신은 당돌하군요》, 그러더니 나를 집에서 내쫓았어. 하지만 나는 그리 쉽게 포기하지 않아. 힘들겠지만 결국 내 뜻대로 될 걸세. 젊은이 ─ 노파는 계속해서 말했어요 ─, 자네는 이 병으로 죽지 않을 거고 나는 자네가 곧 회복되기를 바라네.

---

(1) estar a punto de + inf. : 막 ~를 하려고 하다 (2) una vieja : 여기 나오는 노파는 스페인 문학에 나오는 뚜쟁이 여인(La Celestina)의 모체가 된다. (3) supo : saer 동사의 직설법 부정과거 3인칭 단수 (4) acabar por + inf. : 드디어 ~하게 되다 (5) estar enamorado de ~ : ~에게 사랑에 빠지다(= enamorarse de ~) (6) hacer caso a ~ : ~를 거들떠보다, 고려하다 (7) desanimarse : 용기를 잃다 (8) anciano(a) : m. f. 노인, 노파 (9) me echó de su casa : 나를 그 집에서 쫓아내다 (10) no morirás de ésta = no morirás de esta enfermidad : 이 병으로 죽지 않을 것이다

Otro día que volvió a verme me dijo:

—Ayer volví a casa de la joven y estaba muy contenta; entonces, yo hice como que[92] estaba muy triste y empecé a llorar.

—¿Qué te pasa, abuela?[93] —me preguntó—, ¿por qué estás tan triste?

—Señora —le dije—, vengo de casa del joven de quien te hablé y el pobre está a punto de morir; ¡qué pena me da el saber que es por tu causa[94]!

—Bueno —me dijo—, dile que venga a verme; pero que no espere nada de mí, ni piense ser mi esposo si mi padre no quiere. Que venga el viernes a mediodía, que se acerque a la puerta y, cuando se vaya mi padre, bajaré a abrirle.

—Hoy es miércoles —me dijo la vieja—, así que aún quedan dos días para que te prepares.

Mientras la vieja hablaba, yo noté que me encontraba mejor de mi enfermedad y, cuando terminó de hablar, ya estaba bien del todo.

—Tomad —le dije.

Y le di una bolsa llena de oro.

El viernes por la mañana llegó la vieja mientras me vestía. Me preguntó si no me lavaba. Dije que no, pues tardaría mucho tiempo, pero que llamaría a un barbero para que me afeitase* y me cortase el pelo.

---

92) yo hice como que estaba triste = fingí estar triste.

93) ¿Qué te pasa, abuela? = Expresión cariñosa para dirigirse a una persona anciana.

94) saber que es por tu causa = que es por tu culpa, que eres culpable.

다음 날 다시 나에게 와서 말했어요:

— 어제 그 처녀의 집에 다시 갔는데 그녀는 아주 기분이 좋더군. 그래서 나는 슬픈 척하고 울었지.

— 할머니, 무슨 일이에요? — 묻더군 —, 왜 그리 슬퍼하세요?

— 아가씨 — 내가 말했어 —, 내가 말했던 그 청년의 집에서 오는데 그 가엾은 사람은 다 죽어 가요. 당신 때문이라니 슬퍼서 그래요.

— 좋아요 — 말하더군 — 만나러 오라고 하세요. 하지만 아무것도 기대하지 말라고 하세요. 아버지가 원하지 않으시면 제 남편이 되는 건 생각지도 말라고 하세요. 금요일 정오에 문 앞에 오라고 하세요. 아버지가 나가시면 제가 내려가 문을 열어 줄 거예요.

— 오늘이 수요일이니 — 노파가 말했어요 —, 준비하는 데 아직 이틀이 남아 있네.

노파가 말하는 동안 저는 병이 좀더 나아졌다고 생각했고 그녀가 말을 마치자 저는 완쾌되었어요.

— 가지세요 — 노파에게 말했어요.

그녀에게 금화가 가득한 주머니를 주었어요.

금요일 아침에 옷을 입고 있는데 노파가 왔어요. 목욕은 안 하느냐고 물었어요. 그래서 시간이 많이 걸려 목욕은 안 하지만 이발사를 불러 면도도 하고 머리도 깎겠다고 말했어요.

---

(1) otro día : 어느 날 (2) yo hice como que estaba triste = fingí estar triste : 슬픈 척했다 (3) el pobre = el pobre hombre : 가엾은 사람 (4) por tu causa = por tu culpa : 네 잘못으로, 너로 인하여 (5) ¿Qué te pasa, abuela? : 나이가 든 사람에게 쓰는 표현으로 '어떻게 지내십니까?' (6) a mediodía : 정오에. *a medianoche : 자정에 (7) terminar de + inf. : ~하기를 마치다 (8) del todo = totalmente : 완전히 (9) afeitarse : 수염을 깎다(재귀동사) (10) cortarse el pelo : 머리를 깎다

El esclavo a quien envié volvió con este desgraciado barbero que está aquí hoy, el cual, después de saludarme, me dijo:

—No parece que tenga buena salud.

—Así es —contesté—; he tenido una larga enfermedad.

—He traído las navajas y los instrumentos*. Espero que me diga si quiere afeitarse o cortarse el pelo.

—Afeitarme nada más —dije—, y rápidamente, que tengo prisa: a las doce tengo que salir.

Luego el barbero se puso en medio del patio y, mirando al cielo, dijo:

—Hoy es un buen día para afeitarle, pero algo me dice[95)] que corre usted peligro de tener algún accidente* y que le quede un defecto* para toda la vida.

—No le he mandado llamar para que me hable de supersticiones*. Deseo que me afeite —dije—, y, si no lo hace deprisa, mandaré llamar a otro barbero.

—Será difícil que encuentre un barbero que sea médico como yo, además de arquitecto*, filósofo*, astrólogo*, gramático*, historiador*, poeta* y novelista*.

—Pues todos esos títulos —le respondí— no impiden que sea un charlatán*, que acaba con la paciencia de cualquier persona.

—Pues tengo seis hermanos más —dijo—, que ésos sí que hablan, no yo, que soy un hombre silencioso.

---

95) algo me dice = sensación de que algo va a ocurrir, presentimiento, intuición, corazonada.

제가 보낸 노예는 오늘 여기 와 있는 이 못된 이발사를 데리고 왔는데, 그는 인사를 하더니 이렇게 말했어요:
　— 건강이 좋지 않아 보이는군요.
　— 그렇소 — 대답했어요 —, 오래 아팠어요.
　— 면도칼과 다른 기구들을 갖고 왔어요. 면도를 하실지 머리를 깎으실지 말씀해 주세요.
　— 면도만요 — 나는 말했어요 — 빨리 해 주세요. 바빠서요. 12시에 나가야 해요.
　그런 후 이발사는 정원 가운데 서서, 하늘을 보며 말했어요:
　— 오늘은 면도하기에 좋은 날이지만, 당신은 사고를 당해 평생 불구로 남을 나쁜 징조가 보이는군요.
　— 미신에 대해 말하라고 부른 게 아니오. 면도를 해 주시오 — 저는 말했어요 — 빨리 하지 않으면 다른 이발사를 부르라고 하겠소.
　— 저처럼 의사이며, 또한 건축가, 철학자, 천문학자, 문법학자, 사학자, 시인에 소설가인 이발사를 찾기는 힘들 거예요.
　— 그 많은 학위도 — 그에게 대답했어요 — 사람의 인내심을 바짝 마르게 하는 수다쟁이에게는 소용 없을 거요.
　— 저는 형제가 여섯 명인데 — 그가 말했어요 —, 그들은 정말 말을 많이 하지만 저는 아니에요. 저는 조용하답니다.

---

(1) **navaja** : *f.* (휴대용의 작은) 칼, 면도칼 (2) **instrumento** : *m.* 도구 (3) **tener prisa** : 서두르다 (4) **correr peligro de ~** : ~할 위험이 있다 (5) **tener accidente** : 사고를 당하다 (6) **defecto** : *m.* 흠, 결점 (7) **superstición** : *f.* 미신 (8) **de prisa = con prisa** : 급히, 서둘러서 (9) **arquitecto** : *m.* 건축가. *f.* arquitectura : 건축 (10) **filósofo** : *m.* 철학자. *f.* filosofía : 철학 (11) **astrólogo** : *m.* 점성가. *f.* astrología : 점성술 (12) **gramático** : *m.* 문법학자. *f.* gramática : 문법 (13) **historiador** : *m.* 역사학자. *f.* historia : 역사 (14) **poeta** : *m. f.* 시인. *m.* poema : 시 (15) **novelista** : *m. f.* 소설가. *f.* novela : 소설 (16) **charlatán** : *f.* 수다쟁이(= hablador) (17) **acabar con ~** : ~을 쓰러뜨리다, 처분하다, 처치하다 (18) **silencisos** : *adj.* 침묵의, 말없는 ; *m.* silencio : 침묵, 무언, 정숙

El joven, sin poder aguantar* más, le dijo a un esclavo que le diera unas monedas y le echara a la calle.

—He venido a esta casa por deseo suyo y no me iré de ella hasta que no le haya afeitado—exclamó el barbero.

Me puso la cara llena de jabón y cuando iba a afeitarme se detuvo.

—Después de tan larga enfermedad, ¿va a salir a la calle? Quédese en casa tranquilo* y, en vez de ir a ver a esa joven, venga a mi casa, que tengo invitados.

De repente, dijo:

—¡Pero si aún no he comprado la comida!

Yo, para que estuviese quieto* y terminase de afeitarme, mandé a mis criados que compraran lo que hiciese falta para su comida. Cuando volvieron los criados y vio la comida, se puso a mirarla, con tanta tranquilidad que me hizo perder otra vez la paciencia y empecé a gritar. Pero él no se enfadaba y volvió a pedirme que fuera a comer a su casa. Entonces le di muchos golpes al mismo tiempo que le echaba por las escaleras abajo.

Me vestí deprisa y salí a la calle. Al llegar a la casa del Gobernador, vi al barbero que me estaba esperando, escondido* en una puerta.

Cuando entré en la casa, mientras hablaba con la joven, llegó su padre, el Gobernador, dando golpes a un esclavo, que gritaba de dolor. El barbero creía que era a mí a quien estaba pegando y fue a mi casa corriendo para avisar a todos mis criados, que llegaron con palos a casa del Gobernador para ayudarme.

청년은 더 참지 못하고 노예에게 돈을 조금 줘서 내쫓으라고 했어요.
― 당신이 불러 이 집에 왔으니 면도를 끝내기 전에는 나가지 않겠어요.
― 이발사가 말했어요.
제 얼굴에 비누를 가득 바르고 면도를 하려다 멈추었어요.
― 오랫동안 아프셨는데, 밖에 나가신다고요? 집에 편히 계시지요. 그리고 그 처녀한테 가는 대신 제 집에 놀러 오세요. 손님들이 와 있어요.
갑자기 말했어요:
― 그러나 아직 음식을 사지 못했군요!
저는, 이발사가 조용히 면도를 끝낼 수 있도록 하인들을 시켜 식사를 위해 모자라는 것들을 사라고 했어요. 하인들이 돌아왔으며, 이발사는 먹을 것을 보고도 조용히 지켜보기만 해서, 저는 다시 그만 인내심을 잃고 고함을 쳤어요. 그러나 그는 화를 내지 않고 다시 그의 집에 식사하러 가자며 초대를 했어요. 그래서 저는 그 사람을 마구 때려서 계단 밑으로 던졌어요.
옷을 빨리 입고 나갔어요. 시장 집에 도착하자, 문에 숨어서 저를 기다리는 이발사를 봤어요.
집에 들어가 처녀와 이야기를 하고 있는데, 그녀의 아버지인 시장이 와서 노예를 때렸고 그는 아파서 소리쳤어요. 이발사는 제가 맞는 줄 알고 제 집으로 뛰어가 우리 집의 모든 하인들에게 알렸는데 그들은 저를 도우러 나무 막대기를 들고 시장의 집으로 몰려왔어요.

---

(1) **por deseo suyo**: 당신의 희망으로 인해 (2) **jabón**: *m.* 비누 (3) **estar quieto**: 평안하게 있다 (4) **ponerse a + inf.**: ~하기 시작하다 (5) **con tanta tranquilidad** = muy tranquilamente: 매우 조용하게 (6) **esconder**: 감추다(= ocultar), 숨기다

Asombrado el Gobernador y sin comprender qué hacía esa gente en su casa, salió a ver qué pasaba. Los criados, insultándole, le dieron con los palos y luego me buscaron por toda la casa hasta que me encontraron. Tropecé en las escaleras y me caí rodando. Me rompí una pierna, pero, a pesar del dolor que sentía, eché a correr para huir del barbero.

Cuando llegué a mi casa, ordené a mis criados que cerrasen las puertas y que no le dejasen entrar ni de noche ni de día.

Cuando arreglé mis negocios y me curé la pierna, cerré mi casa, abandoné a mi familia, mi pueblo y mi patria, por miedo a que volviera el barbero, que era mi pesadilla*.

—Señores, ustedes me dirán si no tengo razón al querer marcharme de aquí cuando le he visto.

Al terminar de decir estas palabras, el joven se levantó y se fue hacia la puerta acompañado por el dueño de la casa.

—Cuando el joven se fue —continuó el sastre—, nos quedamos muy asombrados con la historia. Miramos al barbero y le dijimos que, si era verdad lo que habíamos oído, él era culpable de todo lo ocurrido a aquel joven.

—Señores —nos dijo levantando la cabeza, que hasta entonces había tenido baja—, mi silencio, mientras hablaba el joven, es la prueba de que es verdad todo lo que ha contado. Pero yo sólo hice lo que pensé era mejor, pues, si no, en vez de una pierna rota hubiera salido de aquella casa muerto.

시장은 놀라고 그 사람들이 그의 집에서 뭘 하는지 이해할 수 없어, 무슨 일인지 보러 나왔어요. 하인들은 그에게 욕을 퍼붓고 매질을 한 다음 집을 다 뒤져 저를 찾아 냈어요. 저는 계단에서 넘어져서 굴러 떨어졌어요. 다리가 부러져 통증이 심했지만 나는 이발사를 피하려 뛰었어요.
　집에 도착하자 하인들에게 문을 잠그고 이발사를 밤이건 낮이건 들여보내지 말라고 했어요.
　사업을 정리하고 다리가 다 나은 후에 저는 집을 잠그고 가족과 마을과 조국을 버리고 떠났어요. 이발사를 만나지 않으려고요. 악몽이었어요.
　— 여러분 제가 저자를 보자 여기서 떠나려 한 이유를 이해하시겠지요.
　젊은이는 말을 끝내고 일어나 주인의 안내를 받으며 문으로 나갔어요.
　— 젊은이가 떠나고 — 재봉사가 말했어요 —, 우리는 그의 이야기에 매우 놀라워하고 있었습니다. 이발사를 바라보며 우리가 들은 이야기가 사실이라면 젊은이가 당한 일은 그의 책임이라고 했습니다.
　— 여러분 — 그 때까지 떨구고 있던 고개를 들며 그가 말했어요 —, 젊은이가 말하는 동안 제가 침묵했던 것은 다 사실임을 인정하는 것이에요. 그러나 저는 최선이라고 생각하는 것을 했을 뿐이에요. 그렇지 않았다면, 다리가 부러지는 대신 죽어서 그 집에서 나왔을 거예요.

---

(1) **romperse**: 깨지다, 부서지다, 망가지다, 부러지다 (2) **echar a + inf.**: ~하기 시작하다 (3) **caerse rodando**: 구르며 떨어지다 (4) **arreglar negocios**: 사업을 정리하다 (5) **patria**: f. 조국 (6) **por miedo a que ~**: ~하는 것이 두려워서 (7) **pesadilla**: f. 악몽 (8) **tener razón**: 근거가 있다, 옳다 (9) **baja**: f. 사상자 (10) **roto(a)**: romper '깨어지다' 동사의 불규칙 과거분사

Dice que soy hablador, charlatán, pero de siete hermanos que tengo yo soy el que menos habla y el que más sabe. Para que vean que es verdad, les voy a contar mi historia.

22. HISTORIA DEL BARBERO

En el país de un rey, famoso por las limosnas que daba a los pobres, había diez ladrones por los caminos de Bagdad que cometían muchos robos y asesinatos y tenían aterrorizado al país.

Enterado el rey, llamó al juez pocos días antes de las fiestas de la ciudad, le mandó que los buscara y los encarcelara a todos. El juez preparó a todos sus hombres para buscarlos y al día siguiente los encontraron, llevándolos prisioneros.

Por casualidad, ese día estaba yo paseando por la orilla del río y vi a diez hombres, bien vestidos, que se subían en una barca. Si me hubiera fijado,[96] hubiera visto que los acompañaba un guardia, pero pensé que iban a divertirse y a pasar el día de fiesta en algún banquete, y entré en la barca esperando hacer amistad con ellos durante el paseo. Bajamos por el río y desembarcamos delante del palacio del rey. Fue entonces cuando me di cuenta de mi equivocación.

---

96) Si me hubiera fijado = Si hubiese mirado mejor, verlo con más detenimiento.

제가 수다쟁이라고 하지만 일곱 형제 중 제가 제일 말이 없고 제일 많이 알지요. 그것이 사실이라는 것을 아시도록 여러분께 제 얘기를 해 드리지요.

22. 이발사의 이야기

가난한 사람들에게 동냥을 주는 것으로 유명한 왕이 있는 나라에, 바그다드로 가는 길목에서 도둑질과 살인을 일삼으며 전국을 공포에 떨게 했던 10명의 도둑들이 있었어요.

왕이 그 일을 알고, 재판관을 도시의 축제일 며칠 전에 불러 그들을 찾아 모두들 감옥에 가두라고 명령했어요. 재판관은 그들을 수색하기 위해 부하들을 소집한 후 그 다음 날 그들을 찾아서 체포했어요.

우연히도, 그 날 저는 강가를 거닐다 남자 10명이 옷을 잘 차려 입고 배에 오르는 것을 봤어요. 잘 지켜보았더라면 그들을 데리고 가던 호위병을 보았을 텐데. 하지만 저는 그저 그들이 어느 파티장서 축제일을 보내며 즐기러 가는 것으로 생각하고, 산책하는 동안 그들과 친해지길 바라면서 배에 탔어요. 강을 따라 내려가 왕궁 앞에서 내렸어요. 그때서야 제가 실수했다는 것을 깨달았죠.

---

(1) el que menos habla y el que más sabe : 가장 적게 말하고 가장 많이 아는 사람 (2) limosna : *f.* 동냥, 연보 (3) cometer : *tr.* (범죄, 나쁜 행위를) 저지르다 ; cometer robos = robar / cometer asesinatos = asesinar (4) aterrorizar : *tr.* 질겁을 하게 하다, 떨게 만들다, 전율케 하다 (5) por casralidad : 우연히 (6) subirse en una barca : 배를 타다 (7) Si me hubiera fijado = Si hubiese mirado mejor, verlo con más detenimiento. *fijarse : 시선을 붓다, 주의를 기울이다. *si+**접속법 과거완료** : 과거 사실의 반대되는 가정법 문장 (8) hacer amistad : 친분을 맺다 (9) equivocación : *f.* 착각, 실수. equivocarse

Al salir de la barca, nos rodearon más policías, que nos llevaron delante del rey.

Me dejé atar sin decir nada, pues no me hubieran hecho caso, aunque hubiera gritado que yo no era un ladrón. Lo único que habría logrado es que me tratasen peor sin escucharme siquiera. Yo estaba con los ladrones y eso era suficiente para creer que era uno de ellos.

Cuando estuvimos delante del rey, mandó que castigaran a los diez ladrones.

—Que les corten la cabeza —dijo.

En seguida, el verdugo nos puso uno detrás de otro y yo tuve la suerte de quedarme el último. Les cortó la cabeza, empezando por el primero, y cuando llegó a mí, se quedó parado. El rey, al ver que se paraba, se enfadó.

—¿No te he mandado que cortes la cabeza a los diez ladrones?, ¿por qué sólo se la cortas a nueve?

—Señor —dijo el verdugo—, Dios me libre de no cumplir vuestras órdenes. Aquí están los diez cadáveres y las diez cabezas cortadas.

El rey las contó y vio que era verdad. Me miró asombrado y, como no le parecí un ladrón, me dijo:

—Buen hombre[97], ¿qué haces aquí?

—Señor —le respondí—, esta mañana vi que esos hombres entraban en una barca y me metí con ellos pensando que iban a celebrar el día de fiesta.

---

97) Buen hombre = Expresión de saludo que indica familiaridad, poco usada actualmente.

배에서 내리자, 더 많은 경찰들이 포위를 하고 우리를 왕 앞에 데려갔어요.

저는 아무 말도 하지 않고 그들이 나를 묶는 대로 그냥 놔 두었죠. 왜냐하면 제가 도둑이 아니라고 소리쳐도 신경도 안 썼을 테니까요. 그렇게 했더라면 제가 얻은 것은 그들이 제 말은 듣지도 않고 오히려 저를 더 혹독하게 대했을 것이라는 거예요. 저는 도둑들과 같이 있었고 그들 중 하나라고 믿기에 충분했어요.

우리가 왕 앞에 가자, 그는 도둑 10명에게 벌을 주라고 했어요.

―목을 쳐라― 라고 말했어요.

곧 사형 집행자는 우리를 차례로 세웠고 저는 운 좋게도 제일 마지막에 섰어요. 첫 번째부터 시작해서 그들의 목을 쳤는데, 제 차례가 되자 멈췄어요. 그가 멈추는 것을 보자 왕은 화가 났죠.

―10명의 도둑을 다 치라 하지 않았느냐? 왜 9명만 치는고?

―전하―사형 집행자가 말했어요―, 전하의 명령에 불복종한 것에 대해 하느님께서 저를 구하소서. 여기 시체 10구와 머리 열 개가 있습니다.

왕은 세어 보더니 그것이 사실임을 알았어요. 놀라서 저를 보았고 제가 도둑처럼 보이지 않았는지 이렇게 말했어요:

―선자여, 그대는 왜 여기 있는가?

―전하―저는 대답했어요―, 오늘 아침 그들이 배에 타는 것을 보았는데 축제에 가는 줄 알고 같이 탔습니다.

---

(1) dejar + inf. : ~하도록 내버려 두다 (2) hacer caso : 고려하다, 주의를 기울이다 (3) peor : mal의 비교급 ↔ mejor (4) siquiera : *adv.* 하다 못해. * (no, ni sin 등의 부정어와 어울려서) ~조차도 ~않다 (5) verdugo : *m.* 사형 집행인 (6) **uno detrás de otro** : 일렬로 (7) **empezando por el primero** ~ : 첫 번째 사람부터 시작하면서 (8) **librar a uno de ~** : uno를 ~으로부터 벗어나게 하다, 구조해 내다 (9) **buen hombre** : 친밀하게 인사하는 표현. 현대에서는 잘 사용하지 않는다. (10) **celebrar el día de fiesta** : 파티를 열다

El rey se rió mucho con mi aventura y, al contrario de ese joven cojo, se admiró de mi silencio.

—Señor —le dije—, no te extrañe que me haya callado a pesar del gran peligro que he pasado, pues yo tengo esta virtud para ser diferente de mis hermanos. Mi felicidad es ser un hombre silencioso.

—Me parece bien —dijo el rey—, ¿pero cómo son tus hermanos?

—Todos ellos son muy habladores, señor —contesté al rey.

—Verdaderamente eres muy silencioso, pero yo te pido que te vayas de mi país, pues tengo miedo de volver a encontrarte y cometer una injusticia contigo por no hablar a tiempo.

Obedecí al rey y pasé muchos años viajando hasta que me enteré de que el rey había muerto. Entonces volví a Bagdad y fue cuando conocí a este joven y le ayudé.

* * *

Después de que Scherezade contó esta historia a su esposo, el rey Chariar, y viendo que se estaba haciendo de día, dejó de hablar, pero le prometió que, si vivía una noche más, le contaría una nueva y preciosa historia. El rey miró con amor y admiración a su bella esposa, y también le prometió que escucharía con mucho interés la próxima historia. Llegó la noche y, antes de amanecer, Diznarda despertó a su hermana para que pudiera contar la historia de Alí Babá y los cuarenta ladrones.

왕은 제 모험에 많이 웃었고, 절름발이 청년과는 반대로 제 침묵에 감탄했어요.
— 전하 — 저는 대답했어요 —, 큰 위험이 따르는데도 불구하고 말을 하지 않은 것에 대해 이상하게 생각지 마십시오. 저는 형제들과는 달리 이러한 미덕을 지니고 있습니다. 제 행복은 조용한 사람이 되는 것입니다.
— 좋다 — 왕은 말했어요 —, 그런데 형제들은 어떤가?
— 전하, 모두가 수다쟁이들이죠 — 대답했어요.
— 참으로 자네는 조용하네. 그러나 제때에 말을 하지 않아 자네에게 다시 부당한 짓을 하게 될지도 모르니 나라에서 떠나 주기를 부탁하네.
저는 왕의 말에 복종하고 왕이 죽었다는 것을 알게 될 때까지 오랜 세월을 여행하면서 보냈습니다. 그리고 바그다드로 다시 돌아와 이 젊은이를 알게 되어 그를 도와 주었죠.

* * *

세레사데가 남편인 차리아르 왕에게 이야기를 다 들려 주고, 날이 밝자 말을 그쳤다. 그러나 하루를 더 산다면 더 새롭고 멋진 이야기를 들려 주겠다고 약속했다. 왕은 그의 아름다운 부인을 애정과 감탄어린 눈길로 바라보았고, 다음 이야기를 아주 재미있게 듣겠노라고 약속했다. 밤이 되고 새벽이 오기 전에 디스나르다는 알리바바와 40인의 도적의 이야기를 할 수 있도록 언니를 깨웠다.

---

(1) aventura : *f.* 모험. aventurero(a) : *m. f.* 모험가 (2) al contrario de ~ : ~와는 반대로 (3) admirarse de ~ = admirar : 감탄하다, 찬양하다 (3) extrañarse : r. 기이, 이상하게 생각하다, 놀라다 (4) virtud : *f.* 미덕 (5) ser diferente de ~ : ~와 다르다 (6) verdaderamente : *adv.* 정말, 진실로 ; *adj.* verdadero ; *f.* verdad (7) cometer una injusticia : 불의를 저지르다 (8) a tiempo : 제 시간에, 늦지 않게 (9) precioso : 귀중한, 훌륭한, 아름다운 (10) con amor y admiración : 사랑과 경탄으로

23. HISTORIA DE ALÍ BABÁ Y LOS CUARENTA LADRONES

En una ciudad persa vivían dos hermanos; uno se llamaba Casín y el otro Alí Babá lo hizo con una mujer muy pobre, y vivían cortando leña, que luego vendían en la ciudad.

Un día, que estaba cortando leña en el bosque, vio unos hombres a caballo, que iban hacia donde estaba él. Aunque en Persia no hay muchos ladrones, Alí Babá pensó que esos hombres lo eran, y se escondió detrás de un árbol. Eran cuarenta hombres altos y fuertes con grandes cuchillos. Cuando llegaron cerca del árbol, se bajaron de los caballos y dejaron en el suelo unos sacos*. Alí Babá vio que estaban llenos de oro.

Uno de los ladrones, que parecía el capitán, se acercó a una roca y dijo:

—¡Sésamo*, ábrete!

En seguida se abrió una puerta en la roca y se cerró cuando todos los hombres estuvieron dentro.

Alí Babá esperó a ver qué pasaba, sin atreverse a salir de detrás del árbol. Al poco rato salieron los ladrones, y dijeron:

—¡Sésamo, ciérrate!

Y la puerta se cerró al momento[98]. Luego, con los sacos vacíos, se montaron en sus caballos y se marcharon.

---

98) se cerró al momento = inmediatamente, con rapidez.

23. 알리바바와 40인의 도적 이야기

어느 페르시아 도시에 두 형제가 살았는데, 형은 카신이고 동생은 알리바바였습니다. 카신은 매우 부유한 여자와 결혼했지만, 알리바바는 가난한 여자와 결혼하여 나무를 해서 도시에 내다 팔며 살았습니다.

어느 날, 숲에서 장작을 패고 있는데 그가 있는 곳으로 몇 명의 남자들이 말을 타고 가는 것을 보았습니다. 비록 페르시아에는 도적들이 많지 않았지만, 알리바바는 그들이 도적들이라 생각하고 나무 뒤에 숨었습니다. 40명은 키가 크고 체격이 좋았으며 큰 칼을 차고 있었습니다. 나무 근처에 오자, 말에서 내려 자루 몇 개를 바닥에 내려놓았습니다. 알리바바는 그것들이 금으로 가득 찬 것을 보았습니다.

도적들 중 두목으로 보이는 사람이 어느 바위에 다가가 말했습니다:
— 열려라, 참깨!
곧 바위의 문이 열리고 모든 남자들이 들어가자 닫혔습니다.
알리바바는 나무 뒤에서 나오지 않고 무슨 일이 일어나나 지켜보려고 기다렸습니다. 잠시 후 도적들이 나오더니, 말했습니다.
— 닫혀라, 참깨!
그러자 곧 문이 닫혔습니다. 그리고 나서 그들은 빈 자루를 갖고 말을 타더니 떠났습니다.

---

(1) persa : *adj.* (*m. f.* 동형) 페르시아 인 ; *m.* 페르시아 어 (2) Alí Babá lo hizo. : 알리바바도 결혼했다. (3) cortar leña : 장작을 패다 (4) a caballo : 말 탄, 말을 타고 (5) esconderse : *r.* 몸을 숨기다 (6) saco : *m.* 자루 (7) capitán : *m.* 두목, 대위(육군), 선장(선박) (8) ¡Sésamo, ábrete! : 열려라, 참깨! (9) esperó a ver qué pasaba : 어떻게 되는지를 보기 위하여 기다렸다 (10) al momento : 즉각적으로(= inmediatamente, de inmediato) (11) vacío : *adj.* 텅 빈

Cuando Alí vio que desaparecían, salió de su escondite* y repitió las palabras que había oído al jefe de los ladrones. Al momento, la puerta se abrió y, en vez de entrar en una cueva oscura, como Alí esperaba, encontró una habitación llena de luz, con telas de seda, oro y piedras preciosas por el suelo. Alí Babá sacó de la cueva y cargó todo lo que pudo sobre sus asnos. Salió de allí y dijo las palabras mágicas para que se cerrara la puerta de la roca.

Cuando llegó a su casa, le contó todo esto a su mujer y luego le pidió que le ayudara a enterrar el tesoro que había cogido de la cueva. Pero la mujer quiso saber cuánto oro tenían; Alí Babá le dijo que otro día tendría más tiempo para contarlo, pero no le hizo caso y fue por un peso* a casa de Casín, el hermano de Alí.

Como Alí Babá y su mujer eran tan pobres, les extrañó que les pidieran un peso, pues nunca tenían nada que pesar. Sin embargo, la mujer de Alí no contestó ninguna de las preguntas que le hicieron, pero era tanta la curiosidad que tenían, que la mujer de Casín puso un poco de grasa* en el fondo del peso, para que algo de lo que pesaran se quedara pegado. Cuando se lo devolvieron, en el fondo del peso se encontraron una moneda de oro.

Casín y su esposa no podían explicarse de dónde lo habían sacado y, llenos de envidia, fueron a preguntárselo. Alí Babá, al verse descubierto, le contó todo a su hermano y le dijo las palabras mágicas para abrir la roca. Casín, que era muy avaro, al amanecer se fue al bosque con diez sacos y diez cofres. Al llegar delante de la roca, dijo:

알리바바는 그들이 사라지자, 은신처에서 나와 도적 두목이 했던 말을 따라 했습니다. 곧 문이 열렸고, 알리바바는 생각했던 대로, 어두침침한 동굴이 아닌 불빛이 가득하고 바닥엔 금과 값진 보석과 비단이 깔린 방으로 들어갔습니다. 알리바바는 당나귀에 실을 수 있는 모든 것을 동굴에서 꺼내 실었습니다. 그 곳에서 나와 주술을 외워 바위 문을 닫았습니다.

집에 도착하여, 부인에게 모든 얘기를 다 해 주고 동굴에서 갖고 온 보물을 감추게 도와 달라고 했습니다. 그러나 부인은 금이 얼마나 되는지 알고 싶어했습니다. 알리바바는 다음 날 시간이 많은 때 세어 보자고 했으나, 부인은 말을 듣지 않고 알리바바의 형 카신의 집에 저울을 빌리러 갔습니다.

알리바바와 그 부인은 너무 가난해서 무게를 달아 볼 것이 없었으므로 저울을 빌리는 것이 그들에게는 이상하게 생각되었습니다. 알리바바의 부인은 그들의 질문에 대답을 하지 않았지만 카신의 부인은 너무도 궁금해서, 무게를 다는 것의 무언가가 달라붙도록 저울의 바닥에 약간의 기름을 발랐습니다. 다시 그들이 저울을 돌려 주었을 때, 바닥에서 금화 한 개를 찾았습니다.

카신과 아내는 어디서 난 것인지 알 수 없었고 시기심으로 가득 차, 물어 보러 갔습니다. 알리바바는 들키자, 형에게 다 얘기해 주고 문을 여는 주술을 알려 주었습니다. 매우 탐욕스러운 카신은, 날이 밝자 자루 10개와 궤짝 10개를 갖고 숲으로 갔습니다. 바위 앞에 도착하자 말했습니다:

---

(1) **una cueva oscura** : 어두운 동굴 (2) **como Alí esperaba** : Alí가 기대했던 바처럼 (3) **telas de seda** : 비단 천 (4) **la palabra mágica** : 요술 주문 (5) **tesoro** : *m.* 보물 (6) **más tiempo para contarlo** : 여기에서 contar 동사는 '세다'의 의미 (7) **por un peso** : 저울 때문에. *el peso = la balanza 저울 (8) **nada que pesar** : 무게를 달 것이 없다. pesar : *tr.* 무게를 달다 (9) **grasa** : *f.* 지방, 수지 (10) **pegar** : *tr.* 붙이다, 달라붙게 하다 (11) **al verse descubierto** : 발견된 것을 알자. '자기 자신이 발각되었다'는 의미 (12) **avaro** : 욕심 많은. *m.* 욕심쟁이. *f.* avaricia : 욕심. tacaño : 구두쇠

아라비안 나이트 223

—¡Sésamo, ábrete!

Y la puerta se abrió. Entonces Casín entró, cerrándose inmediatamente. Al ver tanta riqueza, no sabía por dónde empezar.[99] Cargó todo lo que pudo sobre los asnos y, cuando iba a salir por última vez, olvidó las palabras mágicas y la puerta no se podía abrir.

Poco después los ladrones volvieron a la cueva con nuevos sacos y, al ver en la puerta los asnos de Casín, entraron con las armas preparadas. Cuando vieron al asustado Casín, y sin darle tiempo a gritar, le mataron. Luego quitaron los sacos de los asnos y volvieron a meter el oro en la cueva, sin darse cuenta de que faltaba el oro que se había llevado Alí Babá.

En seguida se pusieron a pensar cómo había podido entrar aquel hombre en la cueva; algunos pensaron que por un agujero que había en el techo, por donde entraba la luz, pero no podía ser, porque estaba muy alto. Pensaron entonces que alguien los había visto y les había oído decir las palabras mágicas.

Los ladrones cortaron el cuerpo del pobre Casín en cuatro trozos y los clavaron en la puerta, para que la gente* los viera y no se atreviesen a entrar.

Mientras tanto, la mujer de Casín, al ver que tardaba mucho su marido, fue a ver a Alí Babá; le contó que se había ido al amanecer, que era casi de noche y, como no había vuelto, creía que algo[100] le había pasado.

---

99) por dónde empezar = qué llevarse primero.
100) creía que algo = pensaba que alguna cosa.

─ 열려라 참깨!

그리고 문이 열렸습니다. 그러자 카신은 들어갔고 곧 문이 닫혔습니다. 너무 많은 보물을 보자, 어디서부터 시작해야 좋을지 몰랐습니다. 당나귀에 가능한 한 모두 싣고, 마지막으로 나가려 하자 주술을 잊어 버려 문을 열 수 없었습니다.

얼마 후 도적들이 새 자루들을 갖고 동굴에 돌아와 보니, 문 앞에 카신의 당나귀가 있어 무기를 준비하고 들어갔습니다. 놀란 카신을 보자, 소리 칠 틈도 주지 않고 죽였습니다. 그리고 당나귀에 실었던 자루를 내려 다시 금을 동굴 속에 갖다 놓았으며 알리바바가 갖고 간 금이 없어진 것을 눈치채지는 못했습니다.

곧 그들은 그 사람이 동굴에 어떻게 들어왔을까 생각했습니다. 몇 명은 햇빛이 들어오는 천장의 구멍이라고 생각했지만 너무 높아 그럴 수는 없었습니다. 그러자 그들은 누군가가 그들을 보고 주술을 말하는 것을 들었다고 생각했습니다.

도적들은 불쌍한 카신의 몸을 네 조각으로 잘라, 사람들이 그것을 보고 아무도 감히 들어오지 못하도록 문 앞에 못 박아 놓았습니다.

그 동안, 카신의 아내는 남편이 너무 늦자 알리바바를 찾아가 새벽에 남편이 나갔는데 거의 밤이 되어도 돌아오지 않으니 그에게 무슨 일이 일어났다고 말했습니다.

---

(1) por dónde empezar : 어디서부터 시작할지를 (2) por última vez : 마지막으로 (3) arma : f. 무기. * armas preparadas : 준비된 무기 (4) dar tiempo a+inf. : ~할 시간을 주다 (5) ponerse a+inf. = poner a+inf. : ~하기 시작하다 (6) por un agujero : 구멍으로 (7) creía que algo le había pasado : 그에게 무슨 일이 일어났다고 믿었다 (8) techo : m. 천장 (9) en cuatro trozos : 네 조각으로 (10) a lo mejor : 혹은 (11) tardanza : f. 지체, 늦음

Alí Babá le dijo que esperase a que la noche estuviera más oscura, pues a lo mejor Casín estaba esperando para que no le vieran cuando entrara en la ciudad.

La mujer, más tranquila, esperó, pero, al ver que llegaba la noche y no volvía, empezó a llorar, pensando que algo le había ocurrido a su marido.

Alí Babá, muy preocupado* por la tardanza de Casín, fue hasta la cueva, donde vio lo que habían hecho con su hermano. Recogió los trozos de su cuerop en un saco y, después de llorar por su muerte, cargó otra vez sus asnos con oro y se marchó.

Cuando llegó a su casa, dejó los sacos con el oro y fue a casa de la mujer de su hermano con el saco que llevaba el cadáver de Casín.

— Margiana — dijo a la esclava que le abrió la puerta —, es necesario que guardes el secreto[101] de lo que vas a ver. Aquí traigo el cuerpo de tu amo hecho trozos, pero lo enterraremos como si estuviera entero y acabara de morir. Avisa a tu ama y luego te diré lo que haremos.

Margiana era una bellísima y joven esclava, muy inteligente. Avisó a su ama y Alí Babá contó a su cuñada* lo ocurrido.

— La desgracia ya está hecha[102], pero, para consolarte, he traído un saco lleno de oro, y también quiero que seas mi mujer. A la esposa que tengo ahora no le parecerá mal.[103]

---

101) guardes el secreto = no se lo digas a nadie.
102) La desgracia ya está hecha = El mal ya está hecho.
103) no le parecerá mal = no le importará, le parecerá bien.

알리바바는 아마 카신이 눈에 띄지 않게 도시에 들어오려고 기다리고 있을 것이라고 말하며, 밤이 더 어둡기를 기다리자고 했습니다.

부인은 마음을 가라앉히고 기다렸으나, 밤이 되어도 돌아오지 않자 남편에게 무슨 일이 생긴 것이라 생각하며 울기 시작했습니다.

알리바바는 카신의 늦음에 몹시 걱정이 되어 동굴에 갔으며, 거기서 그들이 형에게 행한 짓을 알게 되었습니다. 형의 시신을 자루에 넣고 그의 죽음을 슬퍼하며 다시 금을 당나귀에 싣고 떠났습니다.

집에 도착하여 금자루를 남겨 두고 카신의 시체가 든 자루를 들고 형수 집으로 갔습니다.

― 마르히아나 ― 문을 열어 준 노예에게 말했습니다 ―, 네가 보는 것은 비밀로 간직해야 한다. 여기 조각난 네 주인의 사체를 갖고 왔는데, 그가 방금 죽어서 시신이 잘려지지 않은 그대로인 듯이 묻을 것이다. 주인 마님께 알려라. 그리고 어떻게 할지 알려 주겠다.

마르히아나는 젊고 매우 아름다우며 영리한 노예였습니다. 그녀는 주인 마님에게 알렸고 알리바바는 형수에게 무슨 일이 있었는지 다 얘기해 주었습니다.

― 불행은 이미 벌어졌지만 당신을 위로하기 위해 금자루를 들고 왔어요. 그리고 당신도 제 부인이 되었으면 해요. 지금의 제 아내도 싫어하지 않을 거예요.

---

(1) recoger : *tr.* 줍다, 수확하다 (2) guardar el secreto : 비밀을 지키다 (3) hacer trozos : 토막을 내다 (4) como si + **언제나 접속법 과거 혹은 과거완료** : 마치 ~인 것처럼 (5) cuñado(a) : *m. f.* 시아주버니, 시동생 (6) la desgracia ya está hecha = ya se ocurrió la desgracia : 불행은 이미 일어났다 (7) no le parecerá mal = no le importará

Tenemos que arreglar la muerte de Casín para que parezca una muerte natural.[104)]

La mujer de Casín se puso muy contenta, pues no sólo su marido le había dejado una gran fortuna, sino que le ofrecían más riquezas y un nuevo matrimonio. Dejó de llorar la muerte de su marido, que hasta entonces había amado tanto, y pensó en los nuevos proyectos.

Alí Babá habló con la esclava sobre lo que tenía que hacer, después montó en su asno y se fue a su casa.

Margiana, la esclava, en cuanto Alí Babá se fue, se dirigió a casa de un boticario* y le pidió una medicina muy buena para todas las enfermedades. El boticario le preguntó que quién estaba enfermo.

—¡Ay! —dijo Margiana—, es mi amo Casín, que está tan enfermo que ya ni habla. ¡Pobre amo mío, qué enfermedad tan terrible!

Se marchó la esclava y al poco rato volvió. Pidió otra medicina que sólo se daba a los enfermos que se estaban muriendo.

—¡Ay! —dijo Margiana—, no sé si podrá curarle esta medicina, pues quizá esté ya muerto.

Como al mismo tiempo todos los vecinos veían a Alí Babá y a su mujer llorando, pensaron que todo era verdad y no les sorprendió cuando, al anochecer, les dijeron que Casín había muerto.

---

104) muerte natural = morir por enfermedad o vejez.

카신이 자연사한 것처럼 꾸며야 해요.

카신의 부인은 매우 기뻐했습니다. 남편이 많은 재산을 남겨 주었을 뿐만 아니라 더 많은 재물을 갖게 되고 새로 결혼도 하게 됐으니까요. 그 때까지 그리도 사랑하던 남편의 죽음에 더 이상 울지 않았고 새 계획을 생각했습니다.

알리바바는 노예에게 어떻게 해야 할지 가르쳐 준 다음 그의 당나귀에 올라타고 집으로 돌아왔습니다.

노예 마르히아나는 알리바바가 떠나자마자, 약제사의 집으로 향했습니다. 그리고 좋은 만병 통치약을 부탁했습니다. 약제사는 누가 아프냐고 물었습니다.

— 아이고! — 마르히아나가 말했습니다 —, 저의 카신 주인님이요, 말도 못하게 아프세요. 불쌍한 주인님! 그런 병에 걸리시다니!

노예는 갔다 잠시 후 다시 돌아왔습니다. 죽어 가는 사람에게만 주는 다른 약을 부탁했습니다.

— 아이고! — 마르히아나가 말했습니다 —, 이 약이 들을지 모르겠어요. 벌써 돌아가셨을지도 모르고.

모든 이웃들은 동시에 알리바바와 부인이 우는 것을 보았기 때문에 모든 것이 사실이라고 믿었고, 저녁 무렵 카신이 죽었다고 말하자 놀라지 않았습니다.

---

(1) **muerte natural** : *f.* 자연사 (2) **ponerse + 형용사 보어** : ~하게 되다 (3) **proyecto** : *m.* 계획, 기획 (4) **boticario** : *m. f.* 약제사 (5) **ya ni habla** : 이제는 말도 못한다 (6) **estar muriendo** : 죽어 가고 있다 (7) **esté** : estar 동사의 접속법 현재 3인칭 단수

Margiana fue a casa de un viejo zapatero* que tenís su tienda en la plaza y le puso una moneda de oro en la mano.

—¡Buen negocio! —dijo el viejo mirando la moneda—, ¿de qué se trata?

—Mustafá —dijo Margiana—, toma tus herramientas para trabajar y ven conmigo.

Cuando el viejo cogió todo lo necesario, la esclava le tapó los ojos. Mustafá fue con la joven y, cuando llegaron a la casa de Casín, le destapó los ojos y entraron.

Mustafá cosió todos los pedazos del cuerpo de Casín y, cuando terminó, le dieron otra moneda de oro, volviéndole a llevar a su casa con los ojos tapados. Después lavaron y perfumaron el cadáver de Casín. Margiana llevó al carpintero* con la caja* donde iban a meter el cuerpo y fue a la mezquita a decir que ya podían enterrar a su amo.

Alí Babá y la esposa de Casín lloraron durante cuatro días; luego Alí trasladó* todas sus cosas, a su mujer y a su hijo a casa de su hermano y celebraron su nueva boda, que no sorprendió a nadie, pues entre los musulmanes están permitidos varios matrimonios al mismo tiempo.

Mientras Alí Babá se casaba con la viuda de su hermano, los ladrones descubrieron que les habían robado otra vez y comprendieron que alguien sabía su secreto.

Dispuesto a matar a quien les robaba, de la misma manera que a Casín, mandaron a uno de ellos a la ciudad, para saber si se hablaba de la muerte de alguna persona y así saber quién era el que ellos habían matado.

마르히아나는 광장에 가게를 갖고 있는 구둣방 노인을 찾아가 그의 손에 금화 한 개를 쥐어 주었습니다.
— 좋은 장사야! — 동전을 보며 노인이 말했습니다 —, 무슨 일이냐?
— 무스타파 — 마르히아나가 말했습니다 —, 일에 필요한 모든 장비를 들고 저를 따라오세요.
노인이 필요한 것들을 다 챙기자 노예는 그의 눈을 가렸습니다. 무스타파는 그녀와 같이 갔고 카신의 집에 도착하자 그녀는 그의 눈을 풀어 주었고 그들은 안으로 들어갔습니다.
무스타파가 카신의 조각난 몸을 다 꿰매자, 금화 한 개를 더 주었고 다시 눈을 가려 집으로 데려다 주었습니다. 그런 후 카신의 시체를 씻고 향수를 뿌렸습니다. 마르히아나는 시체를 넣을 관과 목수를 데리고서 사원으로 가, 이제는 주인을 묻어도 된다고 말했습니다.
알리바바와 카신의 부인은 나흘을 울었습니다. 그리고 알리바바는 물건을 챙겨 부인과 아들을 데리고 형의 집으로 이사를 가서 새 결혼식을 올렸습니다. 회교도들 사이에선 일부 다처제가 허용되었기 때문에 물론 아무도 놀라지 않았습니다.
알리바바가 과부가 된 형수와 결혼하는 동안, 도적들은 다시 도둑맞은 것을 알아 내고 누군가 그들의 비밀을 안다고 생각했습니다.
누구든 그들에게서 훔치는 사람은 카신처럼 죽일 태세로, 그들 중 한 명을 마을로 보내, 누가 죽었다는 소문이 있는지 그렇게 해서 그들이 죽인 사람이 누군지 알아보게 했습니다.

---

(1) zapatero(a) : *m. f.* 구두 제조·판매 상인 (2) **herramientas** : *f. pl.* 연장, 도구 (3) **ven conmigo** : ven은 venir 동사의 명령형 2인칭 단수 (4) **tapar** : *tr.* 덮다, 뚜껑을 씌우다↔destapar : *tr.* 뚜껑을 열다 (5) **carpintero** : *m.* 목수 (6) **trasladar** : *tr.* 옮기다, 이동시키다 (7) **al mismo tiempo** : 동시에 (8) **viudo(a)** : *m. f.* 홀아비, 과부 (9) **comprender** : *tr.* 이해하다, 알게 되다(=conocer) (10) **dispuesto a = al estar dispuesto a + inf.** : ~할 채비가 되다 (11) **de la misma manera que a Casín** = de la misma manera que matar a Casín

El ladrón, por casualidad, vio a Mustafá, el zapatero, que estaba trabajando en su tienda, aunque era ya casi de noche.

Habló con él, asombrado de que viese tan bien a pesar de lo viejo que era y la poca luz que allí había.

—Aunque me veas tan viejo —dijo—, tengo muy buena vista, y no hace mucho tiempo cosí a un muerto en una habitación con menos luz que ésta.

El ladrón comprendió de quién hablaba y muy contento le dio dos monedas de oro para que siguiera hablando. Pero el zapatero sabía muy poco; sólo que le habían llevado a un sitio, con los ojos tapados, y que, cuando cosió al muerto, le llevaron de nuevo a su tienda, con los ojos también tapados.

El ladrón le dijo que le taparía los ojos de nuevo, para que pudiera recordar el camino que había hecho la otra vez. Así lo hicieron y, cuando llegaron, no muy lejos de la tienda, el viejo se paró.

—Me parece que fue por aquí —dijo.

El ladrón le destapó los ojos. Estaban enfrente de la puerta de Casín.

—¿Quién vive aquí? —preguntó el ladrón.

Mustafá dijo que él no lo sabía.

Entonces el ladrón dibujó una cruz en la puerta, para no equivocarse cuando volviera, y se marchó al bosque a contar a sus compañeros que ya había encontrado la casa de las personas que sabían su secreto para entrar en la cueva.

도적은 우연히, 벌써 거의 밤이 되었지만 자신의 가게에서 일하고 있는 구두 수선공 무스타파를 보았습니다.
  나이도 많고 불빛도 약한데 잘 보는 것이 놀라와, 도적은 그와 이야기를 했습니다.
  ―비록 제가 늙기는 했지만― 말했습니다 ―, 시력은 무척 좋아서 조금 전에도 여기보다 더 어두운 방에서 죽은 사람을 꿰맸어요.
  도적은 누구에 대해 말하는지 알아차리고는 매우 기뻐서 계속 이야기하도록 금화 두 개를 주었습니다. 그러나 구둣방 주인은 아는 것이 적었습니다. 단지 그의 눈을 가리고 어딘가에 데려가 죽은 사람을 꿰매자 다시 눈을 가려 가게에 데려다 주었다고 했습니다.
  도적은 그의 눈을 다시 가릴 테니, 전에 갔던 길을 다시 한 번 기억해 보라고 했습니다. 그렇게 해서 가게에서 멀지 않은 곳에 도착하자 노인은 멈추어 섰습니다.
  ―여기였던 것 같은데요― 라고 말했습니다.
  도적은 그의 눈을 풀어 주었습니다. 카신의 집 문 앞에 있었습니다.
  ―누가 여기 사나요?― 도적이 물었습니다.
  무스타파는 모른다고 말했습니다.
  그러자 도적은 다시 돌아올 때 실수하지 않도록 문에 십자가를 하나 그려 놓고는, 동굴에 들어가는 비밀을 아는 사람이 사는 집을 찾았다고 동료들에게 알리러 숲으로 갔습니다.

---

(1) casi de noche : 거의 저녁 무렵 (2) tener buena vista : 시력이 좋다 (3) para que siguiera hablando : siguiera는 seguir의 접속법 과거 3인칭 단수. seguir + 현재분사 사용법이 para que와 함께 쓰여 접속법이 됨. (4) pudiera : poder의 접속법 과거 1·3인칭 단수 (5) otra vez : (앞으로) 다시 한 번. * la otra vez : (예전에) 한 번. cf. otro día (미래의) 어느 날, el otro día : (과거의) 어느 날 (6) estar en frente de : ~의 앞에 있다 (7) dibujar : tr. (그림을) 그리다 (8) cruz : f. 십자가 (9) compañero : m. 동료, 친구

Margiana, la esclava, salió muy temprano* para hacer las compras de la casa[105]; vio la cruz pintada en la puerta y, como era muy lista, en seguida se dio cuenta de que aquel dibujo era una señal que alguien había puesto para saber y diferenciar la casa. Estuvo pensando qué podía hacer y decidió dibujar una cruz en todas las puertas de las casas del barrio*.

Cuando los ladrones volvieron por la noche, vieron que todas las puertas estaban igual, con una cruz. Se marcharon otra vez al bosque y volvió el capitán de los ladrones dispuesto a saber qué casa era. Esta vez no pintó ninguna señal en la puerta, sino que se fijó bien dónde era para que no se le olvidara y volvió al bosque. Ordenó que compraran veinte mulas y cuarenta pellejos*, uno lleno de aceite y los demás vacíos.

A los tres días estuvo todo preparado. El capitán dijo que cada ladrón se metiera dentro de un pellejo, dejando una pequeña abertura* para poder respirar y salieron camino de la casa de Alí Babá.

Cuando llegaron allí, el capitán, vestido de vendedor de aceite, pidió el favor de pasar allí la noche y dejar los pellejos con las mulas en el patio.

Alí Babá no reconoció al capitán de los ladrones por ir disfrazado, asi que le dijó pasar a su casa.

---

105) compras de la casa = las cosas que se necesitan diariamente en una casa, alimentos, etc.

노예 마르히아나는 시장을 보러 일찍 나가다, 문에 십자가가 그려진 것을 보고는 영리하게도 그것은 누군가 집을 구별하려고 그려 놓은 표시라는 것을 곧바로 눈치챘습니다. 어떻게 할 것인지 생각한 끝에 동네의 모든 집의 문에 십자가를 그려 놓기로 했습니다.

밤에 도적들이 돌아오자 모든 문에 십자가가 그려져 있는 것을 보았습니다. 다시 숲으로 돌아갔고 용의 주도한 도적 두목은 어느 집인지 다시 알고자 했습니다. 이번에는 문에 아무런 표시도 안 해 놓고, 잊지 않도록 어느 집인지 눈여겨보아 두고 숲으로 돌아갔습니다. 그는 노새 20마리와 가죽자루 40개를 사서 하나만 기름으로 채우라고 했습니다.

3일 만에 모두 준비되었습니다. 두목은 한 명씩 자루에 들어가 숨쉴 틈만 남겨 놓으라 명령하고 알리바바의 집으로 향했습니다.

그 곳에 도착하자, 기름장수로 위장한 두목은 그 집의 정원에 노새들과 가죽자루들을 풀어 놓고 밤을 보낼 수 있게 해 달라고 했습니다.

알리바바는 위장한 두목을 알아보지 못하고 자신의 집에서 머무르도록 허락했습니다.

---

(1) **hacer las compras de la casa** : 집에서 일상적으로 필요한 물건을 사다 (2) **listo** : 재빠른, 기민한, 빈틈이 없는 (3) **diferenciar** : *tr.* 차별하다, 구별짓다(= distinguir). *f.* diferencia (4) **barrio** : *m.* 동네 (5) **mula** : *f.* (암)노새 (6) **pellejo** : *m.* 껍질, 가죽(= piel), 가죽자루 (7) **a los tres días** : 3일 만에 (8) **abertura** : *f.* 구멍, 틈새, 균열 (9) **respirar** : *tr.* 호흡하다. *m.* respiro

El capitán arregló sus pellejos y aprovechó la ocasión para decir a sus hombres, en voz baja, que estuviesen preparados para cuando él les avisase.

Después de la cena, se fue a la habitación que le habían preparado para dormir y Alí Babá se acostó también temprano, para ir al baño público al día siguiente, como tenía por costumbre.

Margiana, en la cocina, se puso a preparar el caldo* que tomaba su amo cuando volvía del baño, pero se apagó la lámpara* por falta de aceite. No lo había en casa, ni era hora de ir a la tienda a buscarlo.

Entonces se acordó de que el hombre que estaba en la casa aquella noche era vendedor de aceite y pensó que no le importaría si bajaba al patio y cogía un poco de un pellejo.

Bajó con una jarra* y se acercó al primer pellejo que encontró. Oyó la voz del ladrón que estaba dentro, que decía:

—¿Es la hora ya, mi capitán?

Margiana, sin asustarse ni gritar, como lo hubiera hecho otra mujer menos inteligente, comprendió en seguida el peligro que corría la familia y respondió en voz baja:

—Todavía no, pero pronto llegará.

Se acercó a todos los pellejos que estaban un poco abiertos para que los ladrones respiraran mejor, y todos hicieron la misma pregunta, Margiana a todos les respondió igual.

두목은 가죽자루를 풀어 놓고 부하들에게 말할 기회를 이용해, 낮은 목소리로 그가 그들에게 알릴 때를 위해 준비하라고 말했습니다.

저녁 식사 후에 그를 위해 준비된 방으로 갔고 알리바바도 다음 날 아침 습관적으로 가는 공중 목욕탕에 가려고 일찍 잠자리에 들었습니다.

마르히아나는 부엌에서 주인이 목욕에서 돌아오면 먹을 수프를 준비하고 있었는데, 기름이 떨어져 등불이 꺼졌습니다. 집에 기름이 없었고 가게에 사러 갈 시간도 아니었습니다.

그 때 그 날 밤 집에 머무르고 있는 사람이 기름장수라는 것을 기억하고 정원에 나가 자루에서 기름을 조금 갖고 와도 상관없을 거라고 생각했습니다.

단지를 하나 들고 내려가 발견한 첫 번째 자루로 다가갔습니다. 안에 있던 도적이 이렇게 말하는 것을 들었습니다:

―두목님, 시간이 됐습니까?

마르히아나는 덜 영리한 여자가 그렇게 했을 것처럼 놀라거나 비명을 지르지도 않고, 가족에게 다가올 위험을 곧 알아채고 낮은 목소리로 대답했습니다.

―아직은 아니야. 그러나 곧 시간이 될 거야.

그녀가 도적들이 숨을 쉴 수 있도록 조금 열려진 가죽자루에 다가갈 때마다 그들은 모두 같은 질문을 했고 그녀도 그들에게 같은 대답을 했습니다.

---

(1) aprovechar la ocasión para ~ : ~하기 위해 이 기회를 이용하다 (2) en voz baja (alta) : 작은(큰) 목소리로 (3) tener por costumbre : 습관이다 (4) caldo : *m.* 국, 수프 (5) se apagó la lámpara : 램프가 꺼졌다 ; apagar ↔ encender (6) por falta de ~ : ~의 부족으로 (7) es hora de + inf. : ~할 시간이다 (8) acordarse de que ~ : ~을 기억해 내다 (9) vendedor de aceite : 기름장수 (10) jarra : *f.* 항아리. *cf.* jarrón : (큰) 항아리 (11) como lo hubiera hecho otra mujer menos inteligente : como + 접속법 과거완료로 과거 사실의 반대. '~였을 것처럼, ~였을 테지만' (12) correr el peligro : 위험에 처하다

Cuando encontró el único pellejo que tenía aceite, lo cogió y lo subió a la cocina, con un gran esfuerzo, pues pesaba mucho.

Encendió un gran fuego, puso a calentar una enorme caldera* llena de aceite y, cuando empezó a hervir*, bajó la caldera al patio y fue echando en cada uno de los pellejos el aceite hirviendo para matar al ladrón que había dentro.

A media noche, el capitán bajó al patio y llamó a sus hombres, pero ninguno contestó. Margiana, escondida detrás de una puerta, vio cómo el capitán miraba dentro de los pellejos, encontrando los cadáveres de los ladrones. Al verse descubierto, salió huyendo.

Fácil es comprender la sorpresa de la familia cuando, a la mañana siguiente, se enteraron de todo lo que había ocurrido. Todos admiraban la inteligencia de Margiana y Alí Babá dejó libre a la esclava, como premio al servicio que les había hecho, salvándoles la vida a todos.

En el jardín de la casa, que era muy grande, enterraron los treinta y nueve cuerpos de los ladrones, y los asnos los vendieron en la ciudad. Mientras, el capitán, solo y sin saber qué hacer en su cueva, pensaba la manera de matar a aquella familia que tanto daño le había hecho.

Pasado algún tiempo, el capitán se fue a la ciudad, puso una tienda muy lujosa y dijo que se llamaba Hassan. La tienda estaba enfrente de otra tienda que tenía el hijo de Alí Babá. Con mucha habilidad se hizo amigo del joven, hasta conseguir que le invitase una noche a cenar en su casa.

기름이 담겨 있는 유일한 자루를 발견하자, 그녀는 그 무거운 자루를 힘들어 부엌으로 올려 왔습니다.

큰 불을 지피고 기름을 큰 솥에 붓고 끓였습니다. 기름이 끓자 솥을 마당에 내려놓고 자루 안에 있던 도적들을 죽이기 위해 자루마다 끓는 기름을 부었습니다.

자정에 두목이 정원에 내려가 부하들을 불렀지만 아무도 대답하지 않았습니다. 마르히아나는 문 뒤에 숨어 두목이 자루를 열어 부하들의 시체를 확인하는 것을 보았습니다. 그리고 두목은 들키자 달아났습니다.

다음 날 아침 있었던 일을 가족들이 알게 되자 무척 놀랐습니다. 모두 마르히아나의 지혜에 감탄하고 알리바바는 그들 모두의 생명을 구해 준 보답으로 노예 신분에서 풀어 주었습니다.

넓은 마당에 39구의 도적들 시체를 묻고 당나귀는 마을에 내다 팔았습니다. 그 동안 두목은 동굴에서 홀로 어찌해야 할 바를 모른 채 그에게 그렇게 큰 피해를 준 가족을 죽일 방법을 생각했습니다.

시간이 조금 흐른 후, 두목은 도시에 나가 매우 화려한 가게를 열고 하산이란 이름을 붙였습니다. 그 가게는 알리바바의 아들의 가게 맞은편에 있었습니다. 재주가 좋아 두목은 그와 친구가 되었고 어느 날 밤 그의 집에서의 저녁 식사에 초대를 받았습니다.

---

(1) pesar : *tr.* 무게를 달다. *ir.* 무겁다, 무게가 나가다 (2) poner a + inf. = ponerse a + inf. : ~하기 시작하다 (3) el aceite hirviendo : 끓는 기름(예외적으로 분사가 형용사로서 명사를 수식해 주고 있다.) (4) a medianoche : 자정에 (5) huyendo : huir의 현재분사형. '도망치다' (6) dejar libre : 자유롭게 하다, 풀어 주다 (7) como premio a ~ : ~에 대한 상으로 (8) hacer daño : 해를 입히다, 손해를 끼치다 (9) Pasado algún tiempo = Después de haber pasado algún tiempo : 어느 만큼 시간이 흐르고 나서 (10) lujoso : 휘황 찬란한, 화려한 (11) con mucha habilidad = muy hábilmente : 솜씨 있게, 교묘하게 (12) hacerse amigo de ~ : ~의 친구가 되다

Alí Babá recibió con mucho cariño al amigo de su hijo. Se sentaron a la mesa y el capitán pidió que le perdonaran si no comía los alimentos que tenían sal, pues estaba algo enfermo.

Alí Babá le dijo que el pan de su casa no se hacía con sal y que además diría a su sirvienta, Margiana, que preparase toda la comida sin sal.

Cuando Margiana recibió esta orden, por curiosidad quiso conocer al invitado y entró en el comedor*. En seguida reconoció al capitán de los ladrones y vio que llevaba un cuchillo escondido en el cinturón.

Empezaron a cenar y el capitán quiso emborrachar a Alí Babá y a su hijo para poder matarlos, pero Margiana, que estaba dispuesta a salvar a sus amos, se vistió de bailarina y pidió permiso para bailar delante del invitado.

La joven empezó a bailar unas danzas muy alegres, con tanta gracia* que todos estaban admirados de su belleza y habilidad para el baile.

Luego sacó un cuchillo con el que daba rápidas vueltas mientras bailaba. En una de estas vueltas, se acercó al capitán y le clavó el cuchillo en el corazón dejándole muerto.

Alí Babá y su hijo dieron un grito, creyendo que Margiana se había caído mientras bailaba, clavando el cuchillo, sin querer, al invitado. La joven en seguida les dijo por qué lo había hecho. Llenos de alegría, abrazaron a Margiana y Alí Babá le dio a su hijo por esposo, por haberle salvado la vida dos veces.

알리바바는 아들의 친구를 매우 친절하게 맞아 주었습니다. 상에 앉아 두목은 몸이 좀 아파서 그러니 소금이 든 음식은 안 먹더라도 양해해 달라고 했습니다.
　알리바바는 빵에는 소금이 안 들어갔고 나머지 다른 음식에도 소금을 넣지 않도록 하녀 마르히아나에게 지시하겠다고 했습니다.
　마르히아나가 그런 지시를 받자 호기심으로 손님을 보려고 식당으로 갔습니다. 즉시 도적들의 두목을 알아보고 그의 허리띠에 칼이 숨겨져 있는 것을 보았습니다.
　식사가 시작되어 두목은 알리바바와 그의 아들을 죽이기 위해 술에 취하게 하려 했지만 마르히아나는 주인들을 살리려고 무용수의 옷을 입고 나와 손님 앞에서 춤을 추게 허락해 달라고 했습니다.
　처녀는 매우 쾌활한 춤을 추었는데 어찌나 애교스럽게 추었던지 모두가 그녀의 아름다움과 춤추는 재능에 감탄했습니다.
　그리고 곧 칼을 하나 빼어 춤추면서 빙글빙글 돌았습니다. 그러다가 두목에게 다가가 칼을 그의 가슴에 꽂아 죽였습니다.
　알리바바와 아들은 마르히아나가 춤을 추다 넘어져 마지못해 손님을 죽인 줄 알고 소리쳤습니다. 처녀는 왜 그를 죽였는지 설명했습니다. 기뻐하여 모두 마르히아나를 안아 주었고 알리바바는 두 번이나 생명을 구해 준 보답으로 아들과 결혼시켰습니다.

---

(1) **estar algo enfermo** : 여기서 algo는 부사로 '약간, 얼마간'의 뜻 (2) **sirviente(a)** : *m. f.* 종, 머슴 (3) **por curiosidad** : 호기심에서 (4) **cinturón** : *m.* 허리띠, 벨트 (5) **emborrachar** : *tr.* 술 취하게 하다 *cf.* emborracharse : (본인이) 술에 취하다 (6) **vestirse de ~** : ~의 복장을 하다 (7) **dar vueltas** : (여러 바퀴) 돌다 (8) **corazón** : *m.* 심장 (9) **dar grito = gritar** : 소리지르다 (10) **sin querer** = 마지못해, 고의가 아닌 (11) **abrazar** : *tr.* 껴안다, 포옹하다

Enterraron el cadáver del capitán en el jardín, junto a los otros ladrones, celebraron la boda de Margiana y el hijo de Alí Babá y a nadie le dijeron el verdadero motivo de esta boda.

Pasado mucho tiempo, Alí Babá fue a la cueva y, después de decir las palabras mágicas, la puerta se abrió. Vio que no había entrado nadie, pues todo estaba en el mismo sitic que la última vez que él estuvo allí.

Disfrutaron* sin avaricia el tesoro de los ladrones y un día Alí Babá, pensando que podía morir, pues era ya muy viejo, contó el secreto de la cueva a su hijo, para que él se lo dijera después a sus hijos, ya que el tesoro era tan grande que había para todos.

*   *   *

Scherezade terminó el cuento de Alí Babá cuando ya era de día. Su esposo, el rey, escuchaba a la joven con mucha atención al mismo tiempo que admiraba su belleza. Ella prometió contar otra historia a la noche siguiente, y Diznarda, su hermana, muy feliz de ver que pasaban los días y su hermana seguía viva, procuró no dormirse para poder despertar al rey y a Scherezade antes de que fuera de día. La reina empezó esta nueva historia:

다른 시체들 옆에 두목을 묻고, 마르히아나와 아들의 결혼식을 치렀습니다. 그리고 아무에게도 그들 결혼의 진짜 이유를 말하지 않았습니다.
세월이 많이 흘러 알리바바는 동굴에 가 주술을 외우자 문이 열렸습니다. 모든 것이 그가 마지막에 왔을 때와 같은 자리에 있고 누가 들어왔던 흔적은 없었습니다.
탐욕을 부리지 않고 도적들의 재물을 향유하며 살다가 알리바바는 늙어 죽을 때가 되자 아들에게 동굴의 비밀을 말해 주어 대대로 누릴 충분한 재물이 있었기에 대를 이어 말해 주도록 했습니다.

* * *

세레사데는 날이 밝아서야 알리바바의 이야기를 끝냈습니다. 남편인 왕은 그녀의 말을 경청하며 또한 그녀의 아름다움에 감탄했습니다. 그녀는 밤에 다른 이야기를 들려 줄 것을 약속하고, 동생 디스나르다는 며칠이 지나고 언니가 아직 살아 있는 것이 기뻐 날이 밝기 전에 왕과 세레사데를 깨우려고 가능한 한 잠을 안 자려고 했습니다. 왕비는 새 이야기를 시작했습니다.

---

(1) **disfrutar** : *tr.* 즐기다, 누리다, 향락하다 (2) **con mucha atención** : 매우 조심해서
(3) **admirar su belleza** : 그녀의 아름다움을 경탄하다 (4) **procurar + inf.** : ~하려고 노력하다, 애쓰다

24. HISTORIA DEL JOVEN REY DE LAS ISLAS NEGRAS

Una vez un rey iba de viaje con sus criados y ministros, cuando llegó a un país, llamado de las Islas Negras, por las cuatro islas que formaban este reino. Al llegar, vieron muy sorprendidos que todo había cambiado en aquel país. En lugar de las cuatro islas, había cuatro colinas* y, en el centro, un gran lago, donde antes estaba la ciudad más importante y el palacio del rey.

Buscaron a alguna persona a quien preguntar, pero no encontraron a nadie. Sólo después de mucho andar vieron a un joven sentado y casi inmóvil, que lloraba tristemente. El rey le preguntó la causa de su llanto y el joven contó la historia siguiente:

—Señor, mi padre era el rey del país de las Islas Negras; murió a la edad de setenta años, dejándome a mí como rey. Al poco tiempo me casé con una princesa, prima mía. Esta boda me hizo muy feliz durante muchos años, pero poco a poco[106] cambió el carácter* de mi esposa, convirtiéndose en una furia*, desobedeciéndome como rey y como esposo.

Una noche me tumbé en un sofá para dormir. Dos esclavas de mi mujer, que me daban aire[107] y creían que estaba dormido, hablaban en voz baja, pero yo me estaba enterando de todo.

---

106) poco a poco = despacio, con lentitud.
107) me daban aire = me abanicaban.

24. 흑섬의 젊은 왕의 이야기

　옛날에 시종들과 대신(大臣)들을 데리고 여행을 하던 어느 왕이, 네 개의 섬으로 이루어진 흑섬이라는 나라에 도착했습니다. 그 나라에 도착하자 모든 것이 다 변해 있는 것에 놀랐습니다. 네 개의 섬 대신 네 개의 골짜기가 있고 예전에 가장 중요한 도시와 왕궁이 있던 중앙에는 큰 호수가 있었습니다.
　물어 볼 사람을 찾았으나 아무도 찾지 못했습니다. 한참 걸은 후에야 거의 움직이지도 않고 앉아서 슬프게 우는 청년을 만났습니다. 왕은 그에게 우는 이유를 물었고 그는 다음의 이야기를 말했습니다:
　—전하, 제 아버지는 흑섬의 왕이셨는데 70세로 세상을 뜨시고 제게 왕위를 물려주셨습니다. 얼마 후 저는 제 사촌인 공주와 결혼했습니다. 몇 년 동안 저는 행복했습니다. 그러나 점점 아내의 성격은 거칠게 변해 갔고 왕으로서나 남편으로서 제게 복종하지 않게 되었습니다.
　어느 날 밤 저는 자려고 소파에 누웠습니다. 아내의 노예 둘이 제게 부채질을 해 주다 제가 잠이 든 줄 알고 낮은 목소리로 이렇게 말하는 것을 저는 전부 들었습니다.

---

(1) una vez : 문장 맨 앞에서 쓰여 '한번은' (2) ir de viaje = viajar : 여행하다 (3) formar : *tr.* 구성하다, 형성하다 (4) colina : *f.* 언덕, 구릉 (5) lago : *m.* 호수 (6) inmóvil : *adj.* 움직이지 않고 있는 ↔ móvil (7) llanto : *m.* 눈물 (8) a la edad de setenta años : 70세에 (9) príncipe : *m.* 군주, 왕자(여기서는 '군주'의 뜻임) ↔ princesa : *f.* 공주 (10) me hizo feliz : 나를 행복하게 했다 (11) poco a poco = despacio, con lentitud : 조금씩 조금씩 (12) carácter : *m.* 성격, 성품 (13) convertirse en ~ : ~으로 변하다 (14) furia : *f.* 화, 분노 (15) tumbarse en : ~에 눕다 (16) dar aire = abanicar : 부채질을 하다

—La reina —decía una de ellas— hace mal en no querer a un príncipe tan bueno como éste.

—Es verdad —decía la otra—; no sé por qué sale sola todas las noches sin que él lo sepa. —¿Cómo lo va a saber, si cada noche antes de entrar al baño le da unas hierbas que le duermen hasta que ella llega?

—Te puedes imaginar, señor, lo que pensé al oír estas palabras —dijo el joven—. Sin embargo, hice como si no supiera nada. Aquella noche, cuando la reina volvió del baño, antes de acostarnos me dio un vaso de agua que yo tenía la costumbre de beber, pero, en vez de llevarme el vaso a la boca, me acerqué a la ventana, que estaba abierta, y tiré el agua. Nos acostamos en seguida y, creyendo ella que estaría dormido, se levantó, diciendo en voz alta:

—¡Duerme y no te despiertes más!

Se vistió y salió de la habitación. En cuanto ella salió, me vestí y salí detrás de ella, tan cerca que oía sus pasos. Pasaba por muchas puertas, que se abrían solas con unas palabras mágicas que iba diciendo, hasta que entró en el jardín. Me escondí detrás de la última puerta para que no me viera y escuché con atención lo que decía a un hombre que en la oscuridad yo no veía bien.

—No me digas nada por mi tardanza, que ya sabes la causa.

Yo, sin poderme contener más, desesperado, saqué mi cuchillo y se lo clavé al amante de mi mujer, que cayó al suelo.

─왕비는─둘 중 하나가 말했습니다─이렇게 훌륭하신 군주를 사랑하지 않으니 잘못하시는 거야.

─맞아─다른 노예가 말했어요─왜 밤마다 몰래 혼자서 나가시는지 모르겠어.─왕께서 어떻게 아시겠어? 매일 목욕하시기 전에 그녀가 돌아올 때까지 전하께 잠자는 약초를 드리는데.

─그 말을 듣자 제가 무슨 생각을 했는지 아실 겁니다. 전하─청년이 말했습니다─. 그러나 저는 아무것도 모르는 척했습니다. 그 날 밤 왕비는 목욕을 마치고 잠자리에 들기 전에 제가 항상 마시는 물을 주었는데, 컵을 입에 가져가지 않고 열려 있는 창가로 가서 물을 내버렸습니다. 우리는 곧 잠자리에 들었습니다. 제가 잠들었다고 믿고 그녀가 일어나더니 큰 소리로 말했습니다:

─잠들어요. 그리고 영원히 깨어나지 말아요!

그녀는 옷을 입고 방을 나갔습니다. 왕비가 나가자마자 나는 옷을 입고 그녀의 발자국 소리가 들릴 정도로 아주 가까이서 그녀의 뒤를 쫓아갔습니다. 주술을 말하면 자동으로 열리는 여러 개의 문을 지나 정원으로 나갔습니다. 마지막 문 뒤에 보이지 않게 숨어 어둠에 잘 볼 수는 없지만 어느 남자에게 말하는 것을 들었습니다.

─제가 늦은 것에 대해서는 아무 말 하지 마세요. 이유를 아실 테니까요..

저는 화를 참지 못하고 좌절감에 빠져 칼을 뽑아 아내의 정부를 찔러 땅에 쓰러뜨렸습니다.

---

(1) hacer mal en+inf. : ~하는 나쁜 짓을 하다 (2) sepa : saber 동사의 접속법 현재 3인칭 단수형 (3) como si no supiera nada : 마치 아무것도 모르는 양 (4) llevar el vaso a la boca : 컵을 입으로 가져가다 (5) salir detrás de ~ : ~의 뒤를 따라 나가다 (6) oía pasos : 발걸음 소리를 듣다 (7) en la oscuridad : 어둠 속에서 (8) por mi tardanza : 내가 늦은 데 대해

Estaba de espaldas y no pude verle bien, pero pensé que le había matado y eché a correr. A ella no le hice nada por ser prima mía. Todo fue tan rápido que ella no me reconoció.

La herida que hice a su amante fue de muerte.[108] pero ella le curó, aunque no estaba ni vivo ni muerto, pues se quedó sin habla y sin poder moverse.

Mientras volvía a mi habitación, oía los gritos de desesperación de mi esposa. Me acosté y, a la mañana siguiente, al despertar vi a la reina durmiendo a mi lado. Me levanté y, sin decir nada, me marché a trabajar con mis ministros.

Volví cuando terminé mis asuntos* y encontré a la reina vestida de negro, con el pelo suelto cubierto con un velo.

—Señor —me dijo—, no te asombres de verme vestida así, pues hoy me he enterado de la muerte de mi padre, de mi madre y de un hermano que ha muerto en la guerra.

—Señora —le dije—, es justa[109] tu pena.

Yo sabía cuál era la causa de su pena, pero no dije nada al darme cuenta de que mi esposa ignoraba que yo era quien había herido a su amante, al que yo creía muerto.

Estuvo todo un año llorando y, pasado este tiempo, me pidió que ordenase hacer un sepulcro* en el palacio, donde deseaba pasar el resto de su vida.[110] pues la gran tristeza que tenía le hacía desear la soledad.

---

108) fue de muerte = mortal, que generalmente causa la muerte.
109) es justa tu pena = es razonable, es lógica, natural.
110) el resto de su vida = lo que le quedaba de vida.

그는 등 뒤에 있었으며 나는 그를 잘 볼 수는 없었지만, 그를 죽였다고 생각하고 저는 뛰기 시작했습니다. 그녀는 제 사촌이었기 때문에 벌을 주지 않았습니다. 모든 일이 너무 빨리 진행되어서 그녀는 저를 알아보지 못했습니다.

아내의 정부가 입은 상처는 치명적이었지만 그녀가 치료해 주었습니다. 비록 말도 못하고 전신이 마비되어 죽은 것도 산 것도 아니었지만요.

제가 방으로 돌아오는 동안 아내의 절규를 들었습니다. 저는 잠이 들었고 다음 날 아침 일어나니 아내가 옆에 잠들어 있더군요. 일어나 아무 말도 하지 않고 대신들과 업무를 보러 나갔습니다.

일을 마치고 돌아오자 아내는 검은 옷을 입고 머리를 풀고 베일을 쓰고 있었습니다.

— 전하 — 그녀가 말했습니다 —, 이렇게 옷을 입고 있는 저를 보고 놀라지 마십시오. 오늘 제 아버지, 어머니의 죽음과 전쟁에서 죽은 남동생의 소식을 들었답니다.

— 부인 — 말했습니다 —, 부인의 슬픔은 당연하오.

저는 그녀의 슬픔의 이유를 알고 있었지만, 제가 죽였다고 믿었던, 아내의 정부에게 상처를 입혔던 사람이 저라는 것을 아내가 모른다는 것을 알자 아무 말도 하지 않았습니다.

일년을 울며 지내다 궁 안에 분묘를 하나 만들어 달라고 했습니다. 슬픔이 너무도 커서 여생을 그 곳에서 고독하게 보내고 싶다고 했습니다.

---

(1) estar de espalda : 등을 지고 있다, 등을 보이고 있다 (2) echar a + inf. = echarse a + inf. : ~하기 시작하다 (3) hacer herida a ~ : ~에게 상처를 입히다 (4) de muerte = mortal : 치명적인 (5) asunto : m. 일, 사건 (6) el pelo suelto : 풀어 헤친 머리 (7) es justa tu pena = es razonable, es lógica, natual : 당신의 고통은 당연하다 (8) ignorar : tr. 무시하다, 모르고 있다 (9) todo un año : 일년 내내 (10) pasado este tiempo = al haber pasado este tiempo (11) sepulcro : m. 묘, 무덤, 분묘 (12) el resto de su vida : 남은 일생 (13) soledad : f. 고독

Al poco tiempo estaba construido el sepulcro. Un día fui al palacio de las Lágrimas, como llamaban a esta parte de mi palacio, para ver qué hacía allí la reina.

Oí que hablaba y con gran sorpresa vi que su amante no había muerto, aunque la reina, a pesar de todas sus magias y poderes, no había podido curarle y estaba sin poderse mover ni hablar.

—Hace tres años que no me dices ni una sola palabra —decía la reina— ni correspondes a mi amor, ¿es que ya no me amas?

Intenté ver cómo era aquel hombre al que dirigía tantas palabras de amor y vi que era un negro feísimo. Lleno de ira y desesperación, le dije:

—¡Oh tumba!, ¿por qué no te tragas[111] a este horrible negro y a la reina?

Al oírme, la reina se levantó furiosa y gritó:

—¡Eres tú el causante* de mi dolor!

—Sí, soy yo —dije—; yo fui quien dio a ese negro el castigo que merecía y contigo debería haber hecho lo mismo.

Levanté el cuchillo para matarla, pero ella dijo unas palabras mágicas y convirtió la mitad de mi cuerpo en mármol, como ahora estoy. Al mismo tiempo que hacía esto conmigo, también destruía todo mi reino, que desapareció. Los peces que ves en este lago son las cuatro religiones que tenía mi país.

---

111) ¿por qué no te tragas? = haces desaparecer para siempre.

곧 묘는 완성되었습니다. 어느 날 저는 눈물의 궁정에서 — 그 곳을 이렇게 불렀습니다. — 왕비가 어떻게 지내는지 보러 갔습니다.

이야기하는 소리를 들었고 놀랍게도 저는 그녀의 정부가 죽지 않았다는 것을 알게 되었습니다. 그러나 그녀의 온 힘과 재주에도 불구하고 정부는 완쾌되지 못하고 몸은 마비되고 말을 하지 못했습니다.

— 3년이나 제게 단 한 마디도 하지 않고 제 사랑에 응답도 하지 않는군요. 저를 더 이상 사랑하지 않나요? — 왕비가 말했습니다.

그렇게 사랑의 말을 속삭여 주는 그 남자가 어떻게 생겼는지 보려고 했습니다. 그런데 너무도 흉한 흑인이었습니다. 화가 치밀어 오르고 절망에 빠져 저는 말했습니다:

— 오! 무덤이여! 저 흉측한 흑인과 저 왕비를 삼켜 버려라!

그 말을 듣자, 왕비가 화가 솟구쳐 일어나 소리쳤습니다:

— 당신이 제 고통의 원인이었군요!

— 그래, 나요 — 제가 말했어요 —, 내가 저 흑인에게 응당의 벌을 주었고 당신한테도 그랬어야 하는데.

저는 그녀를 죽이려고 칼을 뽑았는데 그녀가 주술을 외우자 지금처럼 제몸의 반을 대리석으로 만들어 버렸습니다. 그러면서 제 왕국의 모든 것을 파괴해서 다 사라지게 했습니다. 당신이 여기 호수에서 보신 물고기들은 제 왕국의 네 개의 종교입니다.

---

(1) **magia** : *f.* 마술 (2) **ni una sola palabra** : 말 한 마디도 없이 (3) **corresponder a ~** : ~을 받아들이다, 응하다, 갚다 (4) **cómo era aquel hombre** : 그 남자가 어떠한지 (5) **feísimo** : 형용사 feo의 절대최상급 (6) **¿por qué no te tragas?** : 왜 삼키지 않느냐? (7) **causante** : *m.* 야기시킨 것, 원인 (8) **la mitad de mi cuerpo** : 내 몸의 절반 (9) **como ahora estoy** : 지금 이 상태처럼 (10) **destruir** : *tr.* 파괴시키다, 무너뜨리다 (11) **religión** : *f.* 종교

Los peces blancos son los habitantes que eran musulmanes; los rojos son los persas que adoran al fuego; los peces azules son los cristianos, y los amarillos son los judíos. Pero no sólo tengo estas desgracias con mi esposa, además viene todos los días a darme cien azotes; ¡es muy cruel!

Al decir esto, el joven rey de las Islas Negras empezó a llorar.

El rey, que le escuchaba, sintió mucha pena de él y le prometió vengarle de su esposa. Como ya era muy tarde y tenían que buscar alojamiento, se marcharon todos, pero el rey ordenó a sus sirvientes que le despertaran muy temprano.

Se dirigió al Palacio de las Lágrimas, que estaba lleno de luz. Se acercó al cuerpo del negro, le mató con su espada y le escondió en el patio. Después se acostó en su cama, escondió su cuchillo debajo de las mantas y esperó a que viniera la reina, vuelto de espaldas para que no le viera.

—¡Mi amor, mi vida! —decía—, ¿todavía no quieres hablarme?

Entonces, el rey, como si despertase de un sueño muy profundo, dijo:

—Todo el poder lo tiene Alá.

Al oír estas palabras, que no esperaba, la reina dijo:

—Mi querido señor, ¿es cierto que me has hablado?

—¡Desgraciada*! —dijo el rey.

—¿Qué he hecho para que me trates así? —preguntó la reina.

흰 고기들은 회교도들입니다. 붉은 고기들은 불을 숭배하는 페르시아 인들이고 파란 고기들은 기독교도들이고 노란 고기들은 유태교도들입니다. 나의 아내로 인한 이러한 불행뿐만이 아니라 그녀는 매일 100번씩 저를 채찍질을 하고 간답니다. 너무 잔인해요!

말을 끝내자 흑섬의 젊은 왕은 울음을 터뜨렸습니다.

그의 말을 듣던 왕은, 그를 측은히 여겨 부인에게 복수를 해 주겠다고 약속했습니다. 이미 밤이 늦어 잠자리를 찾아 그들은 떠났습니다. 그러나 왕은 시종에게 일찍 깨우라고 지시했습니다.

밝게 불이 켜진 눈물의 궁전으로 갔습니다. 흑인에게 다가가 대검으로 그를 죽여 정원에 숨겼습니다. 그런 후 그의 침대에 누워 망토 밑에 칼을 숨기고 그를 보지 못하도록 등을 돌리고 누워 왕비가 오기를 기다렸습니다.

―내 사랑, 내 인생! ―그녀가 말했습니다―아직 말하기 싫어요?

그러자 왕은 깊은 잠에서 깨어나듯 말했습니다:

―모든 힘은 알라에게 있도다.

기대하지 않았던 왕비가 이 말을 듣자 말했습니다:

―나의 사랑이여! 제게 말을 하셨나요?

―이 못된 것! ―왕이 말했습니다.

―제가 뭘 잘못했나요? ―왕비가 물었습니다.

---

(1) adorar a : ~을 숭배하다 (2) sentir pena de él : 그에게 동정을 느끼다 (3) vengarle de su esposa : 그의 아내에게 그의 원한을 갚다 (4) alojamiento : *m.* 숙박, 숙박지 (5) manta : *f.* 이불, 덮개 (6) viniera : venir 동사의 접속법 과거 3인칭 단수 (7) vuelto de espaldas : 등을 돌리고 (8) despertarse de un sueño : 꿈에서 깨어나다 (9) ¡Desgraciada! : 본래는 '불운한 사람'이라는 뜻. 나쁜 욕으로 모욕적인 의미로 쓰였다.

—Hace mucho tiempo que yo estaría curado si no hubieras convertido en mármol a tu marido. Sus gritos me molestan —contestó.

—Para contentarte —dijo la reina— estoy dispuesta a hacer todo lo que quieras. ¿Deseas que le vuelva otra vez un hombre como era antes?

—Sí —contestó el rey—, así no le oiré más llorar.

La reina fue a ver a su marido. Cogió una taza con agua y la echó sobre él, que volvió a tener la misma forma de siempre.

Después volvió al sepulcro, dijo que ya había vuelto a su estado normal a su marido y, llorando, preguntó al que creía su amante:

—Ahora ¿me negarás el consuelo de tu amor?

El rey, imitando* la voz de su amante, contestó:

—Todavía falta algo para que me cure del todo. De momento, sólo puedo hablar, así es que tienes que poner la ciudad donde estaba; hecho esto, me darás la mano, que con tu ayuda me levantaré completamente sano.

Llena de alegría, la reina hizo lo que pidió el rey. Tomó un poco de agua con su mano, dijo la palabras mágicas y en seguida apareció la ciudad, tan bella como antes, con todos sus habitantes, hombres, mujeres y niños.

Cuando acabó de hacer esto, la reina fue hacia el sepulcro otra vez.

—Acércate —le dijo el rey.

Ella obedeció.

—Un poco más —dijo él.

― 당신 남편을 대리석으로 만들지만 않았다면 나는 벌써 완쾌되었을 텐데. 그의 고함 소리가 나를 괴롭혀 ― 대답했습니다.

― 당신을 즐겁게 해 드리기 위해 ― 왕비가 말했습니다 ― 당신이 원하는 모든 것은 무엇이든 하겠어요. 그 전처럼 다시 정상으로 만들어 줄까요?

― 그래요 ― 왕이 말했습니다 ― 그러면 그의 탄식 소리가 안 들릴 테니까.

왕비는 남편을 만나러 갔습니다. 물을 한 컵 떠서 그에게 붓자 정상으로 돌아왔습니다.

그 후에 묘로 돌아가 남편을 정상으로 돌려 주었다고 말하고, 울면서 그녀의 정부라고 믿는 그에게 물었습니다.

― 이제 좀 위안이 되세요?

왕은 정부의 목소리를 흉내내면서 말했습니다:

― 아직 완쾌되려면 남은 것이 있소. 지금은 말만 할 수 있지만, 도시를 정상으로 돌려 주고 와서 내 손을 잡아 일으켜 주면 완쾌되어 일어날 거요.

기쁨에 차서 여왕은 왕이 부탁한 대로 했습니다. 손에 물을 조금 담아 주술을 말하자 전처럼 아름다운 도시가 나타나고 남자와 여자와 아이들, 모든 주민이 나타났습니다.

이렇게 하고서 왕비는 다시 묘로 갔습니다.

― 이리 와요 ― 왕이 말했습니다.

그녀는 복종했습니다.

― 좀더 가까이 ― 그는 말했습니다.

---

(1) hace mucho tiempo : 오래 전에 (2) para contentarte : 너를 만족시키기 위하여 (3) todo lo que quieras : 네가 원하는 모든 것 (3) como era antes : 예전처럼 (4) la misma forma de siempre : 언제나와 같은 모습, 형태 (5) estado normal : 정상적인 상태 (6) consuelo : *m.* 위로, 위안. *tr.* consolar (7) imitar : *tr.* 모방하다, 흉내내다 (8) del todo = completamente (9) de momento : 현재, 지금 (10) hecho esto = después de haber hecho esto

Entonces se levantó con gran rapidez de la cama y de un golpe de su cuchillo le cortó la cabeza a aquella mala mujer. El rey dejó allí el cadáver y fue a buscar a su amigo, el joven rey, a quien abrazó, contándole cómo había acabado con los dos amantes.

—Eres mi salvador. En agradecimiento, voy a abandonar mi reino y te acompañaré al tuyo.

—Como no tengo hijos, tú serás el rey de mi país cuando yo muera.

Al cabo de algún tiempo, los dos se pusieron en camino.[112], seguidos de cien camellos cargados con joyas.

El viaje fue muy bueno; cuando llegaron, toda la ciudad estaba esperando a su rey, que era muy querido por todos. Les contó quién era el joven que venía con él y todo lo ocurrido desde que dejó su reino.

* * *

Acabado el cuanto, dijo Scherezade a su esposo que todavía tenía otros más interesantes que le contaría la noche siguiente. El rey le dio un mes más de vida a su esposa, esperando con impaciencia que empezara de nuevo otra historia.

Diznarda no olvidó despertar a su hermana.

Scherezade dijo al rey Chariar:

—Señor, una vez me contó esta historia un joven que encontré:

---

[112] se pusieron en camino = se marcharon, comenzaron el viaje.

그러자 그는 재빨리 자리에서 일어나 단숨에 그 악녀의 머리를 칼로 잘랐습니다. 왕은 시체를 두고 그의 친구 젊은 왕을 찾아가 포옹을 하고 어떻게 두 사람을 죽였는지 말해 주었습니다.
― 저의 구세주이십니다. 감사의 표시로 제 왕국을 떠나 당신을 따라가겠습니다.
― 내게 아들이 없으니 내가 죽으면 자네가 내 왕국의 왕이 될 것일세.
얼마 후 두 사람은 낙타 100마리에 보석을 가득 싣고 길을 떠났습니다. 무척 즐거운 여행을 했습니다. 그들이 도착하자 왕을 아끼는 백성이 왕을 기다리고 있었습니다. 그는 모두에게 그와 같이 온 청년이 누구이며 그가 왕국을 떠났을 때부터 겪었던 일들을 말해 주었습니다.

　　　　　＊　　　　　＊　　　　　＊

이야기가 끝나자, 세레사데는 남편에게 밤에 다시 이야기를 들려 줄 아직 흥미 있는 이야기들이 많이 있다고 말했습니다. 왕은 부인에게 목숨을 한 달 연장시켜 주고 조바심을 갖고 다른 이야기를 기다렸습니다.
디스나르다는 잊지 않고 언니를 깨웠습니다.
세레사데는 차리아르 왕에게 말했습니다:
― 제가 언젠가 만났던 청년이 이 이야기를 들려 주었습니다:

---

(1) **de un golpe** = **de una vez** : 단번에　(2) **salvador** : *m.* 구원자.　*tr.* salvar.　*f.* salvación　(3) **en agradecimiento** : 감사하여서　(4) **muera** : morir 동사의 접속법 현재 3인칭 단수　(5) **ponerse en camino** : 길을 가기 시작하다

25. HISTORIA DE SIDI NOMAM

Mi nacimiento —dijo el joven— no es de clase alta.[113] ni hay en él nada interesante. En cuanto a dinero, siempre he tenido lo bastante para vivir bien. Me llamo Sidi Noman y cuando tuve edad para ello, busqué a quien hacer mi esposa y ser feliz.

Pero Dios no quiso darme esta felicidad, ya que desde el mismo día de mi boda ya empezó mi esposa a agotar mi paciencia*. La boda se celebró, como todas, con un banquete, pero mi mujer, en vez de servirse la comida y comer con cuchara*, como haría toda persona bien educada*, sacó un alfiler*, se sirvió arroz con él y se puso a comerlo grano a grano.

—Kadiga —le pregunté con cariño—, ¿por qué comes así?, ¿es para contar los granos y comer todos los días el mismo número?

Kadiga ni siquiera me miró; continuó comiendo del mismo modo y, para acabar con mi paciencia, no quiso comer nada más. Pensando que ese día no tenía hambre, me marché dejándola sola para que se diera cuenta de que me había disgustado su forma de comer. Pero hizo lo mismo con la cena y con todas las comidas siguientes.

A pesar de que casi no comía, no estaba enferma; al contrario, cada día estaba mejor y más bella.

---

113 de clase alta = de buena familia, con títulos o dinero, de la buena sociedad.

25. 시디 노맘의 이야기

저는—청년이 말했습니다—고귀한 가문에서 태어나지도 않았고 제 출생에는 흥미로운 것이 하나도 없습니다. 돈에 대해서는 항상 살아가기에 충분했습니다. 제 이름은 시디 노맘이며 나이가 차서 아내가 될 사람을 찾았습니다. 그리고 행복하게 살려고 했죠.

그러나 신은 그런 행복을 제게 주길 원치 않으셔서 아내는 이미 결혼식 날부터 제 인내심을 바닥나게 했어요. 식은 다른 모든 결혼식처럼 파티로 치러졌는데, 아내는 교육을 잘 받은 모든 사람들이 하는 것처럼 식사를 준비하고 음식을 숟가락으로 먹는 대신 핀을 꺼내 밥을 한 알 한 알 찍어 먹기 시작했어요.

—까디가—저는 다정하게 물었어요—, 왜 그렇게 먹어요? 낱알 수를 세서 매일 같은 양을 먹으려고 하오?

까디가는 저를 쳐다보지도 않고 그런 식으로 계속해서 먹었어요. 그리고 제 인내심을 바닥내려고 더 이상 다른 것은 손도 대지 않았어요. 그 날은 별로 식욕이 없다고 생각하고 저는 그녀의 먹는 방법이 맘에 들지 않는다는 것을 알리기 위해 그녀를 혼자 놔 두고 그 곳을 떠났습니다. 그러나 그녀는 저녁 식사와 그 이후 모든 식사를 그런 식으로 했어요.

그녀는 거의 먹지 않아도 아프지 않았어요. 오히려 나날이 건강하고 더욱 아름다워졌어요.

---

(1) nacimiento : *m.* 출생, 태생, 신분 (2) de clase alta : 상류 사회 출신의 (3) no hay en él ~ : 나의 출생에는 (흥미로운 것이) 아무것도 없다 (4) lo bastante para vivir bien : 잘 살 만큼 충분했다 (5) tener edad para ~ : ~할 만한 나이가 되다 (6) agotar : *tr.* 사그리 없애다, 고갈시키다 (7) paciencia : *f.* 인내, 인내심 (8) comer con cuchara : 숟갈로 먹다 (9) persona bien educada : 교육을 잘 받은 사람 (10) alfiler : *m.* 핀, 브로치 (11) grano a grano : 한 알 한 알씩 (12) el mismo número = el mismo número de grano (13) ni siquiera ~ : ~조차도 않다 (14) de mismo modo : 같은 방법으로 (15) forma de comer : 먹는 방법

Este misterio no me dejaba dormir y un día vi cómo a media noche se levantaba de la cama, creyendo que yo estaba dormido. Se vistió en silencio para no despertarme y salió. Yo también me vestí y me asomé a la ventana para ver en qué dirección iba.

Corrí detras de ella y con la luz de la luna veía por dónde iba hasta que entró en un cementerio*. Allí la esperaba una bruja* de aspecto horrible, de esas que van por la noche a los cementerios a alimentarse con los cadáveres que desentierran*.

Casi no podía creer lo que estaba viendo. Desenterraron entre las dos mujeres un cadáver y se lo comieron a grandes trozos.

No entendí ninguna de las palabras que decían, pues estaba un poco lejos. Cuando acabaron con su horroroso banquete, tiraron los huesos al hoyo* y lo cubrieron con tierra.

Yo corrí hacia casa y me metí en la cama. Kadiga entró al poco rato y se acostó a mi lado, muy contenta, pensando que yo no me había dado cuenta de nada.

Lleno de horror, después de lo que había visto, no pude dormir en toda la noche. A la mañana siguiente, muy temprano, me levanté, fui a la mezquita y luego estuve paseando fuera de la ciudad, pensando qué podía hacer. Volví a casa, dispuesto a hablar con ella, para que dejara esa horrible costumbre. Llegó la hora de comer, nos sentamos a la mesa y ella volvió a sacar el alfiler y a comer grano a grano el arroz.

이러한 비밀은 저를 잠 못 이루게 했는데, 어느 날 제가 잠든 줄 알고 그녀가 자정에 침대에서 일어나는 것을 보았습니다. 그녀는 저를 깨우지 않기 위해 조용히 옷을 입고 나갔어요. 저도 역시 옷을 입고 어디로 가는지 보려고 창을 내다보았어요.

나는 그녀 뒤를 쫓아갔고 달빛에 그녀가 어디로 가는 것을 보았고 그녀는 묘지로 들어갔어요. 거기에는 흉하게 생긴 마녀가 그녀를 기다리고 있었어요. 밤에 공동묘지에 가서 시체를 파 먹는 그런 마녀였어요.

저는 제가 보고 있는 것을 믿을 수가 없었어요. 두 여자는 시체를 파내어 큰 조각을 내어 먹었습니다.

조금 멀리 있어서 그들이 하는 말을 한 마디도 알아들을 수는 없었어요. 끔찍한 식사를 끝내자, 무덤 구멍에 뼈를 던져 넣고 흙을 덮었어요.

저는 집으로 달려가 침대에 누웠어요. 까디가는 조금 후에 들어와서는 제가 아무것도 알아채지 못한 줄 알고 매우 기뻐하며 제 옆에 누웠어요.

그것을 보고 너무 끔찍해서 밤새 잠을 이룰 수 없었어요. 다음 날 아침 일찍 일어나 사원에 들렀다가 무엇을 할 수 있을까 생각하며 교외를 거닐었어요. 그 무서운 버릇을 버리도록 하기 위해 그녀와 이야기를 나눌 준비를 하고 집으로 돌아왔어요. 식사 때가 되어 상에 앉아 그녀는 다시 핀을 꺼내 밥을 한 알씩 찍어 먹었어요.

---

(1) misterio : *m.* 불가사의, 미스터리 (2) en silencio = silenciosamente : 조용히
(3) asomarse a : 내밀다, 나타내다 (3) en qué dirección iba : 어느 방향으로 가는지
(4) bruja : *f.* 마법사, 요술사 (5) alimentarse con ~ : ~을 먹다 (6) desenterrar : 파헤치다↔enterrar (7) a grandes trozos : 큰 덩어리로 (8) hueso : *m.* 뼈 (9) hoyo : *m.* 구멍 (10) lo cubrieron con tierra : 흙으로 구멍을 덮다 (11) en toda la noche : 밤새도록 (12) dejar esa costumbre : 그 습관을 버리다

—Kadiga —le dije—, desde que nos casamos te estoy preguntando por qué haces eso y, sin embargo, no me has contestado nunca. ¿Es que la comida que nos dan es peor que la carne de muerto?

Al oír estas palabras, pensó que yo lo sabía todo y, furiosa, me tiró una taza a la cara, mientras decía:

—¡Recibe el castigo a tu curiosidad y vuélvete perro!

Al momento quedé convertido en un perro. Cogió un palo y, pegándome con él, me echó de mi casa. Me metí en la casa de un carnicero*, pero no era un hombre bueno y al día siguiente me encontré de nuevo en la calle, donde los demás perros empezaron a ir detrás de mí y a morderme. Entré en casa de un panadero* que me dejó quedarme allí. Le tenía mucho cariño y él también a mí, así es que le acompañaba a todas partes. El panadero me puso de nombre Colorado.

Un día fue a la tienda una mujer a comprar pan, y entre las monedas que le dio encontró una que era falsa*. Mi amo se lo dijo y ella decía que no era falsa. Entonces el panadero dijo:

—Estoy seguro que hasta mi perro es capaz de conocer esa moneda.

Me llamó y, al momento, puse una pata* en la moneda falsa. Se quedó tan sorprendido mi amo que todo el barrio* supo lo listo* que yo era y en alguna ocasión trataron de robarme.

Un día entró una anciana, colocó delante de mí unas monedas de plata, entre las que había una que era falsa.

―까디가― 저는 말했어요―, 우리가 결혼한 날부터 왜 그렇게 먹느냐고 물어도 한 번도 대답해 주질 않았소. 시체보다 이 음식이 더 나빠서 그러오?

　그 말을 듣자, 그녀는 제가 모든 것을 다 안다고 생각하고 화가 나서 제 얼굴에 찻잔을 던지며 말했어요:

　―네 궁금증에 대한 벌을 받아 개가 되라!

　그러자 저는 개로 변했어요. 막대기를 집어 들고 그것으로 저를 때리며 제 집에서 저를 내쫓았어요. 저는 어느 푸줏간 주인의 집에 들어갔는데 그리 좋은 사람이 아니라 다음 날 다시 거리로 내쫓겼고, 다른 개들이 제 뒤를 쫓아와 물기 시작했어요. 빵가게 주인의 집에 들어갔는데 그는 그곳에 저를 머물게 해 주었어요. 그와 저는 서로 정이 들어 그가 가는 곳엔 다 따라갔어요. 빵가게 주인은 제게 꼴로라도라는 이름을 붙여 주었어요.

　어느 날 한 여자가 빵을 사러 왔는데 그녀가 지불한 동전 중 하나가 가짜라는 것을 발견했어요. 주인은 가짜라 했고 그녀는 아니라고 했어요. 그러자 빵가게 주인이 말했어요:

　―확신하건대, 제 개도 이 동전을 가려 낼 수 있을 거예요.

　저를 부르자, 즉시 저는 가짜 동전에 발을 얹었어요. 주인이 얼마나 놀랐던지 동네 전체가 저의 영리함을 알게 되었고 언젠가 저를 훔치려고도 했어요.

　어느 날 노파 한 명이 들어와 제 앞에 은화 몇 닢을 놓았는데 그 중 하나가 가짜였어요.

---

(1) la carne de muerto : 죽은 자의 살 (2) el castigo a tu curiosidad : 네 호기심에 대한 벌 (3) volverse : (어떤 상태, 성질로) 되다, 변하다 (4) carnicero : *m.* 정육점 주인 ; *f.* carnicería 푸줏간 (5) morder : *tr.* 깨물다 (6) panadero : *m.* 빵가게 주인 ; *f.* panadería 빵가게 (7) falso : 가짜의, 위조의, 거짓의 ; *f.* falsedad (8) hasta mi perro : 내 개까지도 (9) poner pata : 발을 올려놓다 ; *cf.* pie : (사람의) 발 ; pata : (짐승의) 발 (10) en alguna ocasión : 어떤 경우에는 (11) moneda de plata : 은화

Yo en seguida la encontré y puse la pata encima como la otra vez. La mujer me miró fijamente y, al irse, me dijo que fuera con ella.

Pensando que algo bueno me iba a suceder, fui con ella. Después de cruzar varias calles, llegamos a su casa, donde había una joven.

—Hija mía —dijo la anciana—, aquí te traigo al perro.

La joven cogió una taza y dijo:

—Si has nacido perro —dijo, tirándome el agua—, quédate como estás, pero si eres un hombre, vuelve a ser como eras.

Al momento volví a tener figura* de hombre.

—Sidi Noman —dijo aquella joven—, no hablemos del favor que te he hecho y vuelve a tu casa. Cuando llegue tu mujer, le tiras a la cara este agua.

Así lo hice y se convirtió en una yegua. A la fuerza,[114] la llevé a la cuadra y la golpeé hasta que se me acabaron las fuerzas.

Ésta es mi historia —dijo Sidi Noman—, pero no fui muy cruel con esta mala mujer, pues sólo le di aquellos golpes.

* * *

Scherezade terminó así su cuento y Chariar miraba y escuchaba a su esposa con verdadera admiración.

---

114) A la fuerza = Contra su voluntad, por la fuerza, sin querer ella.

저는 즉시 그것을 알아 내고 전처럼 그 동전 위에 발을 올려놓았어요. 그녀는 저를 자세히 보더니 나갈 때 따라오라고 했어요.

뭔가 좋은 일이 있을 것 같아 그녀를 따라갔어요. 길을 몇 개 건너 그녀의 집에 도착하자 젊은 여자가 있었어요.

—얘야—노파가 말했어요—, 여기 개를 끌고 왔다.

그 젊은 여자는 찻잔을 하나 들더니 말했어요:

—개로 태어났으면—물을 제게 뿌리며 말했어요—, 그대로 있고 사람으로 태어났으면 정상으로 돌아오너라.

즉시 저는 사람의 형상으로 돌아왔어요.

—시디 노맘—그녀가 말했어요—, 제가 당신께 베푼 호의는 얘기하지 말고 집으로 돌아가세요. 부인이 집에 오면 이 물을 얼굴에 뿌려요.

저는 그렇게 했더니 아내는 말로 변했어요. 억지로 그녀를 헛간에 끌고 가 힘이 다 빠질 때까지 때려 주었어요.

이것이 제 이야기예요—시디 노맘이 말했어요—그러나 저는 그 사악한 여자에 비해 잔인하게 굴지는 않았어요. 단지 때리기만 했어요.

*　　　*　　　*

세레사데는 이렇게 이야기를 끝냈고 차리아르는 정말 감탄하여 아내의 말을 들으며 바라보았다.

---

(1) algo bueno : 무언가 좋은 일 (2) Si ha nacido perro : 개로 태어났다면 (3) como estás : 지금처럼 (4) como eras : 예전의 신분으로 (5) tener figura de hombre : 사람의 형상을 지니다 (6) hablar de ~ : ~에 관해 이야기하다 (7) hacer favor : 은혜, 호의를 베풀다 (8) yegua : f. 암말 (9) a la fuerza : 강제로, 억지로(= por la fuerza) (10) dar golpes : 때리다

Habían pasado ya mil y una noches contando historias y las preocupaciones del rey ya no eran tan grandes, ni pensaba tanto en la infidelidad de las mujeres. Estaba convencido del gran mérito y de la inteligencia de Scherezade y recordaba el valor con que voluntariamente se ofreció a ser su esposa, sabiendo que al día siguiente podría morir igual que las otras jóvenes que se habían casado con él.

Todas estas cosas, así como la belleza y la inteligencia de la reina, le hicieron perdonarle la vida, y le dijo:

—Ya sé, querida Scherezade, que sabes gran cantidad de cuentos y que hace tiempo que me diviertes con ellos. Has calmado la ira que sentía hacia las mujeres y renuncio con gusto a la cruel ley de matar a todas mis esposas. Quiero que seas considerada como la salvadora de todas las jóvenes de este país.

Scherezade se arrodilló delante del rey y le dijo muchas palabras de agradecimiento y amor.

El primer ministro, padre de Scherezade, fue el primero en saber la noticia, que comunicó a todo el país. El pueblo agradeció a Scherezade su inteligencia y valor.

벌써 천 하루를 이야기를 하며 보냈고, 이제 왕의 근심은 그리 크지 않았으며 여자들의 부정함에 대해서도 그렇게 생각하지 않았다. 그는 세레사데의 지혜와 훌륭한 실력을 인정했고 그와 혼인했던 다른 여자들처럼 다음 날 죽을지도 모른다는 것을 알면서도 스스로 부인이 되기로 청했던 그녀의 용기를 되새겼다.

이런 모든 것들과 또한 왕비의 아름다움과 지혜가 왕비의 목숨을 구할 수 있었고, 왕은 이렇게 말했다 :

─사랑하는 세레사데, 당신은 수많은 이야기를 알고 있고 오래 전부터 나를 즐겁게 해 주었소. 당신은 여자들에 대한 나의 분노를 진정시켜 주었으니 기꺼이 부인들을 다 죽이는 잔인한 법을 없애겠소. 나는 당신이 전국의 모든 처녀들의 구세주로 생각되기를 바라오.

세레사데는 왕 앞에 무릎을 꿇고 많은 감사와 사랑의 말을 전했다.

세레사데의 아버지인 수상이 그 소식을 제일 먼저 전해 듣고 전국에 알렸다. 백성은 세레사데의 지혜와 용기에 감사했다.

GLOSARIO

Abandoné. – De abandonar. Dejar, no hacer caso de algo.
Abertura. – Grieta, agujero, hendidura.
Abuelo. – Padre del padre o de la madre.
Acabado. – Terminado, hecho, finalizado.
Accidente. – Suceso, generalmente desagradable, inesperado.
Acostados. – Dormidos, tumbados, echados, tendidos.
Acuerdo (Estar de). – Resolución tomada por una o varias personas coincidiendo en una idea o decisión.
Acusado. – Culpable, al que se acusa de alguna culpa.
Acusarme. – Culparme, echarme la culpa de algo.
Adán. – Nombre del primer hombre creado por Dios(Biblia).
Admirada. – Sorprendida, asombrada.
Adornada. – Con cosas que sirven para aumentar la belleza.
Afeitarse. – Cortar con navaja o máquina de afeitar la barba o el bigote.
Afilados. – Muy cortantes, de punta.
Agarré. – Cogí fuertemente con las manos. Asir, agarrar.
Aguantar. – Soportar, tolerar.
Aboga. – Impide respirar, que no puede respirar.
Aborcar. – Quitar la vida, matar, poniendo una cuerda en el cuello y colgando a la persona de la cuerda, en la horca.
Alabastro. – Especie de piedra, como de mármol, transparente y de color.
Alas. – Parte del cuerpo de las aves y que les sirven para volar.
Alcanfor. – Sustancia que sale del árbol del mismo nombre, que sirve para hacer el celuloide y que también se usa en Medicina.
Algo. – Cantidad indeterminada. un poco. Motivo, razón.

Alfiler. – Clavito metálico muy fino, delgado y en punta que se usa para sujetar algo. Es muy pequeño.

Alfombra. – Tejido hecho con lana, o de otras materias, para cubrir el suelo de las habitaciones.

Alimentos. – Comida, todo lo que sirve para comer y alimentarse.

Almacenes. – Sitio donde se tienen guardadas las mercancías en espera de venderlas.

Alrededor. – Cercanías, todo lo que rodea a un lugar determinado.

Amanecer. – Empezar el día, alba.

Amante. – Hombre o mujer con el que se tienen relaciones amorosas sin estar casados.

Amargamente. – Tristemente, con disgusto, con amargura.

Amo. – Dueño, propietario, el que tiene criados.

Animado. – Tener ánimos, valor, energía.

Anochecido. – Cuando está cerca la noche, cuando oscurece el día, atardecer.

Antropófago. – Persona salvaje que come carne humana.

Apareció. – Que llegó de repente, inesperadamente, sin esperarlo.

Aplastándola. – Oprimiéndola, golpeándola, machacándola.

Aprobó. – Estuvo de acuerdo, coincidió en algo, aceptó, le pareció bien.

Árabes. – Persona que ha nacido en Arabia.

Arabia. – Península de Asia Occidental.

Arco. – Arma que sirve para disparar flechas.

Armario. – Mueble para guardar la ropa o cosas.

Arquitecto. – Persona que ha estudiado la carrera de Arquitectura para construir edificios, decoraciones, etc.

Arreglados. – Preparados, mejorados, hechos mejor.

Arrepentí. – Desearno haber hecho alguna cosa, saber que se ha cometido una equivocación, arrepentirse de algo.

Asaba. – Poner al fuego algún alimento crudo.

Asesinatos. – Crímenes, matar a las personas.

Asesino. – Criminal, persona que quita la vida a otra.

Asistir. – Estar presente, ir, acudir.

Asno. – Animal doméstico, más pequeño que el caballo y de grandes orejas.

Asombraba. – Que admiraba, que sorprendía, que causaba asombro.

Astrólogo. – Persona que estudia la Astrología, que conoce los astros y todo lo relativo al firmamento.

Astros. – Estrella, cuerpo celeste.

Asuntos. – Negocios, tratos, trabajo, cosas que hace cada persona.

Asustan. – Dan sustos, acobardan, que causan miedo.

Atacar. – Acometer, asaltar, agredir.

Atan. – Sujetan con cintas o cuerdas, impiden que se muevan.

Atardecer. – Cuando empieza a oscurecer el día, final de la tarde, principio de la noche.

Atravesar. – Cruzar, pasar, entrar.

Atrevido. – Valiente, desenvuelto, osado, que es capaz de hacer todo sin importarle el peligro.

Aumentar. – Añadir, crecer, mejorar, sumar.

Avaricia. – Deseo muy intenso de poseer y adquirir muchas riquezas para guardarlas.

Ayudarme. – Ampararme, prestarme cooperación, asistirme.

Azotes. – Golpe dado con la mano, con un látigo o vara en las nalgas o cualquier parte del cuerpo.

Bagdad. – Ciudad de Irak, situada a orillas del río Tigris.

Ballena. – Animal marino, mamífero.

Banquero. – Persona que se dedica a negocios bancarios, del banco.

Banquete. – Comida espléndida y extraordinaria que se da para las personas que se invitan a una fiesta, boda, bautizo, etc.

Barbero. – Persona que se dedica al trabajo de afeitar y cortar el pelo.

Barca. – Embarcación pequeña.

Barrido, – Quitar con una escoba la suciedad del suelo.

Barrio. – Grupo de casas y calles en que se dividen las ciudades y pueblos.

Barro. – Masa que se forma con tierra y agua.

Basora. – Puerto fluvial de Bagdad, ciudad de Irak.

Bendigo. – De bendecir. Invocar el nombre de Dios para desear cosas buenas a otra persona.

Biblioteca. – Lugar donde se colocan y tienen los libros.

Bienes. – Fortuna, dinero, hacienda, propiedades.

Boda. – Casamiento, matrimonio.

Bolsa. – Especie de saco más o menos pequeño para guardar cosas.

Bondadosa. – Buena, de buenos sentimientos, compasiva, caritativa.

Bosque. – Lugar poblado de árboles y plantas.

Boticario. – Farmacéutico, persona que vende medicinas, que tiene una farmacia.

Brazos (En). – Sostenido en los brazos, llevado en los brazos, transpor- tar con los brazos.

Brillantes. – Que brilla, piedra preciosa derivada del diamante.

Bruja. – Mujer que hace acciones y actos sobrenaturales y diabólicos, mujer muy fea.

Brujerías. – Hechizos, hechos sobrenaturales, anormales.

Búfalo. – Animal salvaje de Asia y África.

Burlando. – Con burla, con palabras que engañan, desprecio, engaño.

Cabellos. – Pelo de la cabeza.

Cacería. – Partida de caza, perseguir a un animal para cogerlo o matarlo.

Cadáver. – Cuerpo muerto, sin vida.

Caja. – Ataúd, especie de caja alargada y con una tapa, del tamaño de una persona.

Calabazas. – Fruto grande y de forma variada, como un melón.

Caldera. – Vasija, cacharro grande para calentar agua o cualquier cosa.

Caldo. – Alimento líquido que se hace con huesos, verduras, etc.

Cambio (A). – En lugar de, en vez de, dar una cosa por otra.

Candelabro. – Lámpara, aparato donde se ponen velas o bombillas para dar luz.

Capa. – Prenda de vestir suelta y sin mangas.

Capital. – Ciudad principal de un país.

Capricho. – Deseo muy fuerte de tener algo, antojo.
Carácter. – Manera de ser de una persona, forma de pensar y hacer de una persona.
Caras. – Que cuestan mucho dinero.
Caravana. – Muchas personas reunidas para viajar juntas y tener menos peligros.
Cárcel. – Edificio donde se mete a los presos, a los delincuentes y culpables de un delito.
Cargado. – Lleno, abarrotado, atestado, completo, relleno.
Cargo. – Empleo, oficio, trabajo.
Carnicero. – Persona que vende carne, que trabaja con la carne de los animales.
Carpintero. – Persona que trabaja con la madera, oficio.
Carro. – Coche de dos ruedas tirado y llevado por un animal.
Casi. – Con poca diferencia, cerca de algo.
Causa. – Motivo, razón.
Causante. – Persona que causa o provoca algo, ser el culpable de que algo ocurra o suceda.
Celebrar. – Hacer una fiesta, una ceremonia, como una boda, un bautizo, un banquete.
Celos. – Sospechar que la persona con la que se tienen relaciones amorosas quiere a otra persona, que engaña.
Cementerio. – Lugar destinado a enterrar a los cadáveres, a los muertos.
Cesto, – Cesta, recipiente de paja.
Cicatrices. – Señales que quedan después de cerrarse una herida.
Cierto. – Verdad, seguro, fijo.
Cintura. – Parte más estrecha del cuerpo humano, encima de las caderas, donde se pone el cinturón.
Circunstancias. – Todo lo que acompaña a un acto, lo que rodea a algo.
Clavamos. – Metimos, introducimos.
Cobrar. – Recibir dinero que otra persona debe, dinero que se recibe por realizar un trabajo.

Cofre. – Especie de caja para guardar cosas.

Cojo, – Persona a la que le falta una pierna o tiene un defecto en ella que le obliga a andar con dificultad.

Colinas. – Elevación del terreno, menor que una montaña.

Colmillos. – Dientes muy grandes que tienen algunos animales, como el elefante.

Collar. – Adorno que llevan las mujeres alrededor del cuello, generalmente son de perlas, cuentas o piedras, también pueden ser de metal.

Comedor. – Habitación destinada para comer.

Comerciantes. – Personas que se dedican al comercio, a la venta y compra de mercancías, propietarios de alguna tienda.

Compañeros. – Camaradas, personas que trabajan juntas, que viven juntas, amigos.

Comparaban. – Ver la diferencia que hay entre dos personas o cosas.

Compasión. – Pena, lástima por otra persona que sufre.

Complacerme. – Ser amable, tenerme contento, agradarme.

Completa. – Toda, total, acabada, terminada.

Comprensión. – Tolerar, entender las cosas, admitir, permitir.

Conciencia. – Alma, sentimiento espiritual que tienen las personas para saber cuando algo es bueno o malo.

Confianza. – Fe, seguridad, creer en algo o en alguien.

Conducta. – Manera de comportarse de una persona, forma de vivir.

Confesó. – Habló, reconoció algo, dijo, declaró.

Conseguir. – Alcanzar, tener, lograr.

Consejo. – Reunión de los ministros y del rey o jefe del Estado de un país.

Consentimiento. – Permitir, autorizar, admitir, dejar que se haga algo.

Consuelo. – Ayudar, aliviar, poner fin a alguna tristeza o desgracia.

Conté. – Narré, dije, hablé, expliqué.

Contrato, – Documento donde se comprometen y obliga dos o más personas a hacer algo o pagar alguna cantidad de dinero.

Convencer. – Persuadir, inducir a alguien a que haga alguna cosa.

Convertidas. – Transformadas, volverse de una forma que no eran, de otra manera.
Conveniente. – Bueno, adecuado, oportuno.
Convidados. – Invitados, personas a las que se ofrece algo, una comida, etc.
Corán. – Libro sagrado de los mahometanos.
Cornadas. – Golpes dados con un cuerno.
Corta. – Breve, de poca duración, que termina en seguida.
Cortada. – Separar algo con un cuchillo o con otro instrumento. Suprimir, quitar.
Corte. – Ciudad donde vive el rey con su familia y sus ministros.
Corriente. – Aguas que se mueven con mucha violencia, con velocidad. Movimiento progresivo de las aguas.
Costumbre. – Hábito, lo que se hace siempre, todos los días.
Criado. – (De criar). Cuidar, amamantar, alimentar, educar.
Crías. – Hijos.
Criminal. – Asesino, el que quita la vida a otra persona, el que mata.
Cruel. – Feroz, brutal, malvado, despiadado.
Cuadernillo. – Diminutivo de cuaderno, varias hojas de papel unidas, cosidas.
Cuadra. – Sitio donde están los caballos y otros animales.
Cualquiera. – Instrumento compuesto de un mango y una parte hueca que sirve para poder coger los alimentos y llevarlos a la boca.
Cullo. – Parte del cuerpo que une la cabeza con el resto.
Cuentan. – Dicen, hablan.
Cuerno. – Prolongación ósea que tienen algunos animales en la región frontal, como el toro.
Cueva. – Parte hueca de una roca, cavidad subterránea.
Cuidado. – Precaución, vigilancia, interés.
Culto. – Persona que tiene cultura, educación, instrucción. También ritos, práctica de una religión.
Cumplió. – Terminar algo, cumplir años, tener una edad deter minada.

Cuñada. – Esposa de un hermano.

Charlatán. – Persona que habla mucho, muy hablador.

Chimenea. – Sitio por donde sale el humo del fuego que se enciende en las cocinas, lugar donde se enciende leña para dar calor.

Chico. – Muchacho, niño, pequeño de medida, de tamaño.

Damasco. – Ciudad de Siria.

Deber. – Adeudar, tener una deuda.

Defecto. – Anormalidad, deformidad, que no tiene la perfección que debe tener algo.

Deformes. – Contrahecho, anormal, que no tiene proporciones buenas.

Decidió. – Tomó una decisión, pensó algo definitivo sobre una cosa.

Declaré. – Manifesté, dije algo, hice conocer, hablé, confesé.

Demostrar. – Tener pruebas para probar algo de una forma evidente.

Denunciado. – Acusado por la autoridad, por alguna persona que culpa a otra de un delito.

Desanimes. – Desalientes, quites el ánimo, el valor, entristezcas, dejes sin fuerza, sin energías.

Desaparecido. – Que no está, que deja de verse.

Descuidaba. – Que no cuidaba, que no ponía interés.

Desembarcar. – Bajar del barco.

Desentierran. – Sacan de su tumba a los muertos que ya están enterrados.

Desesperados. – Muy tristes, sin esperanza.

Desgracia. – Mala suerte, pena, adversidad, infortunio.

Desgraciada. – Insulto; persona sin suerte, desdichada.

Destino. – Suerte, vida. También sitio adonde se va.

Destruida. – Rota, deshecha, derribada.

Deudas. – Lo que se debe a otra persona, las cosas que hay que devolver.

Devolver. – Dar, restituir a su estado anterior.

Diamante. – Piedra preciosa formada por carbono cristalizado, brillante.

Diferente. – Distinta, desigual, que no es igual.

Digna. – Que merece algo, honrada, buena, noble.
Discusión. – Riña, disputa, polémica, no estar de acuerdo.
Disfrazaron. – Vestirse con trajes para que no les conozcan, para ocultarse.
Disfrutaron. – Alegrarse, divertirse, estar a gusto, feliz.
Disgusto. – Pena, desavenencia, inquietud, desagrado.
Divertirme. – Pasarlo bien, entretenerme, alegrarme.
Dolores. – Sensaciones molestas en alguna parte del cuerpo.
Dote. – Dinero o bienes que lleva la mujer al matrimonio.
Dulces. – Pasteles, alimentos con azúcar, postres.
Duración. – Tiempo que dura una cosa, extensión.
Economiza. – Ahorra, guarda, no gasta.
Echaban. – Tiraban, despedían, dejaban caer algo, lanzaban, arrojaban. Echar de una casa, hacer que alguna persona abadone, salga de una casa.
Edificio. – Casa, generalmente grande.
Educada. – Con cultura, correcta, fina de modales, con educación.
Ejemplar. – Que sirve de ejemplo, que es bueno, digno de imitarse.
Elefante. – Animal cuadrúpedo con trompa y colmillos muy grandes.
Elegante. – Bien vestida, con buen gusto.
Eligió. – Escogió, prefirió.
Embarazada. – Mujer que está esperando tener un hijo, que está en cinta, en estado, en período de gestación.
Emborrachó. – Que bebió mucho vino o licor hasta perder la razón o el sentido.
Enanos. – Personas muy pequeñas, más bajas de lo normal.
Encarcelaron. – Metieron a una persona en la cárcel, le hicieron prisionero.
Encargó. – Recomendó, encomendó, pidió.
Encendieron. – Hacer que una cosa arda, prender fuego. Dar luz, encender la luz eléctrica.
Enferma. – Persona que tiene una enfermedad, una anormalidad en el organismo.

Enfrente. – Delante, al otro lado.
Enfurecido. – Enfadado, furioso, irritado, colérico.
Enrollado. – Liado, dando vueltas en forma de rollo.
Ensangrentada. – Llena de sangre, manchada de sangre.
Enseñé. – Mostré, indiqué, instruí.
Enterraron. – Metieron debajo de tierra, dieron sepultura a un cadáver.
Entrada. – Puerta, abertura en la pared.
Entretenida. – Divertida, amena.
Envenenado. – Que le han dado veneno, intoxicado.
Envidia. – Disgusto que produce el bien de otra persona.
Época. – Fecha, día en que sucedió algo. Tiempo fijo en la historia. Cualquier espacio de tiempo.
Equivocación. – Confusión, creer una cosa por otra, engañarse.
Escalera. – Varios escalones para subir o bajar.
Escarmiento. – Castigo, experiencia desagradable, desengaño.
Esclavos. – Personas que están trabajando, bajo el mando y la autoridad de otra, y que son dueños de sus vidas sin que puedan hacer nada sin su permiso.
Escobas. – Manojo, varias palmas o plumas, cualquier otra cosa atada a un palo que sirve para barrer y limpiar el suelo.
Escondido. – Oculto, que no se ve.
Escuela. – Colegio, sitio donde van los niños a estudiar.
Esencias. – Perfumes.
Especie. – Clase, división de un género, de seres o cosas que tiene algo igual o en común.
Espina. – Parte del esqueleto de los peces, del pescado.
Esposa. – Mujer casada.
Estado. – Situación de una persona o cosa, organismo político de un país, territorio.
Estatuas. – Figuras de piedra, madera o metal.
Estrecha. – Que tiene tiene poca anchura.
Estribos. – Aro de metal donde la persona que va montada en un

caballo mete el pie para sujetarse.

Estupidez. - Tontería, torpeza, falta de inteligencia.

Eterna. - Que durará siempre, que permanecerá siempre, que estará siempre.

Evitar. - Apartar algo, hacer que no ocurra alguna cosa.

Eunuco. - Hombre castrado que sirve de guardián en los harenes y protege a las mujeres de los reyes árabes. Castrado.-Extirpar o inutilizar los órganos genitales.

Exclamó. - Habló, dijo con palabras vehementes y apasionadas, con voz fuerte.

Éxito. - Resultado feliz de algo, que está bien hecho, bien terminado.

Extranjero. - Persona de otro país, forastero.

Extraña. - Rara, distinta, diferente, extravagante.

Falsa. - Que imita a lo legítimo, contraria a la verdad.

Falta. - Defecto, que no tiene algo, privación.

Familiar. - Pariente, perteneciente a la familia, miembro de la familia.

Famosos. - Célebres, conocidos, que tienen fama, que todo el mundo los conoce.

Fantasma. - Aparición fantástica, sobrenatural, de cuentos infantiles.

Farol. - Linterna, aparato que sirve para alumbrar, dar luz.

Favorito. - Preferido, persona que tiene la amistad y el favor del rey.

Fealdad. - Sin belleza ni hermosura, feo.

Fecha. - Día, indicación del día en que se hace algo.

Fiebre. - Elevada temperatura del cuerpo cuando se está enfermo.

Fiestas. - Día en que se celebra alguna solemnidad religiosa o se conmemora algún hecho histórico o importante. También es una diversión, una reunión de amigos para celebrar una doda, un bautizo, etc.

Figura. - Aspecto de una persona, cuerpo.

Fijo. - Que no se mueve, quieto, sin movimiento.

Filósofo. - El que estudia la Filosofía. También se dice de las personas resignadas con una forma de vida.

Flaco. - Delgado, sin carne, de poco peso.

Flexible. - Que se puede doblar con facilidad sin que se rompa y después puede volver a su forma normal.

Fortuna. – Dinero, conjunto de bienes de una persona.

Forro. – Tela que se pone a algunos trajes por la parte interior.

Frutas. – Producto que sale de los árboles y vegetales después de la flor.

Furia. – Persona con mucha ira, colérica, violenta, irritada.

Ganado. – Conjunto de animales como vacas, caballos, etc.

Garganta. – Parte interior del cuello.

Garras. – Patas del animal que acaba en uñas muy fuertes y curvadas.

Genio. – Personaje fantástico, imaginario, de cuentos infantiles.

Gente. – Personas, reunión de varias personas.

Gigantes. – Persona de tamaño mucho mayor de lo normal, muy grandes.

Globo. – Cuerpo redondo, esférico, lleno de gas que pesa menos que el aire y que se eleva.

Gobernador. – Jefe superior de una provincia, representante del Gobierno.

Gordo. – Persona con mucha carne, que pesa mucho.

Gracia. – Encanto, simpatía, habilidad para hacer algo.

Gramático. – El que estudia y es entendido en Gramática.

Grande. – Mayor.

Grasa. – Sebo, manteca de un animal.

Gratitud. – Agradecimiento.

Gritos. – Voces altas y esforzadas.

Grupo. – Varias personas.

Guardado. – Escondido, conservado, reservado.

Guardias. – Policías, que protegen a las personas de los delincuentes.

Guía. – Persona que acompaña a otra para indicarle y enseñarle un camino.

Habitantes. – Personas que viven en una ciudad.

Habitadas. – Con personas.

Habilidad. – Inteligencia y capacidad para hacer una cosa.

Hablador. – Que habla mucho, persona que siempre está hablando, charlatán.
Hacienda. – Fincas, fortuna, conjunto de bienes, dinero.
Hada. – Ser fantástico de sexo femenino, imaginario, de cuentos infantiles.
Hembra. – Mujer, animal del sexo femenino.
Heredero. – Persona que hereda a otra.
Herencia. – Bienes, dinero que al morir una persona se transmite a otras.
Herida. – Lesión penetrante producida en la carne por un choque o arma.
Hervir. – Que está muy caliente, en ebullición, a cien grados.
Hierbas. – Planta blanda, de color verde, que muere todos los años.
Historiador. – Persona que escribe la Historia.
Hojas. – Parte de los vegetales, lisa y verde, que está en las ramas.
Hombrecillo. – Hombre pequeño, de poca estatura.
Hombros. – Parte superior del cuerpo, donde nace el brazo.
Honor. – Sentimiento de dignidad moral, virtud, buena reputación.
Honores. – Con dignidad, con el protocolo que se da a una persona importante.
Horcas. – Cadalso, instrumento antiguo que se utilizaba para matar al culpable de un delito.
Horrible. – Que causa horror, espantoso, terrible, monstruoso.
Horror. – Temor, miedo causado por algo horrible, monstruoso.
Hoyo. – Cavidad en la tierra, agujero.
Huerto. – Terreno o jardín pequeño en el que se cultivan frutas y verduras.
Huesos. – Parte dura y sólida que forma el armazón del esqueleto.
Huevo. – Cuerpo ovoidal, casi redondo, que contiene el germen del pollo.
Humano. – Todo aquello que se refiere al hombre.
Huir. – Echar a correr, esconderse de algo, escapar rápidamente.
Hundiendo. – Caer en el fondo del mar, del agua.

Idea. – Representación de una cosa en la mente, modo de ver las cosas, ingenio, habilidad.

Iluminada. – Con luz, alumbrada, que tiene claridad.

Ilusión. – Deseo, querer algo.

Imaginario. – Que no es real, que no ha sucedido, inventado.

Imitando. – Que hace una cosa igual que otra.

Impaciente. – Que no tiene paciencia, que no puede esperar.

Impedirlo. – Estorbarlo, no dejar que se haga algo.

Imposible. – Que no se puede hacer, muy difícil de realizar.

Imprudente. – Que no tiene prudencia, falto de cuidado, temeridad.

Inclinó. – Agachó, bajó el cuerpo doblándolo hacia adelante.

Increíble. – Que no se puede creer, que no es fácil creerlo, asombroso.

Indiscreción. – Imprudencia, revelar secretos, acción o palabras indiscretas.

Inesperado. – Repentino, que nadie se lo espera, acontecimiento.

Infiel. – Falto de fidelidad, adúltero que engaña.

Inimaginable. – Que no se puede imaginar, que sobrepasa la imaginación.

Inocente. – Libre de pecado, sin malicia, que ignora el mal.

Interesado. – Seguir algo con emoción, con interés.

Instrumentos. – Herramientas que sirven para trabajar.

Insulten. – Digan palabras ofensivas.

Invento. – Descubrimiento, hallar una cosa nueva, crear algo nuevo que no existe.

Invitados. – Convidados.

Ira. – Cólera, enojo, furia, enfado.

Isla. – Porción de tierra rodeada de agua por todas partes.

Islas Negras. – País imaginario, fantástico.

Islámico, – Perteneciente y relativo al Islam.

Jardines. – Terrenos donde se cultivan flores y árboles.

Jarra. – Vasija de barro o cristal con asa, el cuello o boca muy ancho.

Jefe. – Superior, persona de más categoría en un oficio, o en el ejército u otros organismos.

Jorobado. – Persona que tiene un hueso abultado en la espalda, debido a una enfermedad de la columna vertebral. Tener chepa, cheposo.

Joyas. – Objeto pequeño de oro, plata o platino con piedras preciosas.

Joyero. – Persona que vende y entiende de joyas. También es una caja para guardar joyas.

Judío. – Hebreo, de raza judía.

Juez. – Magistrado, encargado de juzgar y sentenciar, persona que hace de árbitro en una discusión.

Juicio (Final). – Juicio que, según la religión católica, ha de pronunciar Dios al final del mundo para castigar o premiar.

Juró. – Pronunció un juramento, aseguró, afirmó.

Justicia. – Virtud que hace dar a cada persona lo que le corresponde, derecho de pronunciar sentencias, administrar justicia. Derecho, equidad, razón, pena o castigo público.

Justo. – Que obra con justicia.

Labrador. – Que labra o cultiva la tierra, persona que vive en el campo y lo cultiva.

Ladrón. – El que roba, el que se lleva algo que no es suyo sin pensar devolverlo.

Lago. – Gran cantidad de agua permanente en un terreno que comunica con el mar o no comunica.

Lágrimas. – Cada una de las gotas del líquido segregado por las glándulas del ojo y que salen al exterior por causas morales o físicas.

Lamentarse. – Quejarse, llorar.

Látigo. – Cuerda larga y delgada con la que se castiga a los animales.

Lengua. – Idioma, conjunto de palabras del lenguaje hablado o escrito, órgano movible situado en la boca que sirve para la articulación de las palabras, gustar y tragar alimentos.

Letra. – Escritura.

Levantó. – Alzó, subió, poner derecho lo que estaba inclinado.

Leyendas. – Historias, cuentos, narraciones, relatos.

Líquido. – Como el agua, el vino.

Listo. – Despierto, inteligente, astuto, que comprende con rapidez.
Loco. – Que no tiene la facultad de razonar. Chiflado, desequilibrado.
Lujos. – Con mucha riqueza, con adornos.
Madrugada. – Principio del día, amanecer, alba.
Magia. – Ciencia que enseña a realizar cosas extraordinarias, fuera de lo normal, sobrenaturales.
Magos. – Brujos, los que hacen la magia.
Mahometano. – Que profesa la religión de Mahoma.
Majestad. – Título que se da a los reyes.
Maldad. – Hacer algo malo. Perversidad, malicia.
Malgastes. – Gastar mal y mucho, desperdiciar, tirar el dinero.
Maltratado. – (Tratar mal). Que le han hecho daño, le han pegado, le han golpeado.
Manada. – Rebaño, gran número de animales reunidos.
Manco. – Que le falta un brazo o una mano.
Manera. – Forma, conducta.
Mares. – Plural de mar.
Mareo. – Malestar de la cabeza y el estómago.
Marfil. – Sustancia ósea, dura, de gran blancura. Los colmillos de los elefantes son de marfil.
Marido. – Hombre casado, esposo.
Marinero. – Persona que trabaja en la maniobra de los barcos, navegante.
Mármol. – Piedra caliza muy dura, que se puede pulimentar y se emples como adorno.
Mayor. – El más grande, el de más edad, el más viejo.
Mejilla. – Cada uno de los lados de la cara debajo de los ojos. Carrillos.
Menor. – Más pequeño que otra cosa, denota inferioridad, tamaño más pequeño.
Mercados. – Lugar destinado a vender o comprar mercancías, edificio donde van los comerciantes a comprar o vender.
Merecerías. – (De merecer). Ser o hacerse digno de algo.

Meter. – Introducir, entrar, pasar, incluir dentro de otra cosa.
Mezquita. – Edificio religioso mahometano, donde se va a orar.
Ministros. – Jefe de cada uno de los departamentos o Ministerios del Estado de un país.
Miseria. – Escasez extrema de algo, pobreza.
Misericordioso. – Bondadoso, bueno, caritativo, virtud que hace sentir pena por los males o desgracias ajenas.
Monstruo. – Ser cuya forma es diferente al resto de su especie.
Monstruoso. – Horrible, que produce miedo o temor, anormal.
Montado. – Subido encima de algo, de alguna persona o animal.
Montón. – Muchas cosas puestas sin orden, unas sobre otras.
Mordisco. – Morder, clavar los dientes.
Mosul. – Ciudad de Irak, a orillas del río Tigris.
Motivo. – Causa, razón por la que se hace una cosa.
Muestra. – Parte pequeña de una mercancía, que sirve para saber el tipo de mercancía que es y su calidad.
Mugir. – Dar mugidos, voz del toro o la vaca.
Mujer. – Esposa.
Mula. – Animal muy fuerte de carga, hembra del mulo, cuadrúpedo nacido de caballo y burra.
Musulmanes. – Mahometanos, que tienen la religión de Mahoma.
Muralla. – Piedras puestas unas sobre otras que rodeaban y cerraban una ciudad para protegerla del enemigo.
Nadie. – Ninguna persona, que no hay ninguna persona.
Navajas. – Cuchillo que se dobla para reducir su tamaño.
Navegar. – Viajar por mar o ríos, dirigir un barco.
Necesidad. – Obligación, necesario, que hace falta, imprescindible.
Necesidades. – Tener necesidad de dinero, pobreza.
Negocios. – Trabajo que produce dinero.
Negros. – Raza de hombres que tienen el color de la piel muy oscura.
Nieto. – Hijo del hijo o de la hija.
Noble. – De aspecto digno, de apariencia grave, serio.
Nobles. – Aristócratas, pertenecientes a familias de la nobleza.

Nodriza. – Persona destinada a cuidar niños desde que nacen.
Nombraré. – Elegiré, escogeré, llamaré por su nombre.
Notario. – Persona autorizada para dar fe de los contratos y otros actos públicos.
Noté. – Me di cuenta de algo, sentí algo, me fijé, vi.
Novelista. – Persona que escribe novelas.
Novio. – Prometido, persona que va a casarse.
Nublado. – Cubierto el cielo de nubes, oscuro, poco claro.
Ocurrió. – Pensó, imaginó. También: sucedió, pasó.
Odiado. – Aversión, odio que se tiene a alguna persona.
Ofendido. – Que ha recibido una ofensa, que ha sido herido o maltratado de palabra, insultado.
Oficio. – Ocupación habitual de una persona; trabajo, profesión.
Orden. – Mandato, que es debe obedecer, obligación.
Origen. – Principio de algo, familia, procedencia.
Orilla. – Extremo, límite de la tierra que la separa del mar, río o lago.
Oscureciendo. – Que está anocheciendo, con poca claridad, poca iluminación.
Palmada. – Golpe dado con la palma de la mano, que produce ruido.
Palmera. – Árbol.
Palo. – Trozo de madera mucho más largo que grueso.
Panadero. – Persona que tiene como oficio hacer el pan o venderlo.
Panes. – Plural de pan.
Pañuelo. – Pedazo de tela pequeño y cuadrado que sirve generalmente para limpiarse la nariz.
Paquete. – Lío, bulto.
Paraíso Terrenal. – Lugar donde Dios puso a Adán y Eva.
Pararse. – Detenerse, quedarse quieto, no moverse.
Parientes. – Familiares pertenecientes a la misma familia.
Pasajeros. – Viajeros que van de camino de un lugar a otro.
Pastelero. – Persona que hace pasteles y dulces.
Pata. – Pie o pierna de los animales.
Patio. – Espacio descubierto, sin techo, que hay en el interior de

algunas casas.

Pecado. – Maldad, vicio.

Peces. – Pescado, animal vertebrado que vive dentro del agua.

Pedazo. – Trozo, parte separada de algo.

Pegado. – Unido, junto a otra cosa.

Pellejo. – Cuero, piel de un animal, cosido, y que sirve para meter líquidos.

Pegar. – Golperar, maltratar, herir.

Penalidades. – Trabajos, penas, amarguras.

Perder (la paciencia). – Impacientarse, enfadarse.

Perfección. – Acabar algo por completo y muy bien. Que tiene el mayor grado de bondad y belleza.

Perseguirlos. – Ir detrás de ellos, correr, intentar alcanzarlos.

Pesadilla. – Sueño desagradable, preocupación continua.

Pesado. – Que pesa mucho, muy intenso, profundo.

Pescador. – Persona que se dedica a la pesca, que saca peces del mar y del río.

Peso. – Instrumento para saber cuánto pesan las cosas.

Pico. – Boca de los pájaros.

Piedad. – Cariño y respeto hacia las cosas santas. Misericordia, pena, lástima, compasión.

Piel. – Cuero del animal cuando está curtido.

Pirámides. – Lugar donde enterraban a los antiguos reyes egipcios.

Piratas. – Ladrones que recorren los mares para robar a los barcos.

Placeres. – Diversiones, lo que produce bienestar, entretenimiento.

Playa. – Orilla de arena del mar o del río.

Plazas. – Lugar ancho y sin casas dentro de una ciudad.

Pobre. – Desgraciado, sin dinero.

Poeta. – El que escribe en verso.

Pollo. – Cría de las aves.

Prado. – Tierra muy fértili, llena de plantas y hierba.

Precio. – Valor en que se estima algo, dinero que se entrega por alguna cosa.

Prefiero. – Elijo, escojo, doy preferencia a una cosa sobre otras.
Pregón. – Aviso, orden que se dice en público por las calles.
Pregonero. – Persona que dice los pregones.
Premio. – Recompensa.
Preocupado. – Disgustado.
Preparó. – Arregló, dispuso.
Presencia (Con su). – Asistencia de una persona, que está allí.
Presentó. – Mostró ante alguien, apareció delante de alguien.
Pretexto. – Excusa, motivos para hacer algo y ocultar el verdadero motivo.
Primo. – Hijo o hija del tío o la tía.
Principales. – Más importantes.
Principio (Al). – Comienzo de algo, origen, al empezar.
Prisionero. – Persona que está en prisión, encarcelado, sin libertad, preso.
Problema. – Cuestión que se trata de resolver, conflicto, cosa difícil de explicar.
Profesión. – Oficio, carrera, trabajo.
Profundo. – Hondo, penetrante, intenso.
Prueba. – Indicio que sirve para hacer resaltar la verdad o falsedad de algo.
Pueblo. – Súbditos, personas de un país.
Pulgares. – El dedo primero y más grueso de la mano o del pie.
Pulsaciones. – Latido de una arteria, pulso.
Quejabas. – Lamentabas, llorabas, protestabas.
Quieto. – Parado, inmóvil, sin movimiento.
Quité. – Tomé una cosa ajena, me llevé algo que no me pertenecía.
Racimos. – Cantidad de uvas sostenidas a un tallo.
Rápido. – Deprisa, con gran rapidez, rápidamente.
Raptó. – De raptar. Sacar a una persona violentamente de su casa, secuestrar.
Rato. – Espacio de tiempo de corta duración.
Razonable. – Arreglado, justo, conforme a la razón.

Rebelarse. - Ponerse en contra de alguien, atacar, sublevarse.
Recibo. - Documento escrito y firmado en el que se dice haber recibido dinero u otra cosa; resguardo.
Recoger. - Prroteger, ayudar, amparar.
Recompensa. - Premio por haber hecho algo, pagar un servicio.
Reconocí. - Descubrí a alguien, distinguí, identifiqué, vi.
Reconoció. - Se declaró culpable, admitió como cierto, declaró, confesó.
Recorrí. - Ir de un lugar a otro, andar, transitar.
Recuperé. - Ponerse bueno, volver a tener salud, vovler en sí, volver de un desmayo, recuperar el conocimiento.
Redes. - Tejido de malla que sirve para pescar.
Refrán. - Proverbio, frase hecha.

Regalo. - Cosa que se da de forma gratuita, en prueba de afecto o amistad.
Regañaba. - Llamaba la atención por algo mal hecho, censurar.
Registraron. - Buscaron por todas partes, examinaron con atención con el fin de hallar lo que buscaban.
Relatos. - Historias que se cuentan, narraciones, cuentos.
Remedio. - Solución, cualquier cosa que sirva para reparar un daño, medicina.
Repente (De). - De forma inesperada, sin saber cómo, sin pensar, sin preparación.
Reservado. - Silencioso, discreto, callado, poco hablador.
Resignarse. - Conformarse, someterse, entregarse a la voluntad de otra persona, condescender, aceptar.
Resistir. - Soportar, aguantar, no ceder.
Respuesta. - Contestación a una pregunta.
Respetable. - Digno, noble, que inspira respeto.
Resto (El). - Lo que queda de algo, después de suprimir alguna parte de algo, el final.
Reunir. - Juntar, unir en el mismo sitio, amontonar.
Rezar. - Orar, leer o decir las oraciones usadas y aprobadas por la

Iglesia.
Rico. – De mucho dinero, con lujo; alimento de sabor muy agradable.
Rincón. – Sitio apartado, pequeño.
Rizo. – Mechón de pelo ensortijado o rizado.
Roc. – Ave fantástica, imaginaria.
Rostro. – Cara de las personas.
Rubíes. – Piedras preciosas, transparentes, de color rojo.
Ruido. – Sonido más o menos fuerte.
Sabe. – Conoce, está informado, instruido.
Sabios. – Personas con mucha cultura, sabiduría, conocimientos.
Sacos. – Bolsas, recipientes de papel, tela y abiertos por un lado para poder meter cosas.
Sacrificios. – Trabajos muy duros y penosos, pasar muchas desgracias, penas, abnegación.
Salga (el Sol). – Amanecer, hacerse de día.
Salón. – Habitación grande, la mejor de la casa, destinada a recibir a las visitas.
Salvado. – Libre de peligro o riesgo, en lugar seguro.
Salud. – Que no tiene ninguna enfermedad, ninguna anormalidad.
Sangre. – Líquido que circula por los vasos sanguíneos de las personas y animales, de color rojo.
Sastre. – Persona que se dedica a la confección de trajes.
Seca. – Sin humedad, sin nada de agua.
Secreto (*En*). – Que está oculto, que no se sabe, que no se dice.
Sencillez. – Sencillo, natural, ingenuo, fácil, que no es complicado, simple.
Señales. – Marcas que se ponen en las cosas para diferenciarlas del resto.
Señalarla. – Marcarla, hacer una herida que deje cicatriz.
Señaló. – Prefirió, eligió, escogió.
Serpiente. – Reptil, en general de gran tamaño.
Sésamo. – Planta. En los cuentos de Las Mil u Una Noches está usada como palabra mágica, como una clave.

Severidad. – Seriedad, que cumple las leyes con rigor, con toda dureza.

Sexo. – Condición orgánica que diferencia al macho de la hembra, al hombre de la mujer.

Siglo. – Cien años.

Silbidos. – Hacer un sonido agudo producido por el aire, con la boca o con un instrumento.

Silenciosamente. – Sin hacer ruido, sin hablar, en silencio, calladamente.

Silla de montar. – Para montar a caballo con más comodidad.

Siquiera. – Por lo menos.

Sitio. – Lugar, espacio que puede ocuparse.

Sobrino. – Hijo del hermano o hermana.

Soltó. – Desató, dejó en libertad, liberó.

Solución. – Arreglo, remedio, solucionar algún problema.

Sombra. – Oscuridad que produce un cuerpo al proyectarse sobre otro, como la sombra que da un árbol con sus ramas.

Sorprendido. – Desprevenido, descubierto por otra persona.

Sorpresa. – Algo que no se esperaba, asombro.

Sospechar. – Recelar, desconfiar, dudar, pensar que algo no es verdad.

Suegro. – Padre de la mujer o el marido.

Suerte (Mala o buena). – Destino, casualidad, sucesos.

Sujetarán. – Inmovilizarán, dejarán sin movimiento.

Supersticiones. – Creer en cosas sobrenaturales, temor o miedo a sucesos normales pensando que son avisos de que algo malo o terrible va a suceder.

Tallo. – Órgano de las plantas en sentido opuesto a la raíz y que sirve para sujetar las hojas, flores y frutos.

Tamaño. – Volumen, magnitud de una cosa.

Tan (adverbio de comparación). – Igual, tanto.

Tapada. – Cubierte, encubierta, disimulada.

Tardanza. – Retraso, que tarda, detención.

Taza. – Recipiente, vasija pequeña con asas que sirve para beber.

Temblar. – Tiritar, estremecerse, palpitar, moverse.

Temprano. – Pronto, en las primeras horas de la mañana.

Testamento. – Documento donde se dispone para qué persona van a ser los bienes que posee alguien después de su muerte.

Testigos. – Personas que aseguran algo por haber estado presentes, que declaran por haberlo visto.

Tigris. – Río de Asia que nace en los montes de Armenia y pasa por Bagdad.

Tío. – Hermano del padre o la madre.

Títulos. – Cuando se termina una carrera, estudios o profesión, el título da derecho a ejercer esta profesión. Persona que tiene dignidades nobiliarias, aristócrata. Documentos de propiedades o deudas.

Tolerancia. – Indulgencia, respeto por la manera de pensar y de vivir de las demás personas.

Tormenta. – Tempestad, lluvia acompañada de frío y viento, borrasca.

Tranquilo. – Sosegado, pacífico, sin agitación, quieto.

Trapo. – Pedazo de tela roto y sin valor.

Traslado. – Cambio de sitio, a un lugar distinto.

Trigo. – Planta de cuyo grano se saca la harina para hacer el pan.

Trompa. – Parte muscular alargada y hueca de la nariz de los elefantes.

Tronco. – Parte fuerte y maciza de los árboles y arbustos.

Tropezó. – Cayó, tropezar con los pies en algo que estorba.

Tumba. – Sepulcro, sepultura.

Túnica. – Vestido amplio y largo.

Turbante. – Tela larga, enrollada en la cabeza, que usan los orientales.

Único. – Uno, solo en su especie.

Unión. – Asociación de diferentes cosas, casamiento.

Urgente. – Que no puede ir con retraso. que corre prisa, que tiene que hacerse con rapidez.

Utilidad. – Que sirve, provecho que se saca de una persona o cosa.

Valor. – Precio, lo que vale una persona o cosa, osadía, atrevimiento.
Valle. – Espacio que queda entre dos montañas, cuenca de un río.
Vara (De fresno). – Rama delgada muy flexible del árbol del fresno, muy resistente.
Varias. – Más de una, un grupo.
Varón. – Hombre, de sexo masculino.
Vaso. – Vasija que sirve para beber, generalmente de cristal.
Vecino. – Persona que vive en el mismo edificio o cerca.
Velo. – Trozo de tul o gasa, tejido muy ligero con el que las mujeres se tapan la cara o la cabeza.
Vendedores. – Personas que venden mercancías.
Vengamos. – Daño que se hace a una persona como castigo o reparación a una ofensa.
Vergüenza. – Sentimiento por haber cometido un acto feo o malo.
Verdadero. – Que contiene la verdad, cierto, comprobado, justo, sincero, verídico.
Verdugo. – Persona que trabaja con la justicia y es el que ejecuta las penas de muerte de los delincuentes.

Versiones. – Traducciones, modo de contar una cosa que ya está contada.
Vicios. – Costumbres, hacer cosas malas, libertinajes.
Vientre. – Cavidad del cuerpo donde están los intestinos.
Violento. – Furioso, iracundo, apasionado, colérico.
Virtuoso. – Bueno, bondadoso, que tiene virtud.
Viuda. – Persona a quien se le ha muerto el marido.
Voluntad de Dios. – Lo que Dios manda, aceptarlo por venir de Dios.
Vueltas. – Girar sobre sí mismo.
Yegua. – Hembra del caballo.
Yerno. – Marido de la hija.
Zumo. – Líquido que se saca de las hierbas, flores o frutas.
Zapatero. – Persona que hace o vende zapatos.

편역자 박 철

박 철 교수는 한국외국어대학교 스페인어과를 졸업하고, 스페인 마드리드 국립대학교에서 문학 박사 학위를 받았다. 1985년 모교에 부임한 후 아시아권의 대표적인 세르반테스 연구학자로 활동하였다. 미국 하버드대학교 로망스어학부 방문교수를 지냈으며, 한국스페인어문학회 회장을 역임하였다. 2006년 외대총장으로 선출되어 2014년까지 8년간 연임하였다. 한국사립대학총장협의회장, 한국대학교육협의회 수석부회장을 역임하였다. 현재 스페인왕립한림원 종신회원으로 (Académico correspondiente de Real Academia Española) 활동 중이다.

스페인 정부로부터 문화훈장 기사장, 카를로스 3세 대십자훈장, 이사벨여왕 훈장을 수훈하였다. 그 외 루마니아 정부 최고 교육훈장, 헝가리 십자훈장, 폴란드 정부 문화훈장 등을 수훈하였다.

저서로는 〈한국최초 방문 서구인 - 그레고리오 데 세스페데스〉(스페인어, 한국어, 일본어판 출간), 〈스페인 문학사 : 상, 중, 하〉, 〈돈키호테를 꿈꿔라〉 등이 있으며, 번역서로는 세르반테스의 〈돈키호테〉 1편 완역본, 〈모범소설〉, 〈이혼 재판관〉 등을 출간하였다.

아라비안 나이트 (서한대역 시리즈 2)

2010년 4월 30일 개정판 1쇄 발행
2014년 11월 10일 개정판 2쇄 발행

편저자 박 철
펴낸이 정정례
펴낸곳 삼영서관
디자인 디자인클립

주소 서울 동대문구 황물로 65-3, (답십리동) 1층
전화 02) 2242-3668 팩스 02) 2242-3669
홈페이지 www.sysk.kr
이메일 syskbooks@naver.com
등록일 1978년 9월 18일
등록번호 제1-261호

ISBN 978-89-7318-333-3 03770

책값 10,000원

※ 파본은 교환하여 드립니다.